2019
电力版

全国中级注册安全工程师职业资格考试辅导教材

# 安全生产法律法规
## 精讲精练

宋大成　主编

中国电力出版社
CHINA ELECTRIC POWER PRESS

# 内 容 提 要

　　本书介绍了《中级注册安全工程师职业资格考试大纲》（2019 版）在"安全生产法律法规"部分列出的全部法规性文件的内容要点，并给出了相关模拟试题。

　　本书是中级注册安全工程师职业资格考试的简明、高效的辅导教材，也有益于高级和初级注册安全工程师职业资格考试。本书可用于注册安全工程师继续教育。本书同时是安全生产培训的好教材。

**图书在版编目（CIP）数据**

安全生产法律法规精讲精练 / 宋大成主编. —北京：中国电力出版社，2019.6
全国中级注册安全工程师职业资格考试辅导教材
ISBN 978-7-5198-2136-4

Ⅰ. ①安…　Ⅱ. ①宋…　Ⅲ. ①安全生产–安全法规–中国–资格考试–自学参考资料　Ⅳ. ①D922.54

中国版本图书馆 CIP 数据核字（2018）第 136063 号

出版发行：中国电力出版社
地　　址：北京市东城区北京站西街 19 号（邮政编码 100005）
网　　址：http://www.cepp.sgcc.com.cn
责任编辑：未翠霞（010-63412611）
责任校对：黄　蓓　常燕昆
装帧设计：王英磊
责任印制：杨晓东

印　　刷：北京天宇星印刷厂
版　　次：2019 年 6 月第一版
印　　次：2019 年 6 月北京第一次印刷
开　　本：787 毫米×1092 毫米　16 开本
印　　张：19.5
字　　数：459 千字
定　　价：69.80 元

# 前　言

本书是中级注册安全工程师职业资格考试辅导教材。

本书依据《中级注册安全工程师职业资格考试大纲》（2019版）"安全生产法律法规"部分的要求及最新修订的相关法规编写。

本书各章节首先列出考试大纲要求的相关内容，内容简明清晰；然后给出模拟试题，题型与实考一致，试题具严谨性，重点准确，命中率高。

试题中带星号的表示多选题，否则为单选题。

# 目 录

# 第一章

# 习近平新时代中国特色社会主义
# 思想有关内容

2018 年 3 月 11 日，习近平新时代中国特色社会主义思想载入宪法，宪法修正案明确了习近平新时代中国特色社会主义思想在国家政治和社会生活中的指导地位。

## 一、思想内容：八个明确

（1）明确坚持和发展中国特色社会主义，总任务是实现社会主义现代化和中华民族伟大复兴，在全面建成小康社会的基础上，分两步走在 21 世纪中叶建成富强民主文明和谐美丽的社会主义现代化强国。

（2）明确新时代我国社会主要矛盾是人民日益增长的美好生活需要和不平衡不充分的发展之间的矛盾，必须坚持以人民为中心的发展思想，不断促进人的全面发展、全体人民共同富裕。

（3）明确中国特色社会主义事业总体布局是"五位一体"、战略布局是"四个全面"，强调坚定道路自信、理论自信、制度自信、文化自信。

"五位一体"的"五位"指经济建设、政治建设、文化建设、社会建设、生态文明建设；"四个全面"指全面建成小康社会、全面深化改革、全面依法治国、全面从严治党。

（4）明确全面深化改革总目标是完善和发展中国特色社会主义制度、推进国家治理体系和治理能力现代化。

（5）明确全面推进依法治国总目标是建设中国特色社会主义法治体系、建设社会主义法治国家。

（6）明确党在新时代的强军目标是建设一支听党指挥、能打胜仗、作风优良的人民军队，把人民军队建设成为世界一流军队。

（7）明确中国特色大国外交要推动构建新型国际关系，推动构建人类命运共同体。

（8）明确中国特色社会主义最本质的特征是中国共产党领导，中国特色社会主义制度的最大优势是中国共产党领导，党是最高政治领导力量，提出新时代党的建设总要求，突出政治建设在党的建设中的重要地位。

## 二、基本方略：十四个坚持

新时代坚持和发展中国特色社会主义的基本方略是：

（1）坚持党对一切工作的领导。

（2）坚持以人民为中心。

（3）坚持全面深化改革。

（4）坚持新发展理念。

（5）坚持人民当家作主。

（6）坚持全面依法治国。

（7）坚持社会主义核心价值体系。

（8）坚持在发展中保障和改善民生。

（9）坚持人与自然和谐共生。

（10）坚持总体国家安全观。

（11）坚持党对人民军队的绝对领导。

（12）坚持"一国两制"和推进祖国统一。

（13）坚持推动构建人类命运共同体。

（14）坚持全面从严治党。

### 三、中共中央、国务院关于安全生产的重要文件

《中共中央　国务院关于推进安全生产领域改革发展的意见》（2016 年 12 月 9 日）是关于安全生产的重要文件。该《意见》分总体要求、健全落实安全生产责任制、改革安全监管监察体制、大力推进依法治理、建立安全预防控制体系、加强安全基础保障能力建设 6 部分共 30 条。详见《安全生产管理》第一章第二节。

## 模 拟 试 题 及 考 点

1. 新时代我国社会主要矛盾是_____之间的矛盾。

A. 社会主义道路和资本主义道路

B. 落后的生产力和先进的上层建筑

C. 人民的美好生活需要和贪污腐败

D. 人民日益增长的美好生活需要和不平衡不充分的发展

【考点】"一、思想内容：八个明确"。

2. 中国特色社会主义事业总体布局是"五位一体"。"五位"指_____。

A. 经济建设、政治建设、文化建设、社会建设、生态文明建设

B. 经济建设、政治建设、文化建设、社会建设、生态建设

C. 经济建设、政治建设、文化建设、体制建设、生态文明建设

D. 经济建设、政治建设、文化建设、体制建设、生态建设

【考点】"一、思想内容：八个明确"。

3. 全面深化改革总目标是完善和发展_____制度、推进国家治理体系和治理能力现代化。

A. 社会主义　　　　　　　　　　　B. 中国社会主义

C. 中国特色社会主义　　　　　　　　　D. 初级阶段社会主义

【考点】"一、思想内容：八个明确"。

4. 中国特色社会主义最本质的特征是_____。

A. 以人民为中心　　　　　　　　　　　B. 中国共产党领导

C. 坚持全面深化改革　　　　　　　　　D. 坚持全面依法治国

【考点】"一、思想内容：八个明确"。

5. 贯穿习近平新时代中国特色社会主义思想的一条红线是_____。

A. 以人民为中心　　　　　　　　　　　B. 中国共产党领导

C. 实现社会主义现代化　　　　　　　　D. 实现中华民族伟大复兴

【考点】贯穿全文，无具体指定考点处。

6. 2016 年 12 月发布的《中共中央　国务院关于推进_____的意见》是关于安全生产的重要文件。

A. 安全生产　　　　　　　　　　　　　B. 安全生产发展

C. 安全生产领域改革　　　　　　　　　D. 安全生产领域改革发展

【考点】"三、中共中央、国务院关于安全生产的重要文件"。

# 第二章

# 安全生产法律体系

## 一、法的特征

**1. 法由特定的国家机关制定**

法规性文件及其对应的制定和修订的国家机关：

宪法和基本法律——全国人大；

基本法律以外的法律——全国人大常委会；

行政法规、法令——国务院；

地方性法规——省级人大及其常委会；

经济特区法规——经济特区人大及其常委会；

民族自治法规——民族自治地方人大及其常委会；

部门规章——国务院部委和直属机构；

地方政府规章——省级人民政府。

**2. 法依照特定的程序制定**

法的制定程序要依照《立法法》的相关规定。

**3. 法具有国家强制性**

这是法本身的属性，但法本身的属性与它获得实现的方式，是既有联系又有区别的两个问题。社会主义法的实现，在多数情况下依靠人民群众自觉地遵守和执行，在法律实现过程中遇到阻碍或者被破坏的情况下，才通过国家强制措施使法获得实现。

**4. 法是调整人们行为的社会规范。**

## 二、我国安全生产法律体系的基本框架

**1. 宪法**

宪法规定了"加强劳动保护，改善劳动条件"。

**2. 法律**

专门法律：《安全生产法》《消防法》《矿山安全法》《道路交通安全法》等。

相关法律：《劳动法》《职业病防治法》《刑法》《行政处罚法》《行政许可法》《劳动合同法》《煤炭法》《工会法》等。

**3. 法规**

行政法规，如《危险化学品安全管理条例》。

地方性法规，如《北京市安全生产条例》。

### 4. 规章

包括部门规章和地方政府规章。

### 5. 法定安全生产标准

包括国家标准和行业标准。

### 6. 经全国人大常委会批准的关于职业安全卫生的国际劳工公约

这些公约也属于我国安全生产法律体系的范畴。

## 三、法的分类和效力

### 1. 成文法和不成文法

按照法的创立和表现形式，可分为成文法（有权制定法律规范的国家机关依照法定程序所制定的规范性法律文件，如宪法、法律、行政法规、地方性法规等）和不成文法（未经国家制定、但经国家认可并赋予法律效力的行为规则，如习惯法、判例、法理等）。

### 2. 宪法和普通法律

按照法的内容和效力强弱，可分为宪法（根本法、母法）和普通法律，后者又分为基本法律和基本法律以外的法律。

### 3. 上位法和下位法

上位法是指法律地位、法律效力高于其他相关法的立法。相对于上位法而言，下位法是指法律地位、法律效力较低的立法。

按照法律地位和法律效力的层级划分，顺序是：宪法、法律、行政法规、地方性法规和行政规章。

地方性法规高于地方政府规章。部门规章适用于全国，地方政府规章适用于其行政区域。

### 4. 普通法和特殊法

普通法（一般法）适用于全国、平时、全国公民、一般调整对象，特殊法适用于特定地区、非常时期、特定公民、特定调整对象。

在安全生产领域内，《安全生产法》是普通法，《消防法》《道路交通安全法》等是特殊法。

在同一层级的安全生产立法对同一类问题的法律适用上，特殊法优于普通法。

### 5. 综合性法和单行法

综合性法与单行法的区分是相对的。例如，在安全生产法律体系中，《安全生产法》《矿山安全法》《煤矿安全监察条例》三者比较，靠前的相对于靠后的是综合性法，靠后的相对于靠前的是单行法。

### 6. 对同一事项的技术要求，行业标准可以高于国家标准。

## 四、安全生产依法行政与法治政府

### 1. 安全生产依法行政

安全生产工作不能主要依靠审批、核准、审查、督查等行政手段。要在继续强化必要的行政手段的同时，大力弘扬法治精神，加强安全监管执法队伍的建设，完善安全生产法律法规标准体系，严格规范执法，全面提高安全生产法治化水平，更多运用法治思维和法治方式研究解决安全生产问题。

**2. 法治政府**

法治政府就是政府在行使权力履行职责过程中坚持法治原则，严格依法行政，政府的各项权力都在法治轨道上运行。

要求各级人民政府从决策到执行及监督的整个过程都纳入法制化轨道，权利与责任紧密相连，集阳光政府，有限政府，诚信政府，责任政府于一身，并用法律加以固定即为法治政府。关键是要推进政府法制建设，建立健全政府行政的法律依据和督促政府依法行政的法律制度。

要求政府全面推进依法行政，不断提高政府公信力和执行力，为保障经济又好又快发展和社会和谐稳定发挥更大的作用。

# 模 拟 试 题 及 考 点

1. 部门规章是由_____制定的规范性文件。
A. 国务院有关部委　　　　　　　　B. 国家行政机关
C. 地方权力机关　　　　　　　　　D. 国家权力机关
【考点】"一、法的特征"。

2. 以下哪种说法是正确的？
A. 《工会法》是法规
B. 《危险化学品安全管理条例》是规章
C. 《安全生产违法行为行政处罚办法》是法律
D. GB/T 13861—2009《生产过程危险和危害因素分类与代码》是标准
【考点】"二、我国安全生产法律体系的基本框架"。

★3. 以下哪种说法是错误的？
A. 地方性法规由省级人大及其常委会制定
B. 地方性法规由省级人民政府制定
C. 在法律地位、法律效力上，地方性法规高于地方政府规章
D. 在法律地位、法律效力上，国务院部委制定的规章高于地方性法规
【考点】"一、法的特征"和"三、法的分类和效力"。

★4. 以下哪种说法是错误的？
A. 除宪法和由全国人大常委会批准的国际劳工公约外，我国安全生产法律体系的基本框架包括安全生产的法律、法规、规章、标准
B. 相对而言，规章是上位法，法规是下位法
C. 在消防安全问题的法律适用上，《安全生产法》优于《消防法》
D. 相对而言，《矿山安全法》是综合性法，《煤矿安全监察条例》是单行法
【考点】"二、我国安全生产法律体系的基本框架"和"三、法的分类和效力"。

5. 成文法是指有权制定法律的国家机关依照法定程序制定的_____法律文件。

A. 处罚性　　　　　B. 完整性　　　　　C. 特定性　　　　　D. 规范性

【考点】"三、法的分类和效力"。

6. 对同一安全生产事项的技术要求，行业安全生产标准_____国家安全生产标准。

A. 可以高于　　　　B. 不得高于　　　　C. 应当高于　　　　D. 必须等于

【考点】"三、法的分类和效力"。

★7. 安全生产工作要在继续强化必要的行政手段的同时，_____，全面提高安全生产法治化水平，更多运用法治思维和法治方式研究解决安全生产问题。

A. 大力弘扬法治精神

B. 加强安全监管执法队伍的建设

C. 完善清洁生产法律法规标准体系

D. 严格规范执法

【考点】"四、安全生产依法行政与法治政府"。

# 第三章

# 中华人民共和国安全生产法

## 第一节 "总则"的部分内容

### 一、目的

为了加强安全生产工作，防止和减少生产安全事故，保障人民群众生命和财产安全，促进经济社会持续健康发展，制定本法。

### 二、适用范围

在中华人民共和国领域内从事生产经营活动的单位（以下统称生产经营单位）的安全生产，适用本法；有关法律、行政法规对消防安全和道路交通安全、铁路交通安全、水上交通安全、民用航空安全以及核与辐射安全、特种设备安全另有规定的，适用其规定。

说明：

**1. 空间的适用**

在中华人民共和国领域内（陆地、海域和领空的范围内）从事生产经营活动的单位的安全生产。

说明：港澳除外，因安全生产法未列入两个基本法的"附件三"中。

**2. 主体和行为的适用**

主体适用：生产经营单位。指所有从事生产经营活动的基本生产经营单元，具体包括各种所有制和组织形式的公司、企业、社会组织、个体工商户、公民个人。

行为的适用：生产经营活动。包括资源开采、产品加工制作、工程建设、商业、娱乐业、服务业等。不属于生产经营活动中的安全问题，如公共集会、正在使用中的民用建筑物垮塌等，不属于本法的调整范围。

**3. 排除适用**

"有关法律、行政法规对消防安全和道路交通安全、铁路交通安全、水上交通安全、民用航空安全以及核与辐射安全、特种设备安全另有规定的，适用其规定"。即

（1）《安全生产法》确定的安全生产领域基本的方针、原则、法律制度和新的法律规定，是其他法律、行政法规无法确定并且没有规定的，它们普遍适用于消防安全、道路交通安全等领域。

（2）消防安全、道路交通安全等领域现行的有关法律、行政法规已有规定的，不适用《安全生产法》。

（3）有关法律、行政法规对消防安全、道路交通安全等领域没有规定的，适用《安全生产法》。

（4）今后制定和修订有关消防安全、道路交通安全等领域的法律、行政法规时，也要符合《安全生产法》确定的基本方针原则、法律制度和法律规范，不应抵触。

### 三、安全生产工作的方针和机制

安全生产工作应当以人为本，坚持安全发展，坚持安全第一、预防为主、综合治理的方针，强化和落实生产经营单位的主体责任，建立生产经营单位负责、职工参与、政府监管、行业自律和社会监督的机制。

### 四、对生产经营单位的要求

生产经营单位必须遵守本法和其他有关安全生产的法律、法规，加强安全生产管理，建立、健全安全生产责任制和安全生产规章制度，改善安全生产条件，推进安全生产标准化建设，提高安全生产水平，确保安全生产。

生产经营单位的主要负责人对本单位的安全生产工作全面负责。

注：生产经营单位主要负责人应当是直接领导、指挥单位日常生产经营活动、能够承担单位安全生产工作主要领导责任的决策人。

生产经营单位的从业人员有依法获得安全生产保障的权利，并应当依法履行安全生产方面的义务。

工会依法对安全生产工作进行监督。

生产经营单位的工会依法组织职工参加本单位安全生产工作的民主管理和民主监督，维护职工在安全生产方面的合法权益。生产经营单位制定或者修改有关安全生产的规章制度，应当听取工会的意见。

### 五、对政府的要求

国务院和县级以上地方各级人民政府应当根据国民经济和社会发展规划制定安全生产规划，并组织实施。安全生产规划应当与城乡规划相衔接。

国务院和县级以上地方各级人民政府应当加强对安全生产工作的领导，支持、督促各有关部门依法履行安全生产监督管理职责，建立健全安全生产工作协调机制，及时协调、解决安全生产监督管理中存在的重大问题。

乡、镇人民政府以及街道办事处、开发区管理机构等地方人民政府的派出机关应当按照职责，加强对本行政区域内生产经营单位安全生产状况的监督检查，协助上级人民政府有关部门依法履行安全生产监督管理职责。

### 六、对负有安全生产监督管理职责的部门的要求

国务院安全生产监督管理部门依照本法，对全国安全生产工作实施综合监督管理；县级

以上地方各级人民政府安全生产监督管理部门依照本法，对本行政区域内安全生产工作实施综合监督管理。

国务院有关部门依照本法和其他有关法律、行政法规的规定，在各自的职责范围内对有关行业、领域的安全生产工作实施监督管理；县级以上地方各级人民政府有关部门依照本法和其他有关法律、法规的规定，在各自的职责范围内对有关行业、领域的安全生产工作实施监督管理。

安全生产监督管理部门和对有关行业、领域的安全生产工作实施监督管理的部门，统称负有安全生产监督管理职责的部门。

### 七、标准

国务院有关部门应当按照保障安全生产的要求，依法及时制定有关的国家标准或者行业标准，并根据科技进步和经济发展适时修订。

生产经营单位必须执行依法制定的保障安全生产的国家标准或者行业标准。

### 八、政府及其有关部门的宣传

各级人民政府及其有关部门应当采取多种形式，加强对有关安全生产的法律、法规和安全生产知识的宣传，增强全社会的安全生产意识。

### 九、对有关协会组织的要求

有关协会组织依照法律、行政法规和章程，为生产经营单位提供安全生产方面的信息、培训等服务，发挥自律作用，促进生产经营单位加强安全生产管理。

### 十、对中介机构的要求

依法设立的为安全生产提供技术、管理服务的机构，依照法律、行政法规和执业准则，接受生产经营单位的委托为其安全生产工作提供技术、管理服务。

生产经营单位委托中介机构提供安全生产技术、管理服务的，保证安全生产的责任仍由本单位负责。

### 十一、责任追究制度

国家实行生产安全事故责任追究制度，依照本法和有关法律、法规的规定，追究生产安全事故责任人员的法律责任。

### 十二、安全生产科学技术

国家鼓励和支持安全生产科学技术研究和安全生产先进技术的推广应用，提高安全生产水平。

### 十三、奖励

国家对在改善安全生产条件、防止生产安全事故、参加抢险救护等方面取得显著成绩的单位和个人，给予奖励。

# 模拟试题及考点

1.《安全生产法》所称生产经营单位，是指从事生产经营活动的_____。
A. 公司　　　　　　　　　　　　　B. 工厂
C. 基本生产经营单元　　　　　　　D. 个体工商户
【考点】"二、适用范围"。

2. 以下诸项中属于安全生产法调整范围的是_____。
A. 香港某造船企业的生产活动
B. 江苏某个体独资纺织厂的生产活动
C. 北京某正在使用中的住宅楼垮塌
D. 天津举行的庆祝申奥成功的公共集会的安全问题
【考点】"二、适用范围"。

★3. 以下诸项中属于安全生产法调整范围的是_____。
A. 广东科龙集团的生产经营活动
B. 浙江温州某个体制鞋厂的生产经营活动
C. 北京大成这边科技发展有限公司（个体）的管理咨询服务活动
D. 澳门某外资企业的生产经营活动
E. 松下 PANASONIC（中国）的生产经营活动
【考点】"二、适用范围"。

★4. 以下诸项中适用安全生产法的是_____。
A.《中华人民共和国消防法》中已做出规定的消防安全问题
B. 已发现的《中华人民共和国水上交通安全法》中未做出规定的水上交通安全问题
C. 未发现的《中华人民共和国民用航空安全法》中未做出规定的民用航空安全问题
D. 已发现的《中华人民共和国特种设备安全法》中未做出规定的特种设备安全问题
【考点】"二、适用范围"。

5. "安全第一"的含义是：在处理安全与生产经营活动的关系上，_____。
A. 把安全放在首位，在确保安全的前提下，努力实现生产的其他目标
B. 确立安全比生产重要的理念
C. 保证不进行存在不安全因素的生产经营活动
D. 要确保在生产经营活动中不发生任何事故
【考点】"三、安全生产工作的方针和机制"。

6. "预防为主"的含义是_____。
A. 采取措施，以确保在生产经营活动中不发生任何事故
B. 在事故发生后，找出事故发生的原因并采取整改措施以避免事故重演

C. 把工作重点放在对可能导致事故发生的风险的控制上，而不是放在事故发生后的调查处理上

D. 在事故发生后，不仅要采取纠正措施以避免事故重演，还要采取预防措施以避免类似事故发生

【考点】"三、安全生产工作的方针和机制"。

7. 以下不属于安全生产"综合治理"范畴的是_____。
A. 完善立法
B. 教育培训
C. 提高劳动报酬
D. 鼓励安全生产先进技术的推广应用

【考点】"三、安全生产工作的方针和机制"。

8. 安全生产工作应当建立_____负责、_____参与、政府监管、行业自律和_____监督的机制。
A. 生产经营单位，职工，社会
B. 企业，职工，社会
C. 生产经营单位，社会，职工
D. 企业，社会，职工

【考点】"三、安全生产工作的方针和机制"。

9. 生产经营单位主要负责人应当是直接领导、指挥单位日常生产经营活动、能够承担单位安全生产工作主要领导责任的_____。
A. 管理者
B. 决策人
C. 监督人
D. 执行者

【考点】"四、对生产经营单位的要求"。

10. 生产经营单位必须遵守安全生产相关的法律、法规，加强安全生产管理，建立、健全_____，改善_____，推进_____，提高安全生产水平，确保安全生产。
A. 安全生产责任制和安全生产规章制度，安全生产条件，安全生产标准化建设
B. 安全生产标准化建设，安全生产条件，安全生产责任制和安全生产规章制度
C. 安全生产条件，安全生产责任制和安全生产规章制度，安全生产标准化建设
D. 安全生产责任制和安全生产规章制度，安全生产标准化建设，安全生产条件

【考点】"四、对生产经营单位的要求"。

11. _____对全国工业和民用建筑领域安全生产工作实施综合监督管理。
A. 住房和城乡建设部
B. 国务院
C. 应急管理部
D. 国家市场监督管理总局

【考点】"六、对负有安全生产监督管理职责的部门的要求"。

12. 《安全生产法》中"负有安全生产监督管理职责的部门"是_____的统称。
A. 安全生产监督管理部门
B. 除安全生产监督管理部门之外的其他政府部门
C. 对有关行业、领域的安全生产工作实施监督管理的部门
D. A 和 B
E. A 和 C

【考点】"六、对负有安全生产监督管理职责的部门的要求"。

# 第二节　生产经营单位的安全生产保障

## 一、总要求

生产经营单位应当具备本法和有关法律、行政法规和国家标准或者行业标准规定的安全生产条件；不具备安全生产条件的，不得从事生产经营活动。

## 二、负责人、资源、机构与职责

### 1. 主要负责人

（1）安全生产职责。生产经营单位的主要负责人对本单位安全生产工作负有下列职责：

1）建立、健全本单位安全生产责任制；

2）组织制定本单位安全生产规章制度和操作规程；

3）组织制定并实施本单位安全生产教育和培训计划；

4）保证本单位安全生产投入的有效实施；

5）督促、检查本单位的安全生产工作，及时消除生产安全事故隐患；

6）组织制定并实施本单位的生产安全事故应急救援预案；

7）及时、如实报告生产安全事故。

（2）资格。

生产经营单位的主要负责人和安全生产管理人员必须具备与本单位所从事的生产经营活动相应的安全生产知识和管理能力。

危险物品的生产、经营、储存单位以及矿山、金属冶炼、建筑施工、道路运输单位的主要负责人和安全生产管理人员，应当由主管的负有安全生产监督管理职责的部门对其安全生产知识和管理能力考核合格。考核不得收费。

危险物品的生产、储存单位以及矿山、金属冶炼单位应当有注册安全工程师从事安全生产管理工作。鼓励其他生产经营单位聘用注册安全工程师从事安全生产管理工作。注册安全工程师按专业分类管理，具体办法由国务院人力资源和社会保障部门、国务院安全生产监督管理部门会同国务院有关部门制定。

（3）发生事故时的职责。生产经营单位发生生产安全事故时，单位的主要负责人应当立即组织抢救，并不得在事故调查处理期间擅离职守。

### 2. 资金投入

生产经营单位应当具备的安全生产条件所必需的资金投入，由生产经营单位的决策机构、主要负责人或者个人经营的投资人予以保证，并对由于安全生产所必需的资金投入不足导致的后果承担责任。

有关生产经营单位应当按照规定提取和使用安全生产费用，专门用于改善安全生产条件。安全生产费用在成本中据实列支。安全生产费用提取、使用和监督管理的具体办法由国务院财政部门会同国务院安全生产监督管理部门征求国务院有关部门意见后制定。

注：1. 按照公司法成立的公司制生产经营单位，由其决策机构董事会决定安全投入的资金。

2. 非公司制生产经营单位，由其主要负责人决定安全投入的资金。

3. 个人投资并由他人管理的生产经营单位，由其投资人即股东决定安全投入的资金。

生产经营单位应当安排用于配备劳动防护用品、进行安全生产培训的经费。

**3. 安全生产责任制**

生产经营单位的安全生产责任制应当明确各岗位的责任人员、责任范围和考核标准等内容。

生产经营单位应当建立相应的机制，加强对安全生产责任制落实情况的监督考核，保证安全生产责任制的落实。

**4. 安全管理机构和安全管理人员**

（1）配备。

矿山、金属冶炼、建筑施工、道路运输单位和危险物品的生产、经营、储存单位，应当设置安全生产管理机构或者配备专职安全生产管理人员。

其他生产经营单位，从业人员超过一百人的，应当设置安全生产管理机构或者配备专职安全生产管理人员；从业人员在一百人以下的，应当配备专职或者兼职的安全生产管理人员。

（2）职责。生产经营单位的安全生产管理机构以及安全生产管理人员履行下列职责：

1）组织或者参与拟订本单位安全生产规章制度、操作规程和生产安全事故应急救援预案。

2）组织或者参与本单位安全生产教育和培训，如实记录安全生产教育和培训情况。

3）督促落实本单位重大危险源的安全管理措施。

4）组织或者参与本单位应急救援演练。

5）检查本单位的安全生产状况，及时排查生产安全事故隐患，提出改进安全生产管理的建议。

6）制止和纠正违章指挥、强令冒险作业、违反操作规程的行为。

7）督促落实本单位安全生产整改措施。

（3）相关事项。

生产经营单位的安全生产管理机构以及安全生产管理人员应当恪尽职守，依法履行职责。

生产经营单位做出涉及安全生产的经营决策，应当听取安全生产管理机构以及安全生产管理人员的意见。

生产经营单位不得因安全生产管理人员依法履行职责而降低其工资、福利等待遇或者解除与其订立的劳动合同。

危险物品的生产、储存单位以及矿山、金属冶炼单位的安全生产管理人员的任免，应当告知主管的负有安全生产监督管理职责的部门。

## 三、教育培训

**1. 对从业人员的教育培训**

生产经营单位应当对从业人员进行安全生产教育和培训，保证从业人员具备必要的安全生产知识，熟悉有关的安全生产规章制度和安全操作规程，掌握本岗位的安全操作技能，了解事故应急处理措施，知悉自身在安全生产方面的权利和义务。未经安全生产教育和培训合格的从业人员，不得上岗作业。

生产经营单位使用被派遣劳动者的，应当将被派遣劳动者纳入本单位从业人员统一管理，对被派遣劳动者进行岗位安全操作规程和安全操作技能的教育和培训。劳务派遣单位应当对被派遣劳动者进行必要的安全生产教育和培训。

生产经营单位接收中等职业学校、高等学校学生实习的，应当对实习学生进行相应的安全生产教育和培训，提供必要的劳动防护用品。学校应当协助生产经营单位对实习学生进行安全生产教育和培训。

生产经营单位应当建立安全生产教育和培训档案，如实记录安全生产教育和培训的时间、内容、参加人员以及考核结果等情况。

**2. 对"四新"人员进行专门的教育培训**

生产经营单位采用新工艺、新技术、新材料或者使用新设备，必须了解、掌握其安全技术特性，采取有效的安全防护措施，并对从业人员进行专门的安全生产教育和培训。

**3. 特种作业人员培训**

生产经营单位的特种作业人员必须按照国家有关规定经专门的安全作业培训，取得相应资格，方可上岗作业。

特种作业人员的范围由国务院安全生产监督管理部门会同国务院有关部门确定。

## 四、建设项目

**1. 安全设施**

（1）"三同时"。生产经营单位新建、改建、扩建工程项目（以下统称建设项目）的安全设施，必须与主体工程同时设计、同时施工、同时投入生产和使用。安全设施投资应当纳入建设项目概算。

（2）安全设施的设计。

建设项目安全设施的设计人、设计单位应当对安全设施设计负责。

矿山、金属冶炼建设项目和用于生产、储存、装卸危险物品的建设项目的安全设施设计应当按照国家有关规定报经有关部门审查，审查部门及其负责审查的人员对审查结果负责。

（3）安全设施施工、竣工验收。

矿山、金属冶炼建设项目和用于生产、储存、装卸危险物品的建设项目的施工单位必须按照批准的安全设施设计施工，并对安全设施的工程质量负责。

矿山、金属冶炼建设项目和用于生产、储存危险物品的建设项目竣工投入生产或者使用前，应当由建设单位负责组织对安全设施进行验收；验收合格后，方可投入生产和使用。安全生产监督管理部门应当加强对建设单位验收活动和验收结果的监督核查。

**2. 需进行安全评价的建设项目**

矿山、金属冶炼建设项目和用于生产、储存、装卸危险物品的建设项目，应当按照国家有关规定进行安全评价。

### 五、设备设施、工艺、场所

#### 1. 安全设备

安全设备的设计、制造、安装、使用、检测、维修、改造和报废，应当符合国家标准或者行业标准。

生产经营单位必须对安全设备进行经常性维护、保养，并定期检测，保证正常运转。维护、保养、检测应当做好记录，并由有关人员签字。

#### 2. 危险物品的容器、运输工具及两类特种设备

生产经营单位使用的危险物品的容器、运输工具，以及涉及人身安全、危险性较大的海洋石油开采特种设备和矿山井下特种设备，必须按照国家有关规定，由专业生产单位生产，并经具有专业资质的检测、检验机构检测、检验合格，取得安全使用证或者安全标志，方可投入使用。检测、检验机构对检测、检验结果负责。

#### 3. 严重危及生产安全的工艺、设备的淘汰制度

国家对严重危及生产安全的工艺、设备实行淘汰制度，具体目录由国务院安全生产监督管理部门会同国务院有关部门制定并公布。法律、行政法规对目录的制定另有规定的，适用其规定。

省、自治区、直辖市人民政府可以根据本地区实际情况制定并公布具体目录，对前款规定以外的危及生产安全的工艺、设备予以淘汰。

生产经营单位不得使用应当淘汰的危及生产安全的工艺、设备。

#### 4. 安全警示标志

生产经营单位应当在有较大危险因素的生产经营场所和有关设施、设备上，设置明显的安全警示标志。

#### 5. "三合一"问题

生产、经营、储存、使用危险物品的车间、商店、仓库不得与员工宿舍在同一座建筑物内，并应当与员工宿舍保持安全距离。

生产经营场所和员工宿舍应当设有符合紧急疏散要求、标志明显、保持畅通的出口。禁止锁闭、封堵生产经营场所或者员工宿舍的出口。

### 六、危险物品

#### 1. 审批、制度与措施

生产、经营、运输、储存、使用危险物品或者处置废弃危险物品的，由有关主管部门依照有关法律、法规的规定和国家标准或者行业标准审批并实施监督管理。

生产经营单位生产、经营、运输、储存、使用危险物品或者处置废弃危险物品，必须执行有关法律、法规和国家标准或者行业标准，建立专门的安全管理制度，采取可靠的安全措施，接受有关主管部门依法实施的监督管理。

#### 2. 危险化学品重大危险源

生产经营单位对重大危险源应当登记建档，进行定期检测、评估、监控，并制定应急预案，告知从业人员和相关人员在紧急情况下应当采取的应急措施。

生产经营单位应当按照国家有关规定将本单位重大危险源及有关安全措施、应急措施报有关地方人民政府安全生产监督管理部门和有关部门备案。

## 七、作业安全

### 1. 危险作业

生产经营单位进行爆破、吊装以及国务院安全生产监督管理部门会同国务院有关部门规定的其他危险作业，应当安排专门人员进行现场安全管理，确保操作规程的遵守和安全措施的落实。

### 2. 制度、规程和危险告知

生产经营单位应当教育和督促从业人员严格执行本单位的安全生产规章制度和安全操作规程；并向从业人员如实告知作业场所和工作岗位存在的危险因素、防范措施以及事故应急措施。

### 3. 劳动防护用品

生产经营单位必须为从业人员提供符合国家标准或者行业标准的劳动防护用品，并监督、教育从业人员按照使用规则佩戴、使用。

## 八、检查

### 1. 事故隐患排查治理

生产经营单位应当建立健全生产安全事故隐患排查治理制度，采取技术、管理措施，及时发现并消除事故隐患。事故隐患排查治理情况应当如实记录，并向从业人员通报。

县级以上地方各级人民政府负有安全生产监督管理职责的部门应当建立健全重大事故隐患治理督办制度，督促生产经营单位消除重大事故隐患。

### 2. 经常性检查

生产经营单位的安全生产管理人员应当根据本单位的生产经营特点，对安全生产状况进行经常性检查；对检查中发现的安全问题，应当立即处理；不能处理的，应当及时报告本单位有关负责人，有关负责人应当及时处理。检查及处理情况应当如实记录在案。

生产经营单位的安全生产管理人员在检查中发现重大事故隐患，依照前款规定向本单位有关负责人报告，有关负责人不及时处理的，安全生产管理人员可以向主管的负有安全生产监督管理职责的部门报告，接到报告的部门应当依法及时处理。

## 九、两个以上单位在同一作业区域活动

两个以上生产经营单位在同一作业区域内进行生产经营活动，可能危及对方生产安全的，应当签订安全生产管理协议，明确各自的安全生产管理职责和应当采取的安全措施，并指定专职安全生产管理人员进行安全检查与协调。

## 十、发包或出租

生产经营单位不得将生产经营项目、场所、设备发包或者出租给不具备安全生产条件或者相应资质的单位或者个人。

　　生产经营项目、场所发包或者出租给其他单位的，生产经营单位应当与承包单位、承租单位签订专门的安全生产管理协议，或者在承包合同、租赁合同中约定各自的安全生产管理职责；生产经营单位对承包单位、承租单位的安全生产工作统一协调、管理，定期进行安全检查，发现安全问题的，应当及时督促整改。

## 十一、工伤保险和安全生产责任保险

　　生产经营单位必须依法参加工伤保险，为从业人员缴纳保险费。

　　国家鼓励生产经营单位投保安全生产责任保险。

## 模拟试题及考点

1. 生产经营单位应当具备_____规定的安全生产条件。

A. 法律、行政法规、部门规章、地方政府规章

B. 行政法规、国家标准、行业标准、企业标准

C. 地方性法规、地方政府规章、地方标准、行业标准

D. 法律、行政法规、国家标准、行业标准

【考点】"一、总要求"。

2. 下述哪一项不是生产经营单位主要负责人对本单位安全生产工作应负的职责？

A. 组织制定本单位安全生产规章制度和操作规程

B. 组织制定并实施本单位安全生产教育和培训计划

C. 保证本单位安全生产投入的有效实施

D. 对新改扩建项目进行劳动安全卫生预评价

E. 及时、如实报告生产安全事故

【考点】"二、1. 主要负责人"。

★3. 下述哪些单位的主要负责人和安全生产管理人员不需要由负有安全生产监督管理职责的部门对其安全生产知识和管理能力考核合格？

　A. 危险物品的储存单位　　　　　　　　B. 员工 500 人以上的机械加工厂

　C. 非煤矿山　　　　　　　　　　　　　D. 员工 80 人的建筑施工单位

　E. 危险物品的使用单位

【考点】"二、1. 主要负责人"。

4. 生产经营单位发生_____事故时，单位的主要负责人应当立即组织抢救，并不得在事故调查处理期间擅离职守。

　A. 生产安全　　　　　　　　　　　　　B. 较大生产安全

　C. 重大生产安全　　　　　　　　　　　D. 特别重大生产安全

【考点】"二、1. 主要负责人"。

5. 下述关于决定安全生产条件所必需的资金投入的主体中错误的是_____。

A. 某公司制生产经营单位的董事会

B. 某公司制生产经营单位有决策权的经理层

C. 某个人投资并由他人管理的生产经营单位的经理

D. 某国有企业的厂长

【考点】"二、2. 资金投入"。

★6. 生产经营单位的安全生产责任制应当明确各岗位的_____。

A. 责任人员　　　B. 责任范围　　　C. 节能指标　　　D. 考核标准

【考点】"二、3. 安全生产责任制"。

7. 对于100人以下的生产经营单位，下列叙述中正确的是_____。

A. 从事炼钢的单位，必须设置安全生产管理机构

B. 从事建筑施工的单位，必须配备专职安全生产管理人员

C. 从事危险物品储存的单位，必须设置安全生产管理机构或者配备专职安全生产管理人员

D. 不属于矿山、金属冶炼、建筑施工、道路运输单位和危险物品的生产、经营、储存的单位，不能设置机构，而必须配备专职或者兼职的管理人员

【考点】"二、4. 安全管理机构和安全管理人员"。

8. 下述4个企业，哪一个的做法不符合安全生产法的要求？

A. A企业从事机械加工，员工132人，配备了专职安全生产管理人员

B. B企业从事道路运输，员工98人，设置了安全生产管理机构

C. C企业是一个甲醇转运站，员工52人，配备了兼职安全生产管理人员

D. D企业从事物业管理，员工22人，设置了安全生产管理机构

【考点】"二、4. 安全管理机构和安全管理人员"。

★9. 下述哪些单位安全生产管理人员的任免，应当告知主管的负有安全生产监督管理职责的部门？

A. 某甲醇生产厂　　　　　　　B. 某销售危险物品的公司

C. 某钢铁公司　　　　　　　　D. 某发电厂

E. 某道路运输公司

【考点】"二、4. 安全管理机构和安全管理人员"。

10. 下述哪种人不需要按照国家有关规定经专门的安全作业培训，取得特种作业人员的相应资格？

A. 大型机床的操作工　　　　　B. 锅炉水质化验工

C. 起重工　　　　　　　　　　D. 电工

【考点】"三、3. 特种作业人员培训"。

11. _____建设项目的安全设施，必须与主体工程同时设计、同时施工、同时投入生产和使用。

A. 生产经营单位

B. 矿山、金属冶炼、建筑施工、道路运输单位和危险物品的生产、经营、储存单位

C. 矿山、金属冶炼单位和从事生产、储存、装卸危险物品单位

D. 矿山、金属冶炼单位和从事生产、储存危险物品单位

【考点】"四、1. 安全设施"。

★12. 下述哪些建设项目，其安全设施设计应当按照国家有关规定报经有关部门审查；竣工投入生产或者使用前，由建设单位负责组织对安全设施进行验收？

A. 某有色冶金厂　　　　　　　　　B. 某石灰石露天矿

C. 某装卸汽油、酒精的物资公司　　D. 某乙炔生产厂

【考点】"四、1. 安全设施"。

13. 下述哪个建设项目，不需要按照国家有关规定进行安全评价？

A. 某有色冶金厂　　　　　　　　　B. 某石灰石露天矿

C. 某装卸汽油、酒精的物资公司　　D. 某纺织厂

【考点】"四、2. 需进行安全评价的建设项目"。

★14. _____必须按照国家有关规定，由专业生产单位生产，并经具有专业资质的检测、检验机构检测、检验合格，取得安全使用证或者安全标志。

A. 危险物品的运输工具

B. 海洋石油开采特种设备

C. 矿山特种设备

D. 矿山井下特种设备

【考点】"五、2. 危险物品的容器、运输工具及两类特种设备"。

15. 对严重危及生产安全的工艺、设备，国家实行_____。

A. 使用申请制度　　　　　　　　　B. 注册登记制度

C. 淘汰制度　　　　　　　　　　　D. 审批制度

【考点】"五、3. 严重危及生产安全的工艺、设备的淘汰制度"。

16. 生产、经营、储存、使用危险物品的车间、商店、仓库不得与员工宿舍在同一座建筑物内，并应当与员工宿舍保持_____。生产经营场所和员工宿舍的出口应当符合紧急疏散要求、标志明显，禁止_____、封堵。

A. 足够距离，封闭　　　　　　　　B. 一定距离，锁闭

C. 安全距离，锁闭　　　　　　　　D. 适当距离，封闭

【考点】"五、5. '三合一'问题"。

17. 某具有危险化学品重大危险源、可能发生火灾、爆炸的工厂，下述做法中尚不够完善的是_____。

A. 对重大危险源登记建档

B. 对重大危险源进行定期检测、评估、监控

C. 对重大危险源制定应急预案，告知从业人员和相关人员在紧急情况下应当采取的应急措施

D. 将本单位重大危险源及有关安全措施、应急措施报政府行业主管部门备案

【考点】"六、2. 危险化学品重大危险源"。

★18. 某边远地区的一个建筑企业为员工发放的如下劳动防护用品中，不符合要求的有_____。

A. 粉尘作业的纱布口罩

B. 电工使用的绝缘鞋

C. 使用小型电动工具的帆布手套

D. 高处作业、交叉作业时的安全帽

【考点】"七、3. 劳动防护用品"。

19. 生产经营单位的安全生产管理人员在检查中发现重大事故隐患，应当及时报告本单位有关负责人，有关负责人不及时处理的，安全生产管理人员可以向主管的_____报告。

A. 安全生产监督管理部门

B. 对有关行业、领域的安全生产工作实施监督管理的部门

C. 负有安全生产监督管理职责的部门

D. 任何政府部门

【考点】"八、2. 经常性检查"。

★20. 两个在同一作业区域作业、可能危及对方生产安全的单位，应当_____。

A. 签订安全生产管理协议或达成共识

B. 在协议中明确各自的安全生产管理职责

C. 在协议中明确应当采取的安全措施

D. 指定专职或兼职的安全生产管理人员进行安全检查与协调

【考点】"九、两个以上单位在同一作业区域活动"。

21. 下述哪种做法不符合安全生产法的要求？

A. 生产经营单位将一生产场所出租给了乙方——一个具备安全生产相应资质的个人

B. 生产经营单位与在其场所承包的某单位签订了专门的安全生产管理协议

C. 生产经营单位与在其场所承包的某单位签订的承包合同中，约定了各自的安全生产管理职责

D. 生产经营单位某场所内有3个承包单位。生产经营单位委托甲单位对乙单位和丙单位的安全生产工作统一协调、管理，定期进行安全检查，并签订了委托书

【考点】"十、发包或出租"。

22. 必须依法参加工伤保险的是_____。

A. 所有的生产经营单位

B. 除外资企业之外的所有生产经营单位

C. 对发生生产安全事故造成人身伤亡承担相应的民事赔偿责任的生产经营单位之外的所有生产经营单位

D. 除了目前在经济方面有困难的生产经营单位之外的所有生产经营单位

【考点】"十一、工伤保险和安全生产责任保险"。

# 第三节　从业人员的安全生产权利义务

## 一、从业人员的安全生产权利

### 1. 获得安全保障、工伤保险和民事赔偿的权利

生产经营单位与从业人员订立的劳动合同，应当载明有关保障从业人员劳动安全、防止职业危害的事项，以及依法为从业人员办理工伤社会保险的事项。

生产经营单位不得以任何形式与从业人员订立协议，免除或者减轻其对从业人员因生产安全事故伤亡依法应当承担的责任。

因生产安全事故受到损害的从业人员，除依法享有工伤社会保险外，依照有关民事法律尚有获得赔偿的权利的，有权向本单位提出赔偿要求。

注：工伤社会保险与民事赔偿的性质不同。前者是以抚恤、安置和补偿受害者为目的的补偿性措施，遵从"无过错原则"；后者是以民事损害为前提，以追究生产经营单位民事责任为目的，对受害者给予经济赔偿的惩罚性措施，遵从"过错原则"（依照《民法通则》的原则规定，除从业人员恶意或者故意造成人身损害者外，生产经营单位发生生产安全事故造成人身伤亡，即构成了对其从业人员的人身损害，由此应当承担相应的民事赔偿责任）。生产安全事故的受害者或其亲属，有依法享有获得工伤社会保险补偿的权利，又有获得民事赔偿的权利。

### 2. 得知危险因素、防范措施和事故应急措施的权利

有权了解其作业场所和工作岗位存在的危险因素、防范措施及事故应急措施，有权对本单位的安全生产工作提出建议。

### 3. 对本单位安全生产批评、检举和控告的权利

### 4. 拒绝违章指挥和强令冒险作业的权利

生产经营单位不得因从业人员对本单位安全生产工作提出批评、检举、控告或者拒绝违章指挥、强令冒险作业而降低其工资、福利等待遇或者解除与其订立的劳动合同。

### 5. 紧急情况下停止作业和紧急撤离的权利

发现直接危及人身安全的紧急情况时，有权停止作业或者在采取可能的应急措施后撤离作业场所。

## 二、从业人员的安全生产义务

（1）遵章守规、服从管理（在作业过程中，严格遵守本单位的安全生产规章制度和操作规程，服从管理）。

（2）正确佩戴和使用劳动保护用品。

（3）接受安全培训、掌握安全生产技能（接受安全生产教育和培训，掌握本职工作所需的安全生产知识，提高安全生产技能，增强事故预防和应急处理能力）。

（4）发现事故隐患或者其他不安全因素及时报告（发现事故隐患或者其他不安全因素，应当立即向现场安全生产管理人员或者本单位负责人报告；接到报告的人员应当及时予以处理）。

## 三、被派遣劳动者的安全生产权利义务

生产经营单位使用被派遣劳动者的，被派遣劳动者享有本法规定的从业人员的权利，并应当履行本法规定的从业人员的义务。

## 四、工会在安全生产工作中的地位和权利

**1. 地位**

工会依法组织职工参加本单位安全生产工作的民主管理和民主监督，维护职工在安全生产方面的合法权益。

**2. 权利**

（1）对"三同时"的监督：有权对建设项目的安全设施与主体工程同时设计、同时施工、同时投入生产和使用进行监督，提出意见。

（2）发现违法行为和危险情况时：

1）对生产经营单位违反安全生产法律、法规，侵犯从业人员合法权益的行为，有权要求纠正。

2）发现生产经营单位违章指挥、强令冒险作业或者发现事故隐患时，有权提出解决的建议，生产经营单位应当及时研究答复。

3）发现危及从业人员生命安全的情况时，有权向生产经营单位建议组织从业人员撤离危险场所，生产经营单位必须立即做出处理。

（3）参加事故调查：有权依法参加事故调查，向有关部门提出处理意见，并要求追究有关人员的责任。

# 模 拟 试 题 及 考 点

1. 生产经营单位与从业人员订立的_____，应当载明有关保障从业人员劳动安全、防止职业危害的事项，以及依法为从业人员办理工伤社会保险的事项。

A. 工资合同　　　B. 协议　　　C. 劳动合同　　　D. 保险协议

【考点】"一、1. 获得安全保障、工伤保险和民事赔偿的权利"。

2. 依据《安全生产法》的规定，从业人员的工伤保险费由_____缴纳。

A. 从业人员
B. 生产经营单位和从业人员共同
C. 生产经营单位主要负责人
D. 生产经营单位

【考点】"一、1. 获得安全保障、工伤保险和民事赔偿的权利"。

3. 以下做法中正确的是_____。

A. 新工人入厂的第一天，厂长在大会上承诺为他们办理工伤社会保险，并说明：这是工厂的义务，不需要写在任何文件中

B. 劳动合同中专款写明："对于不是因工人个人责任造成的工伤，本厂将为工人办理工伤社会保险"

C. 劳动合同中专款写明："对于因厂方责任造成的工伤，本厂将承担民事赔偿"

D. 工厂规定：工人应以抵押金的形式缴纳工伤社会保险费

E. 工厂规定：工人可以选择：在发生工伤事故时，由工厂为他们办理工伤社会保险，或者由工厂为他们承担民事赔偿

【考点】"一、1. 获得安全保障、工伤保险和民事赔偿的权利"。

4. 工伤社会保险遵从_____，民事赔偿遵从_____。

A. 无过错原则，过错原则
B. 过错原则，无过错原则
C. 无是非原则，是非原则
D. 是非原则，无是非原则

【考点】"一、1. 获得安全保障、工伤保险和民事赔偿的权利"。

5. 依据《安全生产法》的规定，作业场所和工作岗位的危险因素、防范措施、事故应急措施由_____如实告知从业人员。

A. 劳动和社会保障部门
B. 生产经营单位
C. 安全生产监管部门
D. 工会

【考点】"一、2. 得知危险因素、防范措施和事故应急措施的权利"。

6. 下述中哪一项不是从业人员的权利？

A. 拒绝违章指挥和强令冒险作业
B. 接受安全生产教育和培训
C. 因生产安全事故受到损害后享受工伤社会保险
D. 发现直接危及人身安全的紧急情况时，停止作业

【考点】"一、从业人员的安全生产权利"和"二、从业人员的安全生产义务"。

★7. 下述中哪些是从业人员的义务？

A. 对本单位安全生产工作中存在的问题提出批评
B. 正确佩戴和使用劳动防护用品
C. 了解其作业场所和工作岗位存在的危险因素、防范措施及事故应急措施
D. 发现事故隐患，立即向现场安全生产管理人员或者本单位负责人报告

【考点】"一、从业人员的安全生产权利"和"二、从业人员的安全生产义务"。

★8. 工会在生产经营单位_____。

A. 发现侵犯从业人员合法权益的行为，有权要求纠正

B. 发现生产经营单位违章指挥、强令冒险作业时，有权提出解决的建议，生产经营单位应当及时研究答复

C. 发现安全生产责任制不健全时，有权做出修改

D. 发现任何危及从业人员生命安全的情况时，有权向生产经营单位建议组织从业人员撤离危险场所，生产经营单位必须立即做出处理

【考点】"四、工会在安全生产工作中的地位和权利"。

# 第四节　安全生产的监督管理

## 一、批准、验收

### 1. 依法审查

负有安全生产监督管理职责的部门依照有关法律、法规的规定，对涉及安全生产的事项需要审查批准（包括批准、核准、许可、注册、认证、颁发证照等）或者验收的，必须严格依照有关法律、法规和国家标准或者行业标准规定的安全生产条件和程序进行审查；不符合有关法律、法规和国家标准或者行业标准规定的安全生产条件的，不得批准或者验收通过。对未依法取得批准或者验收合格的单位擅自从事有关活动的，负责行政审批的部门发现或者接到举报后应当立即予以取缔，并依法予以处理。对已经依法取得批准的单位，负责行政审批的部门发现其不再具备安全生产条件的，应当撤销原批准。

### 2. 不得收取费用及要求接受审查、验收的单位购买其指定品

负有安全生产监督管理职责的部门对涉及安全生产的事项进行审查、验收，不得收取费用；不得要求接受审查、验收的单位购买其指定品牌或者指定生产、销售单位的安全设备、器材或者其他产品。

## 二、监督检查

### 1. 政府组织有关部门检查及安全生产年度监督检查计划

县级以上地方各级人民政府应当根据本行政区域内的安全生产状况，组织有关部门按照职责分工，对本行政区域内容易发生重大生产安全事故的生产经营单位进行严格检查。

安全生产监督管理部门应当按照分类分级监督管理的要求，制定安全生产年度监督检查计划，并按照年度监督检查计划进行监督检查，发现事故隐患，应当及时处理。

### 2. 监督检查行使的职权

安全生产监督管理部门和其他负有安全生产监督管理职责的部门依法开展安全生产行政执法工作，对生产经营单位执行有关安全生产的法律、法规和国家标准或者行业标准的情况进行监督检查，行使以下职权：

（1）进入生产经营单位进行检查，调阅有关资料，向有关单位和人员了解情况。

（2）对检查中发现的安全生产违法行为，当场予以纠正或者要求限期改正。对依法应当给予行政处罚的行为，依照本法和其他有关法律、行政法规的规定作出行政处罚决定。

（3）对检查中发现的事故隐患，应当责令立即排除；重大事故隐患排除前或者排除过程中无法保证安全的，应当责令从危险区域内撤出作业人员，责令暂时停产停业或者停止使用相关设施、设备；重大事故隐患排除后，经审查同意，方可恢复生产经营和使用。

（4）对有根据认为不符合保障安全生产的国家标准或者行业标准的设施、设备、器材以及违法生产、储存、使用、经营、运输的危险物品予以查封或者扣押，对违法生产、储存、使用、经营危险物品的作业场所予以查封，并依法作出处理决定。

监督检查不得影响被检查单位的正常生产经营活动。

**3. 监督检查人员**

应当忠于职守，坚持原则，秉公执法。

执行监督检查任务时，必须出示有效的监督执法证件；对涉及被检查单位的技术秘密和业务秘密，应当为其保密。

**4. 记录和签字**

监督检查人员应当将检查的时间、地点、内容、发现的问题及其处理情况，做出书面记录，并由检查人员和被检查单位的负责人签字；被检查单位的负责人拒绝签字的，检查人员应当将情况记录在案，并向负有安全生产监督管理职责的部门报告。

**5. 单位配合**

生产经营单位对负有安全生产监督管理职责的部门的监督检查人员依法履行监督检查职责，应当予以配合，不得拒绝、阻挠。

**6. 部门配合**

负有安全生产监督管理职责的部门在监督检查中，应当互相配合，实行联合检查；确需分别进行检查的，应当互通情况，发现存在的安全问题应当由其他有关部门进行处理的，应当及时移送其他有关部门并形成记录备查，接受移送的部门应当及时进行处理。

## 三、停产停业、停止施工、停止使用相关设施或者设备的决定

负有安全生产监督管理职责的部门依法对存在重大事故隐患的生产经营单位做出停产停业、停止施工、停止使用相关设施或者设备的决定，生产经营单位应当依法执行，及时消除事故隐患。生产经营单位拒不执行，有发生生产安全事故的现实危险的，在保证安全的前提下，经本部门主要负责人批准，负有安全生产监督管理职责的部门可以采取通知有关单位停止供电、停止供应民用爆炸物品等措施，强制生产经营单位履行决定。通知应当采用书面形式，有关单位应当予以配合。

负有安全生产监督管理职责的部门依照前款规定采取停止供电措施，除有危及生产安全的紧急情形外，应当提前二十四小时通知生产经营单位。生产经营单位依法履行行政决定、采取相应措施消除事故隐患的，负有安全生产监督管理职责的部门应当及时解除前款规定的措施。

## 四、监察机关

监察机关依照行政监察法的规定，对负有安全生产监督管理职责的部门及其工作人员履行安全生产监督管理职责实施监察。

## 五、中介机构

承担安全评价、认证、检测、检验的机构应当具备国家规定的资质条件，并对其做出的安全评价、认证、检测、检验的结果负责。

## 六、社会监督

### 1. 举报

负有安全生产监督管理职责的部门应当建立举报制度，公开举报电话、信箱或者电子邮件地址，受理有关安全生产的举报；受理的举报事项经调查核实后，应当形成书面材料；需要落实整改措施的，报经有关负责人签字并督促落实。

任何单位或者个人对事故隐患或者安全生产违法行为，均有权向负有安全生产监督管理职责的部门报告或者举报。

居民委员会、村民委员会发现其所在区域内的生产经营单位存在事故隐患或者安全生产违法行为时，应当向当地人民政府或者有关部门报告。

### 2. 奖励

县级以上各级人民政府及其有关部门对报告重大事故隐患或者举报安全生产违法行为的有功人员，给予奖励。

### 3. 舆论监督

新闻、出版、广播、电影、电视等单位有进行安全生产公益宣传教育的义务，有对违反安全生产法律、法规的行为进行舆论监督的权利。

## 七、"黑名单"

负有安全生产监督管理职责的部门应当建立安全生产违法行为信息库，如实记录生产经营单位的安全生产违法行为信息；对违法行为情节严重的生产经营单位，应当向社会公告，并通报行业主管部门、投资主管部门、国土资源主管部门、证券监督管理机构以及有关金融机构。

## 模 拟 试 题 及 考 点

1. 依据《安全生产法》的规定，对未依法取得批准或者验收合格的单位擅自从事有关活动的，负责行政审批的部门发现或者接到举报后，应当立即_____。

A. 予以停产整顿
B. 予以取缔，并依法予以处理
C. 予以责令整改
D. 予以通报批评

【考点】"一、1. 依法审查"。

★2. 依据《安全生产法》的规定，负有安全生产监督管理职责的部门对安全生产监督检查中发现的安全生产违法行为，应当_____。

A. 当场作出行政处罚并限期改正

B. 责令停业整顿并依法给予行政处罚

C. 当场予以纠正或者要求限期改正

D. 对应当给予行政处罚的行为，依法作出行政处罚决定

【考点】"二、2. 监督检查行使的职权"。

3. 某省煤矿安全监察局依法对存在重大事故隐患的某煤矿做出停产停业的决定，但该煤矿拒不执行，有发生事故的_____危险。在此情况下，经该局主要负责人批准，该局可以采取通知有关单位停止供电、停止供应民用爆炸物品等措施，强制该煤矿履行决定。

A. 一定　　　　　　　　　　B. 很大

C. 现实　　　　　　　　　　D. 较大

【考点】"三、停产停业、停止施工、停止使用相关设施或者设备的决定"。

4. 依照行政监察法的规定，监察机关对_____实施监察。

A. 负有安全生产监督管理职责的部门及其工作人员履行安全生产监督管理职责

B. 生产经营单位主要负责人履行安全生产职责

C. 中介机构进行的安全卫生检测、检验、评价活动

D. 生产经营单位的安全生产行为

【考点】"四、监察机关"。

5. 从事安全评价、认证、检测检验工作的中介组织机构，须_____。

A. 具备国家规定的资质条件

B. 接受负有安全生产监督管理职责的部门的监督

C. 对其做出的安全评价、认证、检测、检验的结果负责

D. 以上均正确

【考点】"五、中介机构"。

6. 负有安全生产监督管理职责的部门应当建立信息库，如实记录生产经营单位的_____信息，对情节严重的，应当向社会公告。

A. 不具备安全生产条件　　　　B. 安全生产违法行为

C. 瞒报生产安全事故　　　　　D. 存在重大事故隐患

【考点】"七、'黑名单'"。

# 第五节 生产安全事故的应急救援与调查处理

## 一、应急救援

### 1. 国家和政府

国家加强生产安全事故应急能力建设，在重点行业、领域建立应急救援基地和应急救援队伍，鼓励生产经营单位和其他社会力量建立应急救援队伍，配备相应的应急救援装备和物资，提高应急救援的专业化水平。

国务院安全生产监督管理部门建立全国统一的生产安全事故应急救援信息系统，国务院有关部门建立健全相关行业、领域的生产安全事故应急救援信息系统。

县级以上地方各级人民政府应当组织有关部门制定本行政区域内生产安全事故应急救援预案，建立应急救援体系。

### 2. 生产经营单位

（1）所有单位。生产经营单位应当制定本单位生产安全事故应急救援预案，与所在地县级以上地方人民政府组织制定的生产安全事故应急救援预案相衔接，并定期组织演练。

（2）高危行业单位。

危险物品的生产、经营、储存单位以及矿山、金属冶炼、城市轨道交通运营、建筑施工单位应当建立应急救援组织；生产经营规模较小的，可以不建立应急救援组织，但应当指定兼职的应急救援人员。

危险物品的生产、经营、储存、运输单位以及矿山、金属冶炼、城市轨道交通运营、建筑施工单位应当配备必要的应急救援器材、设备和物资，并进行经常性维护、保养，保证正常运转。

## 二、事故报告和调查处理

### 1. 事故报告

（1）生产经营单位。

生产经营单位发生生产安全事故后，事故现场有关人员应当立即报告本单位负责人。

单位负责人接到事故报告后，应当迅速采取有效措施，组织抢救，防止事故扩大，减少人员伤亡和财产损失，并按照国家有关规定立即如实报告当地负有安全生产监督管理职责的部门，不得隐瞒不报、谎报或者迟报，不得故意破坏事故现场、毁灭有关证据。

（2）政府部门。负有安全生产监督管理职责的部门接到事故报告后，应当立即按照国家有关规定上报事故情况。负有安全生产监督管理职责的部门和有关地方人民政府对事故情况不得隐瞒不报、谎报或者迟报。

### 2. 事故抢救

有关地方人民政府和负有安全生产监督管理职责的部门的负责人接到生产安全事故报告

后，应当按照生产安全事故应急救援预案的要求立即赶到事故现场，组织事故抢救。

参与事故抢救的部门和单位应当服从统一指挥，加强协同联动，采取有效的应急救援措施，并根据事故救援的需要采取警戒、疏散等措施，防止事故扩大和次生灾害的发生，减少人员伤亡和财产损失。

事故抢救过程中应当采取必要措施，避免或者减少对环境造成的危害。

任何单位和个人都应当支持、配合事故抢救，并提供一切便利条件。

**3. 事故调查处理**

（1）原则、目的和整改要求。

事故调查处理应当按照科学严谨、依法依规、实事求是、注重实效的原则，及时、准确地查清事故原因，查明事故性质和责任，总结事故教训，提出整改措施，并对事故责任者提出处理意见。事故调查报告应当依法及时向社会公布。事故调查和处理的具体办法由国务院制定。

事故发生单位应当及时全面落实整改措施，负有安全生产监督管理职责的部门应当加强监督检查。

（2）责任事故的责任追究。生产经营单位发生生产安全事故，经调查确定为责任事故的，除了应当查明事故单位的责任并依法予以追究外，还应当查明对安全生产的有关事项负有审查批准和监督职责的行政部门的责任，对有失职、渎职行为的，依照本法第八十七条的规定追究法律责任。

（3）任何单位和个人不得阻挠和干涉对事故的依法调查处理。

**4. 统计分析和公布**

县级以上地方各级人民政府安全生产监督管理部门应当定期统计分析本行政区域内发生生产安全事故的情况，并定期向社会公布。

# 模拟试题及考点

★1. 关于生产经营单位的应急救援，下述中正确的是＿＿＿＿＿＿＿。

A. 生产经营单位应当制定本单位生产安全事故应急救援预案

B. 高危行业单位应当制定本单位生产安全事故应急救援预案

C. 危险物品的生产、经营、储存单位以及矿山、金属冶炼、城市轨道交通运营、建筑施工单位应当建立应急救援组织或指定兼职的应急救援人员

D. 危险物品的生产、经营、储存、运输单位以及矿山、金属冶炼、城市轨道交通运营、建筑施工单位应当配备必要的应急救援器材、设备和物资

【考点】"一、2. 生产经营单位"。

2. 有关地方人民政府和负有安全生产监督管理职责的部门的负责人接到＿＿＿＿＿＿＿报告后，应当按照生产安全事故应急救援预案的要求立即赶到事故现场，组织事故抢救。

A. 生产安全事故　　　　　　　　　B. 较大生产安全事故

C. 重大生产安全事故　　　　　　　D. 特别重大生产安全事故

【考点】"二、2. 事故抢救"。

3. 事故调查处理应当按照的原则是_____。

A. 实事求是、尊重科学

B. 依法依规、实事求是、尊重科学

C. 科学严谨、依法依规、实事求是、注重实效

D. 科学严谨、依法依规、注重实效

【考点】"二、3. 事故调查处理"。

4. 生产经营单位发生生产安全事故，经调查确定为责任事故的，除了应当查明事故单位的责任并依法予以追究外，还应当查明对安全生产的有关事项负有_____职责的行政部门的责任。

A. 审查批准和监督 　　　　　　B. 审查批准和检查

C. 审查核准和指导 　　　　　　D. 审查核准和监督

【考点】"二、3. 事故调查处理"。

# 第六节　法　律　责　任

## 一、生产经营单位

### 1. 主要负责人

（1）未履行安全生产管理职责。

生产经营单位的主要负责人未履行本法规定的安全生产管理职责的，责令限期改正；逾期未改正的，处二万元以上五万元以下的罚款，责令生产经营单位停产停业整顿。

生产经营单位的主要负责人有前款违法行为，导致发生生产安全事故的，给予撤职处分；构成犯罪的，依照刑法有关规定追究刑事责任。

生产经营单位的主要负责人依照前款规定受刑事处罚或者撤职处分的，自刑罚执行完毕或者受处分之日起，五年内不得担任任何生产经营单位的主要负责人；对重大、特别重大生产安全事故负有责任的，终身不得担任本行业生产经营单位的主要负责人。

（2）未履行职责导致事故，由安全生产监督管理部门罚款。

生产经营单位的主要负责人未履行本法规定的安全生产管理职责，导致发生生产安全事故的，由安全生产监督管理部门依照下列规定处以罚款：

1）发生一般事故的，处上一年年收入百分之三十的罚款；

2）发生较大事故的，处上一年年收入百分之四十的罚款；

3）发生重大事故的，处上一年年收入百分之六十的罚款；

4）发生特别重大事故的，处上一年年收入百分之八十的罚款。

（3）发生事故时的失职表现。

生产经营单位的主要负责人在本单位发生生产安全事故时，不立即组织抢救或者在事故

调查处理期间擅离职守或者逃匿的，给予降级、撤职的处分，并由安全生产监督管理部门处上一年年收入百分之六十至百分之一百的罚款；对逃匿的处十五日以下拘留；构成犯罪的，依照刑法有关规定追究刑事责任。

生产经营单位的主要负责人对生产安全事故隐瞒不报、谎报或者迟报的，依照前款规定处罚（给予降级、撤职的处分，并由安全生产监督管理部门处上一年年收入百分之六十至百分之一百的罚款）。

**2. 建设项目**

生产经营单位有下列行为之一的，责令停止建设或者停产停业整顿，限期改正；逾期未改正的，处五十万元以上一百万元以下的罚款，对其直接负责的主管人员和其他直接责任人员处二万元以上五万元以下的罚款；构成犯罪的，依照刑法有关规定追究刑事责任：

（1）未按照规定对矿山、金属冶炼建设项目或者用于生产、储存、装卸危险物品的建设项目进行安全评价的。

（2）矿山、金属冶炼建设项目或者用于生产、储存、装卸危险物品的建设项目没有安全设施设计或者安全设施设计未按照规定报经有关部门审查同意的。

（3）矿山、金属冶炼建设项目或者用于生产、储存、装卸危险物品的建设项目的施工单位未按照批准的安全设施设计施工的。

（4）矿山、金属冶炼建设项目或者用于生产、储存危险物品的建设项目竣工投入生产或者使用前，安全设施未经验收合格的。

**3. 危险物品、重大危险源、危险作业、隐患排查治理**

生产经营单位有下列行为之一的，责令限期改正，可以处十万元以下的罚款；逾期未改正的，责令停产停业整顿，并处十万元以上二十万元以下的罚款，对其直接负责的主管人员和其他直接责任人员处二万元以上五万元以下的罚款；构成犯罪的，依照刑法有关规定追究刑事责任：

（1）生产、经营、运输、储存、使用危险物品或者处置废弃危险物品，未建立专门安全管理制度、未采取可靠的安全措施的。

（2）对重大危险源未登记建档，或者未进行评估、监控，或者未制定应急预案的。

（3）进行爆破、吊装以及国务院安全生产监督管理部门会同国务院有关部门规定的其他危险作业，未安排专门人员进行现场安全管理的。

（4）未建立事故隐患排查治理制度的。

**4. 设备、工艺、安全警示标志**

生产经营单位有下列行为之一的，责令限期改正，可以处五万元以下的罚款；逾期未改正的，处五万元以上二十万元以下的罚款，对其直接负责的主管人员和其他直接责任人员处一万元以上二万元以下的罚款；情节严重的，责令停产停业整顿；构成犯罪的，依照刑法有关规定追究刑事责任：

（1）未在有较大危险因素的生产经营场所和有关设施、设备上设置明显的安全警示标志的。

（2）安全设备的安装、使用、检测、改造和报废不符合国家标准或者行业标准的。

（3）未对安全设备进行经常性维护、保养和定期检测的。

（4）未为从业人员提供符合国家标准或者行业标准的劳动防护用品的。

（5）危险物品的容器、运输工具，以及涉及人身安全、危险性较大的海洋石油开采特种设备和矿山井下特种设备未经具有专业资质的机构检测、检验合格，取得安全使用证或者安全标志，投入使用的。

（6）使用应当淘汰的危及生产安全的工艺、设备的。

**5. "三合一"**

生产经营单位有下列行为之一的，责令限期改正，可以处五万元以下的罚款，对其直接负责的主管人员和其他直接责任人员可以处一万元以下的罚款；逾期未改正的，责令停产停业整顿；构成犯罪的，依照刑法有关规定追究刑事责任：

（1）生产、经营、储存、使用危险物品的车间、商店、仓库与员工宿舍在同一座建筑内，或者与员工宿舍的距离不符合安全要求的。

（2）生产经营场所和员工宿舍未设有符合紧急疏散需要、标志明显、保持畅通的出口，或者锁闭、封堵生产经营场所或者员工宿舍出口的。

**6. 资金投入**

生产经营单位的决策机构、主要负责人或者个人经营的投资人不依照本法规定保证安全生产所必需的资金投入，致使生产经营单位不具备安全生产条件的，责令限期改正，提供必需的资金；逾期未改正的，责令生产经营单位停产停业整顿。

有前款违法行为，导致发生生产安全事故的，对生产经营单位的主要负责人给予撤职处分，对个人经营的投资人处二万元以上二十万元以下的罚款；构成犯罪的，依照刑法有关规定追究刑事责任。

**7. 机构、人员、资格、教育培训、隐患通报、预案及演练**

生产经营单位有下列行为之一的，责令限期改正，可以处五万元以下的罚款；逾期未改正的，责令停产停业整顿，并处五万元以上十万元以下的罚款，对其直接负责的主管人员和其他直接责任人员处一万元以上二万元以下的罚款：

（1）未按照规定设置安全生产管理机构或者配备安全生产管理人员的。

（2）危险物品的生产、经营、储存单位以及矿山、金属冶炼、建筑施工、道路运输单位的主要负责人和安全生产管理人员未按照规定经考核合格的。

（3）未按照规定对从业人员、被派遣劳动者、实习学生进行安全生产教育和培训，或者未按照规定如实告知有关的安全生产事项。

（4）未如实记录安全生产教育和培训情况的。

（5）未将事故隐患排查治理情况如实记录或者未向从业人员通报的。

（6）未按照规定制定生产安全事故应急救援预案或者未定期组织演练的。

（7）特种作业人员未按照规定经专门的安全作业培训并取得相应资格，上岗作业的。

**8. 发包或出租**

生产经营单位将生产经营项目、场所、设备发包或者出租给不具备安全生产条件或者相应资质的单位或者个人的，责令限期改正，没收违法所得；违法所得十万元以上的，并处违法所得二倍以上五倍以下的罚款；没有违法所得或者违法所得不足十万元的，单处或者并处十万元以上二十万元以下的罚款；对其直接负责的主管人员和其他直接责任人员处一万元以上二万元以下的罚款；导致发生生产安全事故给他人造成损害的，与承包方、承租方承担连带赔偿责任。

生产经营单位未与承包单位、承租单位签订专门的安全生产管理协议或者未在承包合同、租赁合同中明确各自的安全生产管理职责，或者未对承包单位、承租单位的安全生产统一协调、管理的，责令限期改正，可以处五万元以下的罚款，对其直接负责的主管人员和其他直接责任人员可以处一万元以下的罚款；逾期未改正的，责令停产停业整顿。

### 9. 两个以上单位在同一作业区域内进行生产经营活动

两个以上生产经营单位在同一作业区域内进行可能危及对方安全生产的生产经营活动，未签订安全生产管理协议或者未指定专职安全生产管理人员进行安全检查与协调的，责令限期改正，可以处五万元以下的罚款，对其直接负责的主管人员和其他直接责任人员可以处一万元以下的罚款；逾期未改正的，责令停产停业整顿。

### 10. 消除事故隐患

生产经营单位未采取措施消除事故隐患的，责令立即消除或者限期消除；生产经营单位拒不执行的，责令停产停业整顿，并处十万元以上五十万元以下的罚款，对其直接负责的主管人员和其他直接责任人员处二万元以上五万元以下的罚款。

### 11. 免除或减轻责任的协议

生产经营单位与从业人员订立协议，免除或者减轻其对从业人员因生产安全事故伤亡依法应承担的责任的，该协议无效；对生产经营单位的主要负责人、个人经营的投资人处二万元以上十万元以下的罚款。

### 12. 安全生产管理人员和从业人员违法违规

生产经营单位的安全生产管理人员未履行本法规定的安全生产管理职责的，责令限期改正；导致发生生产安全事故的，暂停或者撤销其与安全生产有关的资格；构成犯罪的，依照刑法有关规定追究刑事责任。

生产经营单位的从业人员不服从管理，违反安全生产规章制度或者操作规程的，由生产经营单位给予批评教育，依照有关规章制度给予处分；构成犯罪的，依照刑法有关规定追究刑事责任。

### 13. 关闭

生产经营单位不具备本法和其他有关法律、行政法规和国家标准或者行业标准规定的安全生产条件，经停产停业整顿仍不具备安全生产条件的，予以关闭；有关部门应当依法吊销其有关证照。

### 14. 安全生产监督管理部门对发生事故负有责任的单位罚款

发生生产安全事故，对负有责任的生产经营单位除要求其依法承担相应的赔偿等责任外，由安全生产监督管理部门依照下列规定处以罚款：

（1）发生一般事故的，处二十万元以上五十万元以下的罚款；

（2）发生较大事故的，处五十万元以上一百万元以下的罚款；

（3）发生重大事故的，处一百万元以上五百万元以下的罚款；

（4）发生特别重大事故的，处五百万元以上一千万元以下的罚款；情节特别严重的，处一千万元以上二千万元以下的罚款。

**15. 拒绝、阻碍政府部门实施监督检查**

违反本法规定，生产经营单位拒绝、阻碍负有安全生产监督管理职责的部门依法实施监督检查的，责令改正；拒不改正的，处二万元以上二十万元以下的罚款；对其直接负责的主管人员和其他直接责任人员处一万元以上二万元以下的罚款；构成犯罪的，依照刑法有关规定追究刑事责任。

**16. 民事赔偿责任强制执行的规定**

生产经营单位发生生产安全事故造成人员伤亡、他人财产损失的，应当依法承担赔偿责任；拒不承担或者其负责人逃匿的，由人民法院依法强制执行。

生产安全事故的责任人未依法承担赔偿责任，经人民法院依法采取执行措施后，仍不能对受害人给予足额赔偿的，应当继续履行赔偿义务；受害人发现责任人有其他财产的，可以随时请求人民法院执行。

## 二、负有安全生产监督管理职责的部门及工作人员

**1. 工作人员**

负有安全生产监督管理职责的部门的工作人员，有下列行为之一的，给予降级或者撤职的处分；构成犯罪的，依照刑法有关规定追究刑事责任：

（1）对不符合法定安全生产条件的涉及安全生产的事项予以批准或者验收通过的。

（2）发现未依法取得批准、验收的单位擅自从事有关活动或者接到举报后不予取缔或者不依法予以处理的。

（3）对已经依法取得批准的单位不履行监督管理职责，发现其不再具备安全生产条件而不撤销原批准或者发现安全生产违法行为不予查处的。

（4）在监督检查中发现重大事故隐患，不依法及时处理的。

负有安全生产监督管理职责的部门的工作人员有前款规定以外的滥用职权、玩忽职守、徇私舞弊行为的，依法给予处分；构成犯罪的，依照刑法有关规定追究刑事责任。

**2. 政府及部门**

（1）部门：审查、验收中获取利益。负有安全生产监督管理职责的部门，要求被审查、验收的单位购买其指定的安全设备、器材或者其他产品的，在对安全生产事项的审查、验收中收取费用的，由其上级机关或者监察机关责令改正，责令退还收取的费用；情节严重的，对直接负责的主管人员和其他直接责任人员依法给予处分。

（2）政府或部门：对事故隐瞒不报、谎报或者迟报。有关地方人民政府、负有安全生产监督管理职责的部门，对生产安全事故隐瞒不报、谎报或者迟报的，对直接负责的主管人员和其他直接责任人员依法给予处分；构成犯罪的，依照刑法有关规定追究刑事责任。

## 三、中介机构

承担安全评价、认证、检测、检验工作的机构，出具虚假证明的，没收违法所得；违法所得在十万元以上的，并处违法所得二倍以上五倍以下的罚款；没有违法所得或者违法所得不足十万元的，单处或者并处十万元以上二十万元以下的罚款；对其直接负责的主管人员和

其他直接责任人员处二万元以上五万元以下的罚款；给他人造成损害的，与生产经营单位承担连带赔偿责任；构成犯罪的，依照刑法有关规定追究刑事责任。

对有前款违法行为的机构，吊销其相应资质。

### 四、行政处罚的决定部门

本法规定的行政处罚，由安全生产监督管理部门和其他负有安全生产监督管理职责的部门按照职责分工决定。予以关闭的行政处罚由负有安全生产监督管理职责的部门报请县级以上人民政府按照国务院规定的权限决定；给予拘留的行政处罚由公安机关依照治安管理处罚法的规定决定。

## 模拟试题及考点

1. 生产经营单位的主要负责人因未履行安全生产法规定的管理职责，导致重大生产安全事故，因而被撤职。自撤职之日起，他_____不得担任本行业生产经营单位的主要负责人。

A. 三年内　　　　　　B. 五年内　　　　　　C. 十年内　　　　　　D. 终身

【考点】"一、1. 主要负责人"。

2. 某单位的主要负责人未履行安全生产法规定的管理职责，导致发生生产安全事故，死亡4人、重伤6人，安全生产监督管理部门应对他处上一年年收入百分之_____的罚款。

A. 三十　　　　　　B. 四十　　　　　　C. 六十　　　　　　D. 八十

【考点】"一、1. 主要负责人"。

★3. 某单位的主要负责人在本单位发生生产安全事故时逃匿，未构成犯罪，下述哪些法律责任符合安全生产法的规定？

A. 处十日拘留

B. 被降级

C. 由安全生产监督管理部门处上一年年收入百分之五十的罚款

D. 被开除

【考点】"一、1. 主要负责人"。

4. 某单位的主要负责人谎报本单位发生的生产安全事故，下述哪种法律责任符合安全生产法的规定？

A. 处十五日以下拘留

B. 被撤职

C. 由安全生产监督管理部门处上一年年收入百分之五十的罚款

D. 被开除

【考点】"一、1. 主要负责人"。

5. 某生产经营单位用于储存危险物品的建设项目的安全设施设计未按照规定报经有关部门审查同意，但未构成犯罪，下述哪种法律责任符合安全生产法的规定？

A. 限期改正，否则责令停止建设

B. 逾期未改正的，处十万元以上五十万元以下的罚款

C. 逾期未改正的，对其直接负责的主管人员和其他直接责任人员处罚款

D. 吊销营业执照

【考点】"一、2. 建设项目"。

★6. 哪种安全生产违法行为（未构成犯罪）的法律责任是：责令限期改正，可以处十万元以下的罚款；逾期未改正的，责令停产停业整顿，并处十万元以上二十万元以下的罚款，对其直接负责的主管人员和其他直接责任人员处二万元以上五万元以下的罚款？

A. 生产危险物品，未采取可靠的安全措施

B. 未制定重大危险源应急预案

C. 未为从业人员提供符合国家标准或者行业标准的劳动防护用品

D. 进行吊装作业，未安排专门人员进行现场安全管理

【考点】"一、3. 危险物品、重大危险源、危险作业、隐患排查治理"。

7. 某煤矿井下特种设备未经具有专业资质的机构检测、检验合格，取得安全使用证或者安全标志，即投入使用，但情节不算严重，亦未构成犯罪。下述哪种法律责任符合安全生产法的规定？

A. 责令限期改正，并处十万元的罚款

B. 逾期未改正，处三十万元的罚款

C. 逾期未改正，对其直接负责的主管人员和其他直接责任人员处罚款

D. 责令停产停业整顿

【考点】"一、4. 设备、工艺、安全警示标志"。

8. 某生产危险物品的单位将车间、仓库与员工宿舍设置在同一座建筑物内，车间的出口被封堵。该单位应承担的法律责任不包括_____。

A. 责令限期改正，可处罚款

B. 对生产经营单位主要负责人给予行政处分

C. 如逾期未改，责令停产停业整顿

D. 构成犯罪的，依照刑法有关规定追究刑事责任

【考点】"一、5. '三合一'"。

★9. 个人经营的投资人未能保证安全生产所必需的资金投入，使生产经营单位不具备安全生产条件，并因此导致发生生产安全事故，尚不构成犯罪，则_____。

A. 责令限期改正，提供必需的资金　　　　B. 如逾期未改正，责令停产停业整顿

C. 对投资人予以撤职　　　　　　　　　　D. 对投资人处罚款

【考点】"一、6. 资金投入"。

10. 如果某道路运输单位的主要负责人和安全生产管理人员未经主管的负有安全生产监督管理职责的部门对其安全生产知识和管理能力考核合格即任职，则以下处罚中不符合安全

生产法规定的是_____。

A. 责令限期改正，可处罚款

B. 逾期未改正的，责令停产停业整顿，可处罚款

C. 逾期未改正的，责令停产停业整顿，并处罚款

D. 逾期未改正的，对其直接负责的主管人员和其他直接责任人员处罚款

【考点】"一、7. 机构、人员、资格、教育培训、隐患通报、预案及演练"。

11. 某企业因将生产经营项目发包给不具备安全生产条件的单位导致发生生产安全事故给他人造成损害，某中介机构为某单位的作业环境检测结果出具了虚假证明给他人造成损害，则该企业和承包方、该机构和要求证明的单位承担_____赔偿责任。

A. 共同　　　　　B. 相关　　　　　C. 连带　　　　　D. 相同

【考点】"一、8. 发包或出租"。

★12. 某企业未采取措施消除事故隐患，负有安全生产监督管理职责的部门责令其限期消除，但该企业拒不执行，则_____。

A. 责令其停产停业整顿

B. 可处罚款

C. 并处罚款

D. 对其直接负责的主管人员和其他直接责任人员处罚款

【考点】"一、10. 消除事故隐患"。

★13. 某企业与从业人员订立的协议中规定："如因员工个人原因造成工伤事故，本厂不承担任何责任"。该企业因此而承担的法律责任是_____。

A. 协议无效　　　　　　　　　　B. 对企业主要负责人处罚款

C. 责令停产整顿　　　　　　　　D. 以上都正确

【考点】"一、11. 免除或减轻责任的协议"。

14. 依据《安全生产法》的规定，生产经营单位不具备安全生产法和其他有关法律、行政法规和国家标准或者行业标准规定的安全生产条件，经停产停业整顿仍不具备安全生产条件的，予以_____。此行政处罚由负有安全生产监督管理职责的_____部门报请按照国务院规定的权限决定。

A. 吊销营业执照，县级以上人民政府工商部门

B. 关闭，县级以上人民政府

C. 取缔，县级以上人民政府公安部门

D. 罚款，县级以上人民政府

【考点】"一、13. 关闭"。

15. 某生产经营单位对本单位发生的较大事故负有责任，安全生产监督管理部门对其处以罚款，罚款数额符合安全生产法规定的是_____。

A. 三十万元　　　　B. 七十万元　　　　C. 二百万元　　　　D. 六百万元

【考点】"一、14. 安全生产监督管理部门对发生事故负有责任的单位罚款"。

16. 依据《安全生产法》的规定，生产经营单位发生生产安全事故造成人员伤亡、他人财产损失的，应当依法承担赔偿责任；拒不承担或者其负责人逃匿的，由＿＿＿＿依法强制执行。

A. 安全生产监督管理部门　　　　　　B. 公安机关

C. 安全生产监督管理部门提请公安机关　D. 人民法院

【考点】"一、16. 民事赔偿责任强制执行的规定"。

★17. 负有安全生产监督管理职责的部门的工作人员有＿＿＿＿行为，尚不构成犯罪，给予降级或者撤职的处分。

A. 对不符合法定安全生产条件的涉及安全生产的事项予以批准

B. 发现已经依法取得批准的单位不再具备安全生产条件而不撤销原批准

C. 在监督检查中发现一般事故隐患，不依法及时处理

D. 发现未依法取得验收的单位擅自从事有关活动，不予取缔

【考点】"二、1. 工作人员"。

18. 负有安全生产监督管理职责的部门的工作人员在监督检查中发现重大事故隐患，不依法及时处理，尚不构成犯罪，其应承担的法律责任是＿＿＿＿。

A. 被警告　　　　　　　　　　　　B. 被降级或者撤职

C. 被开除公职　　　　　　　　　　D. 被罚款

【考点】"二、1. 工作人员"。

19. 有关地方人民政府、负有安全生产监督管理职责的部门，对生产安全事故隐瞒不报、谎报或者迟报的，对直接负责的主管人员和其他直接责任人员依法给予＿＿＿＿。

A. 降级或者撤职　　　　　　　　　B. 处理

C. 处分　　　　　　　　　　　　　D. 处罚

【考点】"二、2. 政府及部门"。

20. 某从事安全检测工作的机构，免费为某生产经营单位的作业环境检测结果出具了虚假证明，未给他人造成损害，其应承担的法律责任中正确的是＿＿＿＿。

A. 被处五万元罚款

B. 被处八万元罚款

C. 直接负责的主管人员和其他直接责任人员被处十万元罚款

D. 被吊销相应资质

【考点】"三、中介机构"。

21. 下述决定安全生产违法行为的法律责任的主体中正确的是＿＿＿＿。

A. 罚款——某市卫生部门　　　　　B. 行政拘留——某市法院

C. 关闭——某市安全生产监督管理部门　D. 有期徒刑——某市公安局

E. 责令停产停业整顿——某市人民政府

【考点】"四、行政处罚的决定部门"。

## 第四章

# 安全生产单行法律

## 第一节　中华人民共和国矿山安全法

### 一、矿山建设安全保障

#### 1. "三同时"

矿山建设工程的安全设施，必须和主体工程同时设计、同时施工、同时投入生产和使用。

#### 2. 设计和竣工验收

（1）设计：矿山建设工程的设计文件，必须符合矿山安全规程和行业技术规范，并按国家规定经过管理矿山企业的主管部门批准。矿山建设工程安全设施的设计，必须由负责安全生产监督管理的部门参加审查。除此之外，矿山设计的以下项目必须符合矿山安全规程和行业技术规范：矿井的通风系统和供风量、风质、风速；露天矿的边坡角和台阶的宽度、高度；供电系统；提升、运输系统；防水、排水系统和防火、灭火系统；防瓦斯系统和防尘系统；有关矿山安全的其他项目。

（2）验收：矿山建设工程安全设施竣工后，要由安全生产监督管理部门组织竣工验收；不符合矿山安全规程和行业技术规范的，不得验收，不得投入生产。

#### 3. 矿井安全出口和运输通信设施

每个矿井必须有两个以上能行人的安全出口，出口之间的直线水平距离必须符合矿山安全规程和行业技术规范。

矿山必须有与外界相通的、符合安全要求的运输和通信设施。

### 二、矿山开采安全保障

#### 1. 基本要求

矿山开采必须具备保障安全生产的条件，执行开采不同矿种的矿山安全规程和行业技术规范。

#### 2. 矿用特殊设备、器材、护品、仪器的安全保障

（1）矿山使用的有特殊安全要求的设备、器材、防护用品和安全检测仪器，必须符合国家安全标准或者行业安全标准，否则不得使用。

（2）矿山企业必须对机电设备及其防护装置、安全检测仪器定期检查、维修，保证使用

安全。

### 3. 开采作业的安全保障

（1）对作业场所中的有毒有害物质和井下空气含氧量进行检测，保证符合安全要求。

（2）对下列事故隐患采取预防措施：

1）冒顶、片帮、边坡滑落和地表塌陷；

2）瓦斯爆炸、煤尘爆炸；

3）冲击地压、瓦斯突出、井喷；

4）地面和井下的火灾、水害；

5）爆破器材和爆破作业发生的危害；

6）粉尘、有毒有害气体、放射性物质和其他有害物质引起的危害；

7）其他危害。

（3）对使用的机械、电气设备，排土场、矸石山、尾矿库和矿山闭坑后可能引起的危害采取预防措施。

## 三、矿山企业安全管理

### 1. 建立、健全安全生产责任制

矿长对本企业的安全生产工作负责，建立、健全行政领导岗位、职能机构和岗位人员的安全生产责任制。

### 2. 矿山安全的内部监督

通过授权职代会、职工和工会的监督来形成矿山企业安全生产的内部管理机制：

（1）矿长应定期向职工代表大会或者职工大会报告安全生产工作，发挥职工代表大会的监督作用。

（2）矿山企业职工有权对危害安全的行为提出批评、检举和控告。

（3）矿山企业工会依法维护职工生产安全的合法权益，组织职工对矿山安全工作进行监督。矿山企业工会在生产过程中发现明显重大事故隐患和职业危害时，有权提出解决的建议。

### 3. 安全培训

（1）全员培训：矿山企业必须对职工进行安全教育、培训，未经安全教育、培训的，不得上岗作业。

（2）特种作业人员的培训：矿山企业安全生产的特种作业人员必须接受专门培训，经考核合格取得操作资格证书，方可上岗作业。

（3）矿长的培训：矿长必须经过考核，具备安全专业知识，具有领导安全生产和处理矿山事故的能力。

### 4. 未成年人和女工保护

不得录用未成年人从事矿山井下劳动，不得分配女职工从事矿山井下劳动。

### 5. 矿山事故防范和救护

矿山企业必须制定矿山事故防范措施，并组织落实；矿山企业应当配备专职或者兼职人员组成的救护和医疗急救组织，配备必要的装备、器材和药物。

**6. 安全技术措施专项费用**

矿山企业必须从矿产品销售额中按照国家规定提取安全技术措施专项费用。安全技术措施专项费用必须全部用于改善矿山安全生产条件，不得挪作他用。

# 模拟试题及考点

1. 依据《矿山安全法》的规定，每个矿井必须有两个以上能行人的安全出口，出口之间的_____必须符合矿山安全规程和行业技术规范。

A. 直线水平距离　　　　　　　　　B. 最大距离

C. 垂直距离　　　　　　　　　　　D. 最小距离

【考点】"一、3. 矿井安全出口和运输通信设施"。

2. 必须符合矿山安全规程和行业技术规范的事项有_____。

① 矿山建设工程的设计文件

② 矿井的通风系统和供风量、风质、风速的设计

③ 矿井两个能行人的安全出口之间的直线水平距离

④ 矿山建设工程安全设施竣工后的验收

A. ①④　　　　　B. ①②④　　　　　C. ②③④　　　　　D. ①②③④

【考点】"一、矿山建设安全保障"。

★3. 矿山开采作业中_____。

A. 有特殊安全要求的防护用品中不符合国家安全标准或者行业安全标准的，经主管矿长批准后方能使用

B. 对作业场所中的有毒有害物质和井下空气含氧量进行检测，保证达标率90%以上

C. 对冒顶、片帮、边坡滑落、瓦斯爆炸等事故隐患采取预防措施

D. 对机电设备及其防护装置、安全检测仪器定期检查、维修

【考点】"二、矿山开采安全保障"。

4. _____应定期向职工代表大会或者职工大会报告安全生产工作，矿山企业_____有权对危害安全的行为提出批评、检举和控告，矿山_____组织职工对矿山安全工作进行监督。

A. 矿山企业党委书记，职工，职代会

B. 矿长，职工，工会

C. 矿山企业党委书记，职工，工会

D. 矿长，职工，职代会

【考点】"三、2. 矿山安全的内部监督"。

★5. 以下叙述中错误的是_____。

A. 矿长必须经过考核，具备安全专业知识，具有领导安全生产和处理矿山事故的能力

B. 矿长不必经过考核，但要具备安全专业知识，具有领导安全生产和处理矿山事故的能力

C. 所有作业人员经过矿山企业的安全教育、培训，可以上岗作业

D. 所有作业人员必须接受专门培训，经考核合格取得操作资格证书，方可上岗作业

【考点】"三、3. 安全培训"。

6.《矿山安全法》规定，矿山企业必须从_____中按照国家规定提取安全技术措施专项费用。安全技术措施专项费用必须全部用于改善矿山安全生产条件，不得挪作他用。

A. 矿长专项资金　　　　　　　　B. 矿产品销售利润

C. 矿产品销售额　　　　　　　　D. 工程造价

【考点】"三、6. 安全技术措施专项费用"。

7. 以下叙述中哪项不是《矿山安全法》的内容？

A. 矿山企业应当配备专职或者兼职人员组成的救护和医疗急救组织，配备必要的装备、器材和药物

B. 不得录用未成年人从事矿山井下劳动，不得分配女职工从事矿山井下劳动

C. 矿山安全生产要接受职代会、职工和工会的监督

D. 不允许对小煤窑发放安全生产许可证

【考点】"三、矿山企业安全管理"。

8. 各级安全生产监督管理部门要对矿山安全工作行使监督管理职责。下述中哪一项不是其监督管理职责？

A. 审查批准矿山建设工程安全设施的设计

B. 负责矿山建设工程安全设施的竣工验收

C. 检查矿长和矿山安全生产管理人员的安全生产培训

D. 调查和处理重大矿山事故

E. 制定矿山事故应急救援预案

【考点】安全生产监督管理部门的监督管理职责。

# 第二节　中华人民共和国消防法

## 一、总则

**1. 方针和原则**

消防工作贯彻预防为主、防消结合的方针，按照政府统一领导、部门依法监管、单位全面负责、公民积极参与的原则，实行消防安全责任制，建立健全社会化的消防工作网络。

**2. 消防工作纳入国民经济和社会发展计划**

各级人民政府应当将消防工作纳入国民经济和社会发展计划，保障消防工作与经济社会发展相适应。

**3. 监督管理职责**

国务院公安部门对全国的消防工作实施监督管理。县级以上地方人民政府公安机关对本行政区域内的消防工作实施监督管理，并由本级人民政府公安机关消防机构负责实施。

**4. 义务**

任何单位和个人都有维护消防安全、保护消防设施、预防火灾、报告火警的义务。任何单位和成年人都有参加有组织的灭火工作的义务。

## 二、火灾预防

**1. 消防规划**

地方各级人民政府应当将包括消防安全布局、消防站、消防供水、消防通信、消防车通道、消防装备等内容的消防规划纳入城乡规划，并负责组织实施。

城乡消防安全布局不符合消防安全要求的，应当调整、完善；公共消防设施、消防装备不足或者不适应实际需要的，应当增建、改建、配置或者进行技术改造。

**2. 建设工程**

（1）建设工程的消防设计、施工必须符合国家工程建设消防技术标准。建设、设计、施工、工程监理等单位依法对建设工程的消防设计、施工质量负责。

（2）大型的人员密集场所和其他特殊建设工程。

1）建设单位应当将消防设计文件报送公安机关消防机构审核。公安机关消防机构依法对审核的结果负责。

2）未经依法审核或者审核不合格的，负责审批该工程施工许可的部门不得给予施工许可，建设单位、施工单位不得施工。

3）建设单位应当向公安机关消防机构申请消防验收。未经消防验收或者消防验收不合格的，禁止投入使用。

（3）其他建设工程。

1）建设单位应当自依法取得施工许可之日起七个工作日内，将消防设计文件报公安机关消防机构备案，公安机关消防机构应当进行抽查。

2）取得施工许可后经依法抽查不合格的，应当停止施工。

3）建设单位在验收后应当报公安机关消防机构备案，公安机关消防机构应当进行抽查。抽查不合格的，应当停止使用。

**3. 公众聚集场所**

公众聚集场所在投入使用、营业前，建设单位或者使用单位应当向场所所在地的县级以上地方人民政府公安机关消防机构申请消防安全检查。

公安机关消防机构应当自受理申请之日起十个工作日内，根据消防技术标准和管理规定，对该场所进行消防安全检查。未经消防安全检查或者经检查不符合消防安全要求的，不得投入使用、营业。

**4. 机关、团体、企业、事业等单位应当履行的消防安全职责**

（1）落实消防安全责任制，制定本单位的消防安全制度、消防安全操作规程，制定灭火和应急疏散预案。

（2）按照国家标准、行业标准配置消防设施、器材，设置消防安全标志，并定期组织检验、维修，确保完好有效。

（3）对建筑消防设施每年至少进行一次全面检测，确保完好有效，检测记录应当完整准确，存档备查。

（4）保障疏散通道、安全出口、消防车通道畅通，保证防火防烟分区、防火间距符合消防技术标准。

（5）组织防火检查，及时消除火灾隐患。

（6）组织进行有针对性的消防演练。

（7）法律、法规规定的其他消防安全职责。

单位的主要负责人是本单位的消防安全责任人。

### 5. 消防安全重点单位

县级以上地方人民政府公安机关消防机构应当将发生火灾可能性较大以及发生火灾可能造成重大的人身伤亡或者财产损失的单位，确定为本行政区域内的消防安全重点单位，并由公安机关报本级人民政府备案。

消防安全重点单位除应当履行"4"的职责外，还应当履行下列消防安全职责：

（1）确定消防安全管理人，组织实施本单位的消防安全管理工作。

（2）建立消防档案，确定消防安全重点部位，设置防火标志，实行严格管理。

（3）实行每日防火巡查，并建立巡查记录。

（4）对职工进行岗前消防安全培训，定期组织消防安全培训和消防演练。

### 6. 同一建筑物由两个以上单位管理或者使用时的消防安全

应当明确各方的消防安全责任，并确定责任人对共用的疏散通道、安全出口、建筑消防设施和消防车通道进行统一管理。

### 7. 与危险物品有关的消防安全

（1）生产、储存、经营易燃易爆危险品的场所。

不得与居住场所设置在同一建筑物内，并应当与居住场所保持安全距离。

（2）某些设施的设置。

生产、储存、装卸易燃易爆危险品的工厂、仓库和专用车站、码头的设置，应当符合消防技术标准。

易燃易爆气体和液体的充装站、供应站、调压站，应当设置在符合消防安全要求的位置，并符合防火防爆要求。

已经设置、不符合上述规定的，地方人民政府应当组织、协调有关部门、单位限期解决，消除安全隐患。

（3）执行消防安全标准和规定。

生产、储存、运输、销售、使用、销毁易燃易爆危险品，以及储存可燃物资仓库的管理，必须执行消防技术标准和管理规定。

进入生产、储存易燃易爆危险品的场所，必须执行消防安全规定。禁止非法携带易燃易爆危险品进入公共场所或者乘坐公共交通工具。

（4）禁烟、禁明火。

禁止在具有火灾、爆炸危险的场所吸烟、使用明火。因施工等特殊情况需要使用明火作业的，应当按照规定事先办理审批手续，采取相应的消防安全措施；作业人员应当遵守消防安全规定。

进行电焊、气焊等具有火灾危险作业的人员和自动消防系统的操作人员，必须持证上岗，并遵守消防安全操作规程。

**8. 举办大型群众性活动的规定**

承办人应当依法向公安机关申请安全许可，制定灭火和应急疏散预案并组织演练，明确消防安全责任分工，确定消防安全管理人员，保持消防设施和消防器材配置齐全、完好有效，保证疏散通道、安全出口、疏散指示标志、应急照明和消防车通道符合消防技术标准和管理规定。

**9. 产品和材料**

（1）消防产品。

必须符合国家标准；没有国家标准的，必须符合行业标准。禁止生产、销售或者使用不合格的消防产品以及国家明令淘汰的消防产品。

依法实行强制性产品认证的消防产品，须由具有法定资质的认证机构按照国家标准、行业标准的强制性要求认证合格；新研制的尚未制定国家标准、行业标准的消防产品，应按照国务院产品质量监督部门会同国务院公安部门规定的办法，经技术鉴定符合消防安全要求。此后，这两类产品方可生产、销售、使用。

（2）材料。

建筑构件、建筑材料和室内装修、装饰材料的防火性能必须符合国家标准；没有国家标准的，必须符合行业标准。

人员密集场所室内装修、装饰，应当按照消防技术标准的要求，使用不燃、难燃材料。

（3）电器产品、燃气用具。

电器产品、燃气用具的产品标准，应当符合消防安全的要求。

电器产品、燃气用具的安装、使用及其线路、管路的设计、敷设、维护保养、检测，必须符合消防技术标准和管理规定。

**10. 消防设施的维护**

（1）任何单位、个人的义务。任何单位、个人不得损坏、挪用或者擅自拆除、停用消防设施、器材，不得埋压、圈占、遮挡消火栓或者占用防火间距，不得占用、堵塞、封闭疏散通道、安全出口、消防车通道。人员密集场所的门窗不得设置影响逃生和灭火救援的障碍物。

（2）负责公共消防设施维护管理的单位的职责。保持消防供水、消防通信、消防车通道等公共消防设施的完好有效。在修建道路以及停电、停水、截断通信线路时有可能影响消防队灭火救援的，有关单位必须事先通知当地公安机关消防机构。

**11. 各级人民政府的工作**

（1）在农业收获季节、森林和草原防火期间、重大节假日期间以及火灾多发季节，地方各级人民政府应当组织开展有针对性的消防宣传教育，采取防火措施，进行消防安全检查。

（2）乡镇人民政府、城市街道办事处应当指导、支持和帮助村民委员会、居民委员会开展群众性的消防工作。村民委员会、居民委员会应当确定消防安全管理人，组织制定防火安全公约，进行防火安全检查。

### 三、消防组织

**1. 公安消防队、专职消防队、志愿消防队**

县级以上地方人民政府应当按照国家规定建立公安消防队、专职消防队，并按照国家标准配备消防装备。

乡镇人民政府应当根据当地经济发展和消防工作的需要，建立专职消防队、志愿消防队，承担火灾扑救工作。

公安消防队、专职消防队扑救火灾、应急救援，不得收取任何费用。

机关、团体、企业、事业等单位以及村民委员会、居民委员会根据需要，建立志愿消防队等多种形式的消防组织，开展群众性自防自救工作。

**2. 应当建立专职消防队的单位**

（1）大型核设施单位、大型发电厂、民用机场、主要港口。

（2）生产、储存易燃易爆危险品的大型企业。

（3）储备可燃的重要物资的大型仓库、基地。

（4）第一项、第二项、第三项规定以外的火灾危险性较大、距离公安消防队较远的其他大型企业。

（5）距离公安消防队较远、被列为全国重点文物保护单位的古建筑群的管理单位。

### 四、灭火救援

**1. 应急预案**

县级以上地方人民政府应当组织有关部门针对本行政区域内的火灾特点制定应急预案，建立应急反应和处置机制，为火灾扑救和应急救援工作提供人员、装备等保障。

**2. 报警、疏散、扑救和支援**

任何人发现火灾都应当立即报警。任何单位、个人都应当无偿为报警提供便利，不得阻拦报警。严禁谎报火警。

人员密集场所发生火灾，该场所的现场工作人员应当立即组织、引导在场人员疏散。

任何单位发生火灾，必须立即组织力量扑救。邻近单位应当给予支援。

消防队接到火警，必须立即赶赴火灾现场，救助遇险人员，排除险情，扑灭火灾。

**3. 公安机关消防机构和现场总指挥**

公安机关消防机构统一组织和指挥火灾现场扑救，应当优先保障遇险人员的生命安全。

火灾现场总指挥根据扑救火灾的需要，有权决定下列事项：

（1）使用各种水源。

（2）截断电力、可燃气体和可燃液体的输送，限制用火用电。

（3）划定警戒区，实行局部交通管制。

（4）利用邻近建筑物和有关设施。

（5）为了抢救人员和重要物资，防止火势蔓延，拆除或者破损毗邻火灾现场的建筑物、构筑物或者设施等。

（6）调动供水、供电、供气、通信、医疗救护、交通运输、环境保护等有关单位协助灭火救援。

**4. 消防车、消防艇**

消防车、消防艇前往执行火灾扑救或者应急救援任务，在确保安全的前提下，不受行驶速度、行驶路线、行驶方向和指挥信号的限制，其他车辆、船舶以及行人应当让行，不得穿插超越；收费公路、桥梁免收车辆通行费。交通管理指挥人员应当保证消防车、消防艇迅速通行。

**5. 火灾调查**

公安机关消防机构有权根据需要封闭火灾现场，负责调查火灾原因，统计火灾损失。

公安机关消防机构根据火灾现场勘验、调查情况和有关的检验、鉴定意见，及时制作火灾事故认定书，作为处理火灾事故的证据。

## 五、法律责任

**1. 责令停止施工（或停止使用或停产停业）并处 3 万元以上 30 万元以下罚款的违法行为**

（1）依法应当经公安机关消防机构进行消防设计审核的建设工程，未经依法审核或者审核不合格，擅自施工。

（2）消防设计经公安机关消防机构依法抽查不合格，不停止施工。

（3）依法应当进行消防验收的建设工程，未经消防验收或者消防验收不合格，擅自投入使用。

（4）建设工程投入使用后经公安机关消防机构依法抽查不合格，不停止使用。

（5）公众聚集场所未经消防安全检查或者经检查不符合消防安全要求，擅自投入使用、营业。

**2. 处 10 日以上 15 日以下拘留可并处罚款（500 元以下）的违法行为（不构成犯罪）**

（1）指使或者强令他人违反消防安全规定，冒险作业。

（2）过失引起火灾。

（3）在火灾发生后阻拦报警，或者负有报告职责的人员不及时报警。

（4）扰乱火灾现场秩序，或者拒不执行火灾现场指挥员指挥，影响灭火救援。

（5）故意破坏或者伪造火灾现场。

（6）擅自拆封或者使用被公安机关消防机构查封的场所、部位。

**3. 人员密集场所发生火灾而不履行疏散义务的法律责任**

人员密集场所发生火灾，该场所的现场工作人员不履行组织、引导在场人员疏散的义务，情节严重，尚不构成犯罪的，处五日以上十日以下拘留。

**4. 公安机关消防机构的工作人员滥用职权、玩忽职守、徇私舞弊（尚不构成犯罪）应给予处分的违法行为**

（1）对不符合消防安全要求的消防设计文件、建设工程、场所准予审核合格、消防验收合格、消防安全检查合格。

（2）无故拖延消防设计审核、消防验收、消防安全检查，不在法定期限内履行职责。

（3）发现火灾隐患不及时通知有关单位或者个人整改。

（4）利用职务为用户、建设单位指定或者变相指定消防产品的品牌、销售单位或者消防技术服务机构、消防设施施工单位。

（5）将消防车、消防艇以及消防器材、装备和设施用于与消防和应急救援无关的事项。

（6）其他滥用职权、玩忽职守、徇私舞弊的行为。

住房和城乡建设、市场监督管理等其他有关行政主管部门的工作人员在消防工作中滥用职权、玩忽职守、徇私舞弊，尚不构成犯罪的，依法给予处分。

# 模 拟 试 题 及 考 点

1. 消防工作贯彻_____的方针。

A. 防消结合 　　　　　　　　　　B. 预防为主、防消结合

C. 预防为主 　　　　　　　　　　D. 消防为主、防消结合

【考点】"一、1. 方针和原则"。

2. 消防工作贯彻预防为主、防消结合的方针，按照政府统一领导、_____依法监管、_____全面负责、公民积极参与的原则，实行消防安全责任制，建立健全社会化的消防工作网络。

A. 机构，单位　　B. 机构，企业　　　C. 部门，单位　　　D. 部门，企业

【考点】"一、1. 方针和原则"。

3. 任何单位和_____都有维护消防安全、保护消防设施、预防火灾、报告火警的义务。任何单位和_____都有参加有组织的灭火工作的义务。

A. 个人，公民　　B. 机构，公民　　　C. 部门，成年人　　D. 个人，成年人

【考点】"一、4. 义务"。

4. 依据《消防法》的规定，地方各级人民政府应当将消防安全布局、消防站、消防供水、消防通信、消防车通道、消防装备等内容的消防规划纳入_____，并负责组织实施。

A. 城乡规划　　　B. 城市总体规划　　C. 城乡治理规划　　D. 城市治理规划

【考点】"二、1. 消防规划"。

5. 建设工程的消防设计、施工必须符合国家工程建设_____。

A. 消防管理规定　　B. 消防安全要求　　C. 消防技术标准　　D. 消防安全操作规程

【考点】"二、2. 建设工程"。

6. 对于大型人员密集场所和其他特殊建设工程，建设单位应当将消防设计文件报送公安机关消防机构。完工后，建设单位应当_____。

A. 审核，向公安机关消防机构申请消防验收

B. 备案，向公安机关消防机构申请消防验收

C. 审核，在验收后报公安机关消防机构备案

D. 备案，在验收后报公安机关消防机构备案

【考点】"二、2. 建设工程"。

7. 公众聚集场所在投入使用、营业前，建设单位或者使用单位应当向场所所在地的县级以上地方人民政府公安机关消防机构申请_____。

A. 消防安全验收　　　　　　　　B. 消防安全检查

C. 消防安全审核　　　　　　　　D. 消防安全鉴定

【考点】"二、3. 公众聚集场所"。

★8. 下面关于机关、团体、企业、事业等单位应当履行的消防安全职责中，哪些叙述有误或不准确？

A. 落实消防安全责任制，制定本单位的消防安全制度、消防安全操作规程及灭火和应急疏散预案

B. 按照上级规定配置消防设施、器材，设置消防安全标志，并定期组织检验、维修，确保完好有效

C. 对建筑消防设施每年至少进行一次重点检测，确保完好有效

D. 保障疏散通道、安全出口、消防车通道畅通，保证防火防烟分区、防火间距符合安全生产规范

E. 组织防火检查，及时消除火灾隐患，并组织进行有针对性的消防演练

【考点】"二、4. 机关、团体、企业、事业等单位应当履行的消防安全职责"。

★9. 下面关于消防安全重点单位应当履行的特殊消防安全职责，哪些叙述正确？

A. 确定消防安全责任人，组织实施本单位的消防安全管理工作

B. 建立消防档案，确定消防安全重点部位，设置防火标志，实行严格管理

C. 实行每周防火巡查，并建立巡查记录

D. 对职工进行岗前消防安全培训，定期组织消防安全培训和消防演练

【考点】"二、5. 消防安全重点单位"。

★10. 以下哪些叙述不正确或不准确？

A. 生产、储存、经营易燃易爆危险品的场所不得与居住场所设置在同一建筑物内，并应当与居住场所保持足够距离

B. 生产、储存、装卸易燃易爆危险品的工厂、仓库和专用车站、码头的设置，应当符合消防安全要求

C. 易燃易爆气体和液体的充装站、供应站、调压站，应当设置在符合消防技术标准的位置，并符合防火防爆要求

D. 禁止非法携带易燃易爆危险品乘坐公共交通工具

E. 因施工等特殊情况需要在具有火灾、爆炸危险的场所使用明火作业的，应当按照规定事先办理审批手续，采取相应的消防安全措施

【考点】"二、7. 与危险物品有关的消防安全"。

11. 举办大型群众性活动，承办人应当依法向公安机关申请安全_____，制定灭火和应急疏散预案并组织演练，明确消防安全责任分工，确定消防安全管理人员，保持消防设施和消防器材配置齐全、完好有效，保证疏散通道、安全出口、疏散指示标志、应急照明和消防车通道符合消防_____和管理规定。

A. 许可，安全要求　　　　　　　　B. 许可，技术标准

C. 批准，安全要求　　　　　　　　D. 批准，技术标准

【考点】"二、8. 举办大型群众性活动的规定"。

12. 对于消防产品，对于建筑构件、建筑材料和室内装修、装饰材料的防火性能，如没有相应的_____标准，就必须符合_____标准。

A. 行业，国家　　　B. 国家，行业　　　C. 地方，国家　　　D. 国家，地方

【考点】"二、9. 产品和材料"。

★13. 地方各级人民政府应当在_____组织开展有针对性的消防宣传教育，采取防火措施，进行消防安全检查。

A. 重大节假日期间　　　　　　　　B. 农业播种季节

C. 森林和草原防火期间　　　　　　D. 火灾偶发季节

【考点】"二、11. 各级人民政府的工作"。

14. 县级以上地方人民政府应当按照国家规定建立_____消防队、_____消防队，按照国家标准配备消防装备。

A. 公安，志愿　　　B. 专职，志愿　　　C. 公安，专职　　　D. 志愿，公安

【考点】"三、1. 公安消防队、专职消防队、志愿消防队"。

★15. 下列哪些单位应当建立专职消防队，承担本单位的火灾扑救工作？

A. 核电厂

B. 民用机场

C. 距离当地公安消防队较近的大型企业

D. 生产易燃易爆危险物品的大型企业

E. 储备可燃的重要物资的大型仓库

【考点】"三、2. 应当建立专职消防队的单位"。

16. 根据扑救火灾的需要，有权截断可燃气体和可燃液体的输送、使用各种水源、实行局部交通管制、调动医疗救护和交通运输等单位协助灭火救援。在火灾现场扑救中，应当优先保障_____。

A. 火灾现场总指挥，遇险人员的生命安全

B. 公安机关消防机构负责人，抢救人员的生命安全

C. 发生火灾的企业负责人，企业财产的安全

D. 火灾发生地人民政府主要领导人；国家财产的安全

【考点】"四、3. 公安机关消防机构和现场总指挥"。

17. 公安机关消防机构根据火灾现场勘验、调查情况和有关的检验、鉴定意见，及时制作_____，作为处理火灾事故的证据。

A. 火灾事故验定书

B. 火灾事故报告书

C. 火灾事故认定书

D. 火灾事故鉴定书

【考点】"四、5. 火灾调查"。

18. 依法应当经公安机关消防机构进行消防设计审核的建设工程，未经依法审核或者审核不合格，擅自施工，则应承担的法律责任是_____。

A. 责令企业停止施工并处 3 万元以上 30 万元以下罚款

B. 对责任人处 10 日以上 15 日以下拘留可并处 500 元以下罚款

C. 对责任人处 5 日以上 10 日以下拘留

D. 对责任人给予行政处分

【考点】"五、法律责任"。

19. 故意破坏或者伪造火灾现场者应承担的法律责任是_____。

A. 责令责任人所在单位停产停业并处 3 万元以上 30 万元以下罚款

B. 对责任人处 10 日以上 15 日以下拘留可并处 500 元以下罚款

C. 对责任人处 5 日以上 10 日以下拘留

D. 对责任人给予行政处分

【考点】"五、法律责任"。

20. 人员密集场所发生火灾，该场所的现场工作人员不履行组织、引导在场人员疏散的义务，情节严重，尚不构成犯罪，则应承担的法律责任是_____。

A. 责令责任人所在单位停业并处 3 万元以上 30 万元以下罚款

B. 对责任人处 10 日以上 15 日以下拘留可并处 500 元以下罚款

C. 对责任人处 5 日以上 10 日以下拘留

D. 对责任人给予行政处分

【考点】"五、法律责任"。

21. 公安机关消防机构的工作人员对不符合消防安全要求的建设工程准予消防验收合格（尚不构成犯罪），则应承担的法律责任是：

A. 处罚款

B. 处 10 日以上 15 日以下拘留

C. 处 5 日以上 10 日以下拘留

D. 给予行政处分

【考点】"五、法律责任"。

# 第三节　中华人民共和国道路交通安全法

## 一、机动车的合法性

### 1. 登记和检验制度

（1）登记。

国家对机动车实行登记制度。机动车经公安机关交通管理部门登记后，方可上道路行驶。尚未登记的机动车，需要临时上道路行驶的，应当取得临时通行牌证。

（2）检验。

准予登记的机动车应当符合机动车国家安全技术标准。申请机动车登记时，应当接受对该机动车的安全技术检验。对符合机动车国家安全技术标准的，公安机关交通管理部门应当发给检验合格标志。

对登记后上道路行驶的机动车，应当依照法律、行政法规的规定，根据车辆用途、载客载货数量、使用年限等不同情况，定期进行安全技术检验。

### 2. 号牌、标志、证件

驾驶机动车上道路行驶，应当悬挂机动车号牌，放置检验合格标志、保险标志，并随车携带机动车行驶证。

机动车号牌应当按照规定悬挂并保持清晰、完整，不得故意遮挡、污损。

### 3. 报废

国家实行机动车强制报废制度，根据机动车的安全技术状况和不同用途，规定不同的报废标准。

应当报废的机动车必须及时办理注销登记。

达到报废标准的机动车不得上道路行驶。报废的大型客、货车及其他营运车辆应当在公安机关交通管理部门的监督下解体。

### 4. 标志图案和警报器、标志灯具

警车、消防车、救护车、工程救险车应当按照规定喷涂标志图案，安装警报器、标志灯具。

### 5. 任何单位或者个人不得有下列行为

（1）拼装机动车或者擅自改变机动车已登记的结构、构造或者特征。

（2）改变机动车型号、发动机号、车架号或者车辆识别代号。

（3）伪造、变造或者使用伪造、变造的机动车登记证书、号牌、行驶证、检验合格标志、保险标志。

（4）使用其他机动车的登记证书、号牌、行驶证、检验合格标志、保险标志。

## 二、机动车驾驶人的合法性

### 1. 驾驶证

驾驶机动车，应当依法取得机动车驾驶证。

公安机关交通管理部门依照法律、行政法规的规定，定期对机动车驾驶证实施审验。

### 2. 安全技术性能检查

驾驶人驾驶机动车上道路行驶前，应当对机动车的安全技术性能进行认真检查；不得驾驶安全设施不全或者机件不符合技术标准等具有安全隐患的机动车。

### 3. 遵规驾驶

机动车驾驶人应当遵守道路交通安全法律、法规的规定，按照操作规范安全驾驶、文明驾驶。

饮酒、服用国家管制的精神药品或者麻醉药品，或者患有妨碍安全驾驶机动车的疾病，或者过度疲劳影响安全驾驶的，不得驾驶机动车。

不得在道路上驾驶机动车追逐竞驶。

### 4. 累积记分制度

公安机关交通管理部门对机动车驾驶人违反道路交通安全法律、法规的行为，除依法给予行政处罚外，实行累积记分制度。公安机关交通管理部门对累积记分达到规定分值的机动车驾驶人，扣留机动车驾驶证，对其进行道路交通安全法律、法规教育，重新考试；考试合格的，发还其机动车驾驶证。

对遵守道路交通安全法律、法规，在一年内无累积记分的机动车驾驶人，可以延长机动车驾驶证的审验期。

## 三、道路通行条件的合法性

### 1. 交通信号

全国实行统一的道路交通信号。

交通信号包括交通信号灯、交通标志、交通标线和交通警察的指挥。

交通信号灯、交通标志、交通标线的设置应当符合道路交通安全、畅通的要求和国家标准，并保持清晰、醒目、准确、完好。

交通信号灯由红灯、绿灯、黄灯组成。红灯表示禁止通行，绿灯表示准许通行，黄灯表示警示。

任何单位和个人不得擅自设置、移动、占用、损毁交通信号灯、交通标志、交通标线。

### 2. 铁路与道路平面交叉的道口

应当设置警示灯、警示标志或者安全防护设施。无人看守的铁路道口，应当在距道口一定距离处设置警示标志。

### 3. 对道路两侧物件的要求

道路两侧及隔离带上种植的树木或者其他植物，设置的广告牌、管线等，应当与交通设施保持必要的距离，不得遮挡路灯、交通信号灯、交通标志，不得妨碍安全视距，不得影响通行。

**4. 道路及交通设施损毁的修复**

道路出现坍塌、坑槽、水毁、隆起等损毁或者交通信号灯、交通标志、交通标线等交通设施损毁、灭失的，道路、交通设施的养护部门或者管理部门应当设置警示标志并及时修复。

公安机关交通管理部门发现损毁危及交通安全，尚未设置警示标志的，应当及时采取安全措施，疏导交通，并通知道路、交通设施的养护部门或者管理部门。

**5. 道路占用、挖掘、跨越、穿越**

未经许可，任何单位和个人不得占用道路从事非交通活动。

因工程建设需要占用、挖掘道路，或者跨越、穿越道路架设、增设管线设施，应当事先征得道路主管部门的同意；影响交通安全的，还应当征得公安机关交通管理部门的同意。

施工作业单位应当在经批准的路段和时间内施工作业，并在距离施工作业地点来车方向安全距离处设置明显的安全警示标志，采取防护措施；施工作业完毕，应当迅速清除道路上的障碍物，消除安全隐患，经道路主管部门和公安机关交通管理部门验收合格，符合通行要求后，方可恢复通行。

**6. 停车场、人行横道线和盲道**

新建、改建、扩建的公共建筑、商业街区、居住区、大（中）型建筑等，应当配建、增建停车场；停车泊位不足的，应当及时改建或者扩建；投入使用的停车场不得擅自停止使用或者改作他用。

学校、幼儿园、医院、养老院门前的道路没有行人过街设施的，应当施划人行横道线，设置提示标志。

城市主要道路的人行道，应当按照规划设置盲道。盲道的设置应当符合国家标准。

## 四、道路交通事故处理

**1. 交通事故现场处理**

（1）当事人及其他现场人员。

在道路上发生交通事故，车辆驾驶人应当立即停车，保护现场；造成人身伤亡的，应当立即抢救受伤人员，并迅速报告执勤的交通警察或者公安机关交通管理部门。因抢救受伤人员变动现场的，应当标明位置。乘车人、过往车辆驾驶人、过往行人应当予以协助。未造成人身伤亡的，当事人对事实及成因无争议的，可以即行撤离现场，恢复交通，自行协商处理损害赔偿事宜；不即行撤离现场的，应当迅速报告执勤的交通警察或者公安机关交通管理部门。仅造成轻微财产损失，并且基本事实清楚的，当事人应当先撤离现场再进行协商处理。

车辆发生交通事故后肇事者逃逸的，事故现场目击人员和其他知情人员应当向公安机关交通管理部门或者交通警察举报。

（2）公安机关交通管理部门。

接到交通事故报警后，应当立即派交通警察赶赴现场，先组织抢救受伤人员，并采取措施，尽快恢复交通。并根据交通事故现场勘验、检查、调查情况和有关的检验、鉴定结论，及时制作交通事故认定书，作为处理交通事故的证据。

**2. 人身伤亡和财产损失赔偿**

机动车发生交通事故造成人身伤亡、财产损失的，由保险公司在机动车第三者责任强制保险责任限额范围内予以赔偿；不足的部分，按照下列规定承担赔偿责任：

（1）机动车之间发生交通事故的，由有过错的一方承担赔偿责任；双方都有过错的，按照各自过错的比例分担责任。

（2）机动车与非机动车驾驶人、行人之间发生交通事故，非机动车驾驶人、行人没有过错的，由机动车一方承担赔偿责任；有证据证明非机动车驾驶人、行人有过错的，根据过错程度适当减轻机动车一方的赔偿责任；机动车一方没有过错的，承担不超过百分之十的赔偿责任。

交通事故的损失是由非机动车驾驶人、行人故意碰撞机动车造成的，机动车一方不承担赔偿责任。

**3. 交通事故损害赔偿争议的处理**

对交通事故损害赔偿的争议，当事人可以请求公安机关交通管理部门调解，也可以直接向人民法院提起民事诉讼。经公安机关交通管理部门调解，当事人未达成协议或者调解书生效后不履行的，当事人可以向人民法院提起民事诉讼。

## 五、部分道路交通安全违法行为应负的法律责任

部分道路交通安全违法行为应负的法律责任见表4-1。

表4-1　　　　部分道路交通安全违法行为应负的法律责任

| 违 法 行 为 | 法 律 责 任 |
|---|---|
| 在道路上驾驶机动车追逐竞驶，情节恶劣 | 刑事责任：处拘役，并处罚金 |
| 饮酒后驾驶机动车<br>饮酒后驾驶机动车被处罚，再次饮酒后驾驶机动车 | 暂扣六个月机动车驾驶证，并处罚款<br>处十日以下拘留，并处罚款，吊销机动车驾驶证 |
| 饮酒后驾驶营运机动车 | 处十五日拘留，并处罚款，吊销机动车驾驶证，五年内不得重新取得机动车驾驶证 |
| 醉酒驾驶机动车 | 由公安机关交通管理部门约束至酒醒，吊销机动车驾驶证，依法追究刑事责任；五年内不得重新取得机动车驾驶证 |
| 醉酒驾驶营运机动车 | 由公安机关交通管理部门约束至酒醒，吊销机动车驾驶证，依法追究刑事责任；十年内不得重新取得机动车驾驶证，重新取得机动车驾驶证后，不得驾驶营运机动车 |
| 饮酒后或者醉酒驾驶机动车发生重大交通事故，构成犯罪 | 依法追究刑事责任，并由公安机关交通管理部门吊销机动车驾驶证，终生不得重新取得机动车驾驶证 |
| 客车超过额定乘员20%或者违反规定载货；货车超过核定载质量30%或者违反规定载客<br>运输单位的车辆有上述行为，经处罚不改 | 处500元以上2000元以下罚款；扣留机动车至违法状态消除<br>对直接负责的主管人员处2000元以上5000元以下罚款 |
| 伪造、变造或者使用伪造、变造的机动车登记证书、号牌、行驶证、驾驶证<br>伪造、变造或者使用伪造、变造的检验合格标志、保险标志<br>使用其他车辆的机动车登记证书、号牌、行驶证、检验合格标志、保险标志 | 由公安机关交通管理部门予以收缴，扣留该机动车，处十五日以下拘留，并处罚款；构成犯罪的，依法追究刑事责任<br>由公安机关交通管理部门予以收缴，扣留该机动车，处十日以下拘留，并处罚款；构成犯罪的，依法追究刑事责任<br>由公安机关交通管理部门予以收缴，扣留该机动车，处罚款 |

续表

| 违 法 行 为 | 法 律 责 任 |
|---|---|
| 违反道路交通安全法律、法规的规定，发生重大交通事故，构成犯罪<br>造成交通事故后逃逸<br>专业运输单位：6个月内发生2次以上特大交通事故，负有主要责任或者全部责任 | 依法追究刑事责任，并由公安机关交通管理部门吊销机动车驾驶证<br>吊销机动车驾驶证，且终生不得重新取得机动车驾驶证<br>责令消除安全隐患，未消除安全隐患的机动车，禁止上道路行驶 |

### 六、道路通行的规定

**1. 机动车通行规定**

（1）车速。

机动车上道路行驶，不得超过限速标志标明的最高时速。在没有限速标志的路段，应当保持安全车速。

（2）同车道行驶。

同车道行驶的机动车，后车应当与前车保持足以采取紧急制动措施的安全距离，在没有超车条件的情形下，不得超车。

（3）交叉路口行驶。

机动车在通过交叉路口、遇有前方车辆停车排队等候或者缓慢行驶时、通过铁路道口时和行经人行横道时，应当遵守交通规则。

（4）机动车载物行驶。

机动车载物应当符合核定的载质量，严禁超载；载物的长、宽、高不得违反装载要求，不得遗洒、飘散载运物。

机动车运载超限的不可解体的物品，影响交通安全的，应当按照公安机关交通管理部门制定的时间、路线、速度行驶，悬挂明显标志。

机动车运载爆炸物品、易燃易爆化学品以及剧毒、放射性等危险物品，应当经公安机关批准后，按指定的时间、路线、速度行驶，悬挂明显标志并采取必要的安全措施。

（5）机动车载人行驶。

机动车载人不得超过核定的人数，客运机动车不得载货，禁止货运机动车载客。

（6）拖拉机行驶。

高速公路、大中城市中心城区内的道路，禁止拖拉机通行。在允许拖拉机通行的道路上，可以从事货运，不得载人。

**2. 非机动车通行规定**

驾驶非机动车在道路上行驶应当遵守有关交通安全的规定。非机动车应当在非机动车道内行驶；在没有非机动车道的道路上，应当靠车行道的右侧行驶。残疾人机动轮椅车、电动自行车在机动车道内行驶时，最高时速不得超过5km。

**3. 高速公路的特别规定**

行人、非机动车、拖拉机、轮式专用机械车、铰接式客车、全挂拖斗车以及其他设计最高时速低于 70km 的机动车，不得进入高速公路。高速公路限速标志标明的最高时速不得超过 120km。任何单位、个人不得在高速公路上拦截检查行驶的车辆，公安机关的人民警察依法执行紧急公务除外。

# 模 拟 试 题 及 考 点

★1. 驾驶机动车上道路行驶，应当在车上悬挂或放置或随车携带的牌证和标志有_____。

A. 机动车号牌　　　　　　　　　　B. 检验合格标志
C. 车辆登记证书　　　　　　　　　D. 保险标志
E. 机动车行驶证

【考点】"一、2. 号牌、标志、证件"。

2. 达到报废标准的机动车不得上道路行驶，必须及时办理登记_____。

A. 报废　　　　　B. 注销　　　　　C. 停用　　　　　D. 禁驶

【考点】"一、3. 报废"。

★3. 以下哪种情况不应驾驶机动车？

A. 服用了降高血压药物　　　　　　B. 患有妨碍安全驾驶机动车的疾病
C. 过度疲劳影响安全驾驶　　　　　D. 少量饮酒

【考点】"二、3. 遵规驾驶"。

4. 全国统一的道路交通信号不包括_____。

A. 交通信号灯　　　B. 交通标志　　　C. 警示灯　　　　D. 交通标线
E. 交通警察的指挥

【考点】"三、1. 交通信号"。

5. 无人看守的铁路道口，应当在距道口一定距离处设置_____。

A. 警示灯　　　　　B. 警示标志　　　C. 隔离带　　　　D. 安全防护设施

【考点】"三、2. 铁路与道路平面交叉的道口"。

6. 道路或交通设施损毁后，_____应当设置警示标志并及时修复。

A. 公安机关交通管理部门　　　　　B. 道路主管部门
C. 安全生产监督管理部门　　　　　D. 道路、交通设施的养护部门或者管理部门

【考点】"三、4. 道路及交通设施损毁的修复"。

7. 因工程建设需要占用、挖掘道路，或者跨越、穿越道路架设、增设管线设施，且影响交通安全的，应当事先征得_____的同意。

A. 道路主管部门和公安机关交通管理部门
B. 道路主管部门
C. 公安机关交通管理部门

D. 道路主管部门或公安机关交通管理部门

【考点】"三、5. 道路占用、挖掘、跨越、穿越"。

8. 某车辆驾驶人对于在道路上发生交通事故时他应如何做的下述理解中不正确的是_____。

A. 立即停车，任何情况下不得逃逸

B. 抢救受伤人员，任何情况下不得延误

C. 保护现场，任何情况下不得变动，等待公安机关交通管理部门勘查

D. 迅速报告执勤的交通警察，不得拖延

【考点】"四、1. 交通事故现场处理"。

★9. 机动车与非机动车驾驶人、行人之间发生交通事故造成人身伤亡、财产损失的，由保险公司在机动车第三者责任强制保险责任限额范围内予以赔偿；不足的部分，按照下列_____规定承担赔偿责任。

A. 非机动车驾驶人、行人没有过错的，由机动车一方承担赔偿责任

B. 有证据证明非机动车驾驶人、行人有过错的，根据过错程度适当减轻机动车一方的赔偿责任

C. 机动车一方没有过错的，不承担赔偿责任

D. 交通事故的损失是由非机动车驾驶人、行人故意碰撞机动车造成的，机动车一方不承担赔偿责任

【考点】"四、2. 人身伤亡和财产损失赔偿"。

★10. 依据《道路交通安全法》的规定，对交通事故损害赔偿争议进行处理的部门有_____。

A. 人民法院　　　　　　　　B. 安全生产监督管理部门

C. 公安机关交通管理部门　　D. 道路主管部门

【考点】"四、3. 交通事故损害赔偿争议的处理"。

11. 根据《道路交通安全法》的规定，道路交通安全违法行为应负的法律责任不包括_____。

A. 警告、罚款　　　　　　　B. 行政处分

C. 暂扣或者吊销机动车驾驶证　D. 刑事责任

【考点】"五、部分道路交通安全违法行为应负的法律责任"。

★12. 以下哪种情况，司机被吊销机动车驾驶证，且终生不得重新取得机动车驾驶证？

A. 饮酒后驾驶营运机动车

B. 饮酒后驾驶机动车发生重大交通事故，构成犯罪

C. 醉酒驾驶机动车

D. 造成交通事故后逃逸

【考点】"五、部分道路交通安全违法行为应负的法律责任"。

★13. 以下哪些违法行为，司机须承担刑事责任？

A. 饮酒后在道路上驾驶机动车

B. 在道路上醉酒驾驶机动车

C. 在道路上驾驶机动车追逐竞驶，情节恶劣

D. 造成交通事故后逃逸

E. 饮酒后驾驶机动车发生重大交通事故，构成犯罪

【考点】"五、部分道路交通安全违法行为应负的法律责任"。

14. 机动车上道路行驶，不得超过限速标志标明的_____。在没有限速标志的路段，应当保持_____。

A. 安全车速，最低时速
B. 最高时速，安全车速

C. 安全车速，适当车速
D. 最低时速，安全车速

【考点】"六、1. 机动车通行规定"。

15. 机动车运载爆炸物品、易燃易爆化学品以及剧毒、放射性等危险物品，应当经_____批准后，按指定的_____行驶，悬挂明显标志并采取必要的_____措施。

A. 交通部门，时间、路线，紧固

B. 公安机关，路线、速度，保护

C. 交通部门，时间、路线、速度，防范

D. 公安机关，时间、路线、速度，安全

【考点】"六、1. 机动车通行规定"。

16. 下述中不正确的是_____。

A. 高速公路、大中城市中心城区内的道路，禁止拖拉机通行

B. 同车道行驶的机动车，后车应当与前车保持足以采取紧急制动措施的安全距离

C. 只有在得到交通管理部门允许的情况下，货运机动车才可以载客

D. 机动车载人行驶时，驾驶人、乘坐人员应当按规定使用安全带

E. 非机动车应当在非机动车道内行驶；在没有非机动车道的道路上，应当靠车行道的右侧行驶

【考点】"六、道路通行的规定"。

17. 可以进入高速公路的是_____。

A. 非机动车
B. 拖拉机和全挂拖斗车

C. 设计最高时速为 80km 的机动车
D. 铰接式客车

【考点】"六、3. 高速公路的特别规定"。

18. 依据《道路交通安全法》的规定，行人、非机动车、拖拉机、轮式专用机械车、铰接式客车、全挂拖斗车以及其他_____低于 70km 的机动车，不得进入高速公路。

A. 行驶时速　　　B. 平均时速　　　C. 设计最高时速　　D. 额定时速

【考点】"六、3. 高速公路的特别规定"。

19. 高速公路限速标志标明的最高时速不得超过_____km。

A. 120　　　　　B. 100　　　　　C. 80　　　　　D. 140

【考点】"六、3. 高速公路的特别规定"。

# 第四节　中华人民共和国特种设备安全法

## 一、"总则"及第二章第一节的部分内容

### 1. 特种设备的种类

特种设备指对人身和财产安全有较大危险性的锅炉、压力容器（含气瓶）、压力管道、电梯、起重机械、客运索道、大型游乐设施、场（厂）内专用机动车辆，以及法律、行政法规规定适用本法的其他特种设备。

### 2. 本法的适用

特种设备的生产（包括设计、制造、安装、改造、修理）、经营、使用、检验、检测和特种设备安全的监督管理，适用本法。

军事装备、核设施、航空航天器使用的特种设备安全的监督管理不适用本法。

铁路机车、海上设施和船舶、矿山井下使用的特种设备以及民用机场专用设备安全的监督管理，房屋建筑工地、市政工程工地用起重机械和场（厂）内专用机动车辆的安装、使用的监督管理，由有关部门依照本法和其他有关法律的规定实施。

### 3. 特种设备安全工作的原则

特种设备安全工作应当坚持安全第一、预防为主、节能环保、综合治理的原则。

### 4. 安全、节能制度

特种设备生产、经营、使用单位应当遵守本法和其他有关法律、法规，建立、健全特种设备安全和节能责任制度。

### 5. 特种设备安全技术规范及相关标准

特种设备生产、经营、使用、检验、检测应当遵守有关特种设备安全技术规范及相关标准。

### 6. 人员配备及资格

特种设备生产、经营、使用单位应当按照国家有关规定配备特种设备安全管理人员、检测人员和作业人员，这些人员应当按照国家有关规定取得相应资格，方可从事相关工作。

### 7. 特种设备安全责任保险

国家鼓励投保特种设备安全责任保险。

## 二、特种设备的生产

### 1. 许可制度

国家按照分类监督管理的原则对特种设备生产实行许可制度。特种设备生产单位应当具

备下列条件，并经负责特种设备安全监督管理的部门许可，方可从事生产活动：

有与生产相适应的专业技术人员；

有与生产相适应的设备、设施和工作场所；

有健全的质量保证、安全管理和岗位责任等制度。

#### 2. 对生产单位的要求

特种设备生产单位应当保证特种设备生产符合安全技术规范及相关标准的要求，对其生产的特种设备的安全性能负责。不得生产不符合安全性能要求和能效指标以及国家明令淘汰的特种设备。

锅炉、气瓶、氧舱、客运索道、大型游乐设施的设计文件，应当经负责特种设备安全监督管理的部门核准的检验机构鉴定，方可用于制造。

特种设备出厂时，应当随附安全技术规范要求的设计文件、产品质量合格证明、安装及使用维护保养说明、监督检验证明等相关技术资料和文件，并在特种设备显著位置设置产品铭牌、安全警示标志及其说明。

#### 3. 安装、改造、修理

电梯的安装、改造、修理，必须由电梯制造单位或者其委托的依照本法取得相应许可的单位进行。电梯制造单位委托其他单位进行电梯安装、改造、修理的，应当对其安装、改造、修理进行安全指导和监控，并按照安全技术规范的要求进行校验和调试。电梯制造单位对电梯安全性能负责。

特种设备安装、改造、修理的施工单位应当在施工前将拟进行的特种设备安装、改造、修理情况书面告知直辖市或者设区的市级人民政府负责特种设备安全监督管理的部门。

特种设备安装、改造、修理竣工后，安装、改造、修理的施工单位应当在验收后三十日内将相关技术资料和文件移交特种设备使用单位。特种设备使用单位应当将其存入该特种设备的安全技术档案。

#### 4. 过程的监督检验

锅炉、压力容器、压力管道元件等特种设备的制造过程和锅炉、压力容器、压力管道、电梯、起重机械、客运索道、大型游乐设施的安装、改造、重大修理过程，应当经特种设备检验机构按照安全技术规范的要求进行监督检验；未经监督检验或者监督检验不合格的，不得出厂或者交付使用。

#### 5. 缺陷特种设备召回制度

国家建立缺陷特种设备召回制度。因生产原因造成特种设备存在危及安全的同一性缺陷的，特种设备生产单位应当立即停止生产，主动召回。

国务院负责特种设备安全监督管理的部门发现特种设备存在应当召回而未召回的情形时，应当责令特种设备生产单位召回。

### 三、特种设备的经营

#### 1. 销售

禁止销售未取得许可生产的特种设备，未经检验和检验不合格的特种设备，或者国家明令淘汰和已经报废的特种设备。

**2. 出租**

特种设备出租单位不得出租未取得许可生产的特种设备或者国家明令淘汰和已经报废的特种设备，以及未按照安全技术规范的要求进行维护保养和未经检验或者检验不合格的特种设备。

特种设备在出租期间的使用管理和维护保养义务由特种设备出租单位承担，法律另有规定或者当事人另有约定的除外。

## 四、特种设备的使用

**1. 原则**

使用单位应当使用取得许可生产并经检验合格的特种设备。

禁止使用国家明令淘汰和已经报废的特种设备。

**2. 使用登记**

使用单位应当在特种设备投入使用前或者投入使用后三十日内，向负责特种设备安全监督管理的部门办理使用登记，取得使用登记证书。登记标志应当置于该特种设备的显著位置。

**3. 安全技术档案**

使用单位应当建立特种设备安全技术档案。安全技术档案应当包括以下内容：

（1）特种设备的设计文件、产品质量合格证明、安装及使用维护保养说明、监督检验证明等相关技术资料和文件。

（2）特种设备的定期检验和定期自行检查记录。

（3）特种设备的日常使用状况记录。

（4）特种设备及其附属仪器仪表的维护保养记录。

（5）特种设备的运行故障和事故记录。

**4. 安全管理机构和安全管理人员**

电梯、客运索道、大型游乐设施等为公众提供服务的特种设备的运营使用单位，应当设置特种设备安全管理机构或者配备专职的特种设备安全管理人员；其他特种设备使用单位，应当根据情况设置特种设备安全管理机构或者配备专职、兼职的特种设备安全管理人员。

**5. 安全距离、安全防护措施**

特种设备的使用应当具有规定的安全距离、安全防护措施。

**6. 维护保养、检查、校验、隐患处理**

（1）使用单位。

1）对使用的特种设备进行经常性维护保养和定期自行检查，并作出记录；出现故障或者发生异常情况，对其进行全面检查，消除事故隐患，方可继续使用。

2）对其使用的特种设备的安全附件、安全保护装置进行定期校验、检修，并做出记录。

（2）特种设备安全管理人员：对特种设备使用状况进行经常性检查，发现问题应当立即处理；情况紧急时，可以决定停止使用特种设备并及时报告本单位有关负责人。

（3）特种设备作业人员：在作业过程中发现事故隐患或者其他不安全因素，应当立即向特种设备安全管理人员和单位有关负责人报告；特种设备运行不正常时，特种设备作业人员应当按照操作规程采取有效措施保证安全。

（4）客运索道、大型游乐设施在每日投入使用前，其运营使用单位应当进行试运行和例行安全检查，并对安全附件和安全保护装置进行检查确认。

（5）电梯的维护保养。

由电梯制造单位或者依照本法取得许可的安装、改造、修理单位进行。

电梯的维护保养单位：在维护保养中严格执行安全技术规范的要求，并负责落实现场安全防护措施，保证施工安全；对其维护保养的电梯的安全性能负责；接到故障通知后，应当立即赶赴现场，并采取必要的应急救援措施。

电梯制造单位：电梯投入使用后，对其制造的电梯的安全运行情况进行跟踪调查和了解，对电梯的维护保养单位或者使用单位在维护保养和安全运行方面存在的问题，提出改进建议，并提供必要的技术帮助；发现电梯存在严重事故隐患时，应当及时告知电梯使用单位，并向负责特种设备安全监督管理的部门报告。对调查和了解的情况，应当做出记录。

### 7. 显著位置

电梯、客运索道、大型游乐设施的运营使用单位应当将电梯、客运索道、大型游乐设施的安全使用说明、安全注意事项和警示标志置于易于为乘客注意的显著位置。

### 8. 定期检验

使用单位应当按照安全技术规范的要求，在检验合格有效期届满前一个月向特种设备检验机构提出定期检验要求。将定期检验标志置于该特种设备的显著位置。

锅炉使用单位应当按照安全技术规范的要求进行锅炉水（介）质处理，并接受特种设备检验机构的定期检验。

### 9. 报废和注销

特种设备存在严重事故隐患，无改造、修理价值，或者达到安全技术规范规定的其他报废条件的，使用单位依法履行报废义务，采取必要措施消除该特种设备的使用功能，并向原登记的负责特种设备安全监督管理的部门办理使用登记证书注销手续。

规定报废条件以外的特种设备，达到设计使用年限可以继续使用的，应当按照安全技术规范的要求通过检验或者安全评估，并办理使用登记证书变更，方可继续使用。

### 10. 移动式压力容器、气瓶充装

充装单位应当具备下列条件，并经负责特种设备安全监督管理的部门许可，方可从事充装活动：

（1）有与充装和管理相适应的管理人员和技术人员；

（2）有与充装和管理相适应的充装设备、检测手段、场地厂房、器具、安全设施；

（3）有健全的充装管理制度、责任制度、处理措施。

充装单位应当建立充装前后的检查、记录制度，不符合安全技术规范要求的不予充装。

气瓶充装单位办理气瓶使用登记，及时申报定期检验。

## 五、特种设备检验检测

### 1. 检验检测机构资质核准及应当具备的条件

从事本法规定的监督检验、定期检验的特种设备检验机构，以及为特种设备生产、经营、使用提供检测服务的特种设备检测机构，应当具备下列条件，并经负责特种设备安全监督管

理的部门核准，方可从事检验、检测工作：

（1）有与检验、检测工作相适应的检验、检测人员。

（2）有与检验、检测工作相适应的检验、检测仪器和设备。

（3）有健全的检验、检测管理制度和责任制度。

**2. 检验、检测人员资格**

检验、检测人员应当经考核，取得检验、检测人员资格，方可从事检验、检测工作。

**3. 检验、检测活动规范**

检验、检测人员不得同时在两个以上检验、检测机构中执业；变更执业机构的，应当依法办理变更手续。

特种设备检验、检测机构及其检验、检测人员应当客观、公正、及时地出具检验、检测报告，并对检验、检测结果和鉴定结论负责。

特种设备检验、检测机构及其检验、检测人员在检验、检测中发现特种设备存在严重事故隐患时，应当及时告知相关单位，并立即向负责特种设备安全监督管理的部门报告。

**4. 监督抽查**

负责特种设备安全监督管理的部门应当组织对特种设备检验、检测机构的检验、检测结果和鉴定结论进行监督抽查。监督抽查结果应当向社会公布。

**5. 相关资料提供**

特种设备生产、经营、使用单位应当按照安全技术规范的要求向特种设备检验、检测机构及其检验、检测人员提供特种设备相关资料和必要的检验、检测条件，并对资料的真实性负责。

## 六、监督管理

**1. 重点安全监督检查**

负责特种设备安全监督管理的部门应当对学校、幼儿园以及医院、车站、客运码头、商场、体育场馆、展览馆、公园等公众聚集场所的特种设备，实施重点安全监督检查。

**2. 事故调查组的组织者**

事故调查组的组织者见表4-2。

表4-2　　　　　　　　　　　　　　事故调查组的组织者

| 事故级别 | 事故调查组的组织者 |
|---|---|
| 特别重大事故 | 国务院或者国务院授权有关部门 |
| 重大事故 | 国务院负责特种设备安全监督管理的部门会同有关部门 |
| 较大事故 | 省级人民政府负责特种设备安全监督管理的部门会同有关部门 |
| 一般事故 | 设区的市级政府负责特种设备安全监督管理的部门会同有关部门 |

# 模拟试题及考点

1. 下述哪项不是特种设备？

A. 大型精密机床　　B. 客运索道　　　　C. 大型游乐设施　　D. 厂内机动车

E. 压力管道

【考点】"一、1. 特种设备的种类"。

2. 特种设备生产、经营、使用单位应当遵守《特种设备安全法》和其他有关法律、法规，建立、健全特种设备_____责任制度。特种设备生产、经营、使用、检验、检测应当遵守有关特种设备_____及相关标准。

A. 安全和节能，技术标准　　　　　B. 安全和节能，安全技术规范

C. 安全和环保，技术标准　　　　　D. 安全和环保，安全技术规范

【考点】"一、'总则'及第二章第一节的部分内容"。

3. 特种设备生产、经营、使用单位应当按照国家有关规定配备特种设备安全管理人员、_____人员和作业人员，这些人员应当按照国家有关规定取得相应资格，方可从事相关工作。

A. 维护保养　　　B. 检查　　　C. 检测　　　D. 检验

【考点】"一、6. 人员配备及资格"。

★4. 特种设备生产单位应当具备哪些条件，并经负责特种设备安全监督管理的部门许可，方可从事生产活动？

A. 有与生产相适应的专业技术人员

B. 有与生产相适应的设备、设施和工作场所

C. 取得安全生产许可证

D. 有健全的质量保证、安全管理和岗位责任等制度

【考点】"二、1. 许可制度"。

★5. 特种设备生产单位不得生产_____的特种设备。

A. 不符合安全性能要求　　　　　B. 不符合环保要求

C. 不符合能效指标　　　　　　　D. 国家明令淘汰

【考点】"二、2. 对生产单位的要求"。

6. _____的设计文件，在用于制造前，不需经负责特种设备安全监督管理的部门核准的检验机构鉴定。

A. 锅炉　　　B. 起重机械　　　C. 氧舱　　　D. 大型游乐设施

【考点】"二、2. 对生产单位的要求"。

7. 特种设备安装、改造、修理的施工单位应当在施工前将拟进行的特种设备安装、改造、修理情况书面告知_____人民政府负责特种设备安全监督管理的部门。

A. 省级　　　　　　　　　　　B. 市级

C. 直辖市或者设区的市级　　　　D. 县级

【考点】"二、3. 安装、改造、修理"。

8. 锅炉、压力容器、压力管道元件等特种设备的_____过程和除场（厂）内专用机动车辆之外的特种设备的_____过程，应当经_____按照安全技术规范的要求进行监督检

验；未经监督检验或者监督检验不合格的，不得出厂或者交付使用。

　　A. 制造，安装、改造，特种设备安全监督管理部门

　　B. 制造，安装、改造、重大修理，特种设备安全监督管理部门

　　C. 制造，安装、改造，特种设备检验机构

　　D. 制造，安装、改造、重大修理，特种设备检验机构

　　【考点】"二、4. 过程的监督检验"。

　　9. 因生产原因造成特种设备存在危及安全的同一性缺陷的，特种设备生产单位应当立即停止生产，主动_____。

　　A. 召回　　　　　B. 撤回　　　　　C. 收回　　　　　D. 回收

　　【考点】"二、5. 缺陷特种设备召回制度"。

　　10. 特种设备在出租期间的使用管理和维护保养义务由特种设备_____单位承担。

　　A. 承租　　　　　　　　　　　B. 出租

　　C. 承租和出租　　　　　　　　D. 承租或出租

　　【考点】"三、特种设备的经营"。

　　11. 特种设备使用单位应当在特种设备投入使用前或者投入使用后三十日内，向负责特种设备安全监督管理的部门办理使用登记，取得_____。登记标志应当置于该特种设备的_____。

　　A. 使用登记证书，上部位置　　　B. 登记证书，醒目位置

　　C. 使用登记证书，显著位置　　　D. 登记证书，可见位置

　　【考点】"四、2. 使用登记"。

　　12. 以下哪种特种设备的运营使用单位，必须设置特种设备安全管理机构或者配备专职的安全管理人员？

　　A. 锅炉　　　　　B. 气瓶　　　　　C. 客运索道　　　　　D. 起重机械

　　【考点】"四、4. 安全管理机构和安全管理人员"。

　　13. 客运索道、大型游乐设施在_____投入使用前，其运营使用单位应当进行试运行和例行_____，并对安全附件和安全保护装置进行检查确认。

　　A. 每次，检查　　　　　　　　B. 每日，安全检查

　　C. 每周，检查　　　　　　　　D. 每月，安全检查

　　【考点】"四、6. 维护保养、检查、校验、隐患处理"。

　　14. 特种设备存在严重事故隐患，无改造、修理价值，或者达到安全技术规范规定的其他报废条件的，使用单位依法履行_____义务，采取必要措施消除该特种设备的使用功能，并向原登记的负责特种设备安全监督管理的部门办理使用登记证书_____手续。

　　A. 报废，注销　　B. 注销，报废　　C. 封存，注销　　D. 报废，终止

　　【考点】"四、9. 报废和注销"。

★15. 关于特种设备检验检测，下述中正确的是_____。

A. 特种设备使用单位在检验合格有效期届满前一个月向特种设备检验机构提出定期检验要求

B. 特种设备检验、检测机构经负责特种设备安全监督管理的部门核准

C. 特种设备检验、检测机构及其检验、检测人员应当客观、公正、及时地出具检验、检测报告

D. 负责特种设备安全监督管理的部门对检验、检测结果和鉴定结论负责

E. 负责特种设备安全监督管理的部门要向社会公布对特种设备检验、检测结果和鉴定结论进行监督抽查的结果

【考点】"四、8. 定期检验"和"五、特种设备检验检测"。

16. 发生特种设备较大事故，由_____组织事故调查组。

A. 国务院或者国务院授权有关部门

B. 国务院负责特种设备安全监督管理的部门会同有关部门

C. 省级人民政府负责特种设备安全监督管理的部门会同有关部门

D. 设区的市级政府负责特种设备安全监督管理的部门会同有关部门

【考点】"六、2. 事故调查组的组织者"。

# 第五节　中华人民共和国建筑法

## 一、从业资格

### 1. 条件

从事建筑活动的建筑施工企业、勘察单位、设计单位和工程监理单位，应当具备下列条件：

（1）有符合国家规定的注册资本。

（2）有与其从事的建筑活动相适应的具有法定执业资格的专业技术人员。

（3）有从事相关建筑活动所应有的技术装备。

（4）法律、行政法规规定的其他条件。

### 2. 资质等级

从事建筑活动的建筑施工企业、勘察单位、设计单位和工程监理单位，按照其拥有的注册资本、专业技术人员、技术装备和已完成的建筑工程业绩等资质条件，划分为不同的资质等级，经资质审查合格，取得相应等级的资质证书后，方可在其资质等级许可的范围内从事建筑活动。

### 3. 执业资格证书

从事建筑活动的专业技术人员，应当依法取得相应的执业资格证书，并在执业资格证书许可的范围内从事建筑活动。

## 二、建筑工程发包与承包

### 1. 发包

提倡对建筑工程实行总承包，禁止将建筑工程肢解发包。

建筑工程的发包单位可以将建筑工程的勘察、设计、施工、设备采购一并发包给一个工程总承包单位，也可以将建筑工程勘察、设计、施工、设备采购的一项或者多项发包给一个工程总承包单位；但是，不得将应当由一个承包单位完成的建筑工程肢解成若干部分发包给几个承包单位。

### 2. 承包

两个以上不同资质等级的单位实行联合共同承包的，应当按照资质等级低的单位的业务许可范围承揽工程。

禁止承包单位将其承包的全部建筑工程转包给他人，禁止承包单位将其承包的全部建筑工程肢解以后以分包的名义分别转包给他人。

建筑工程总承包单位可以将承包工程中的部分工程发包给具有相应资质条件的分包单位；施工总承包的，建筑工程主体结构的施工必须由总承包单位自行完成。

禁止总承包单位将工程分包给不具备相应资质条件的单位。禁止分包单位将其承包的工程再分包。

## 三、建筑安全生产管理

### 1. 建筑工程设计单位

建筑工程设计应当符合按照国家规定制定的建筑安全规程和技术规范，保证工程的安全性能。

工程设计的修改由原设计单位负责，建筑施工企业不得擅自修改工程设计。

### 2. 建筑施工企业

在编制施工组织设计时，应当根据建筑工程的特点制定相应的安全技术措施；对专业性较强的工程项目，应当编制专项安全施工组织设计，并采取安全技术措施。

负责施工现场安全。实行施工总承包的，由总承包单位负责。分包单位向总承包单位负责，服从总承包单位对施工现场的安全生产管理。

建筑施工企业应当建立健全劳动安全生产教育培训制度，加强对职工安全生产的教育培训；未经安全生产教育培训的人员，不得上岗作业。

建筑施工企业和作业人员在施工过程中，应当遵守有关安全生产的法律、法规和建筑行业安全规章、规程，不得违章指挥或者违章作业。

建筑施工企业应当依法为职工参加工伤保险缴纳工伤保险费。鼓励企业为从事危险作业的职工办理意外伤害保险，支付保险费。

### 3. 建设单位

不得以任何理由，要求建筑设计单位或者建筑施工企业在工程设计或者施工作业中，违反法律、行政法规和建筑工程质量、安全标准，降低工程质量。

建筑设计单位和建筑施工企业对建设单位违反前款规定提出的降低工程质量的要求，应当予以拒绝。

涉及建筑主体和承重结构变动的装修工程，建设单位应当在施工前委托原设计单位或者具有相应资质条件的设计单位提出设计方案；没有设计方案的，不得施工。

# 模拟试题及考点

★1.《建筑法》规定，从事建筑活动的建筑施工企业、勘察单位、设计单位和工程监理单位应当具备的条件有_____。

A. 有与其从事的建筑活动相适应的具有法定执业资格的专业技术人员

B. 有从事相关建筑活动所应有的技术装备

C. 有从事相关建筑活动的经验

D. 有符合国家规定的注册资本

【考点】"一、从业资格"。

2. 从事建筑活动的单位，应当取得相应等级的资质证书，方可在其_____许可的范围内从事建筑活动。从事建筑活动的专业技术人员，应当依法取得相应的_____，并在证书许可的范围内从事建筑活动。

A. 资质，资格证书              B. 等级，资格证书

C. 资质等级，职业资格证书      D. 资质等级，执业资格证书

【考点】"一、从业资格"。

3. 建筑工程的发包单位可以将建筑工程的勘察、设计、施工、设备采购一并发包给一个工程总承包单位，也可以将其中的一项或者多项发包给一个工程总承包单位；但是，不得将应当由一个承包单位完成的建筑工程_____成若干部分发包给几个承包单位。

A. 肢解        B. 分解        C. 切割        D. 裂解

【考点】"二、建筑工程发包与承包"。

4. 下列陈述中正确的是_____。

A. 两个以上不同资质等级的单位实行联合共同承包的，应当按照资质等级高的单位的业务许可范围承揽工程

B. 禁止承包单位将其承包的全部建筑工程转包给他人

C. 施工总承包的，建筑工程主体结构的施工必须由具有相应资质条件的分包单位完成

D. 分包单位可将其承包的工程再分包

【考点】"二、建筑工程发包与承包"。

5. 工程设计的修改由_____负责。

A. 建设单位                    B. 任何具有相应资质等级条件的设计单位

C. 原设计单位                  D. 建筑施工企业

【考点】"三、建筑安全生产管理"。

6. 建筑施工企业在编制施工组织设计时，对专业性较强的工程项目，应当编制_____施工组织设计，并采取安全技术措施。

A. 专项　　　　　　B. 安全　　　　　　C. 专项安全　　　　D. 专业

**【考点】**"三、建筑安全生产管理"。

# 第五章

## 安全生产相关法律

### 第一节　中华人民共和国刑法及其有关法律解释

本节内容依据刑法的相关规定和《最高人民法院　最高人民检察院关于办理危害生产安全刑事案件适用法律若干问题的解释》(法释〔2015〕22 号)。

#### 一、安全生产犯罪所应承担的刑事责任及犯罪主体

安全生产犯罪所应承担的刑事责任及犯罪主体见表 5-1。

表 5-1　　　　　　　　　　安全生产犯罪所应承担的刑事责任及犯罪主体

| 犯 罪 行 为 | 刑 事 责 任 | 犯 罪 主 体 |
|---|---|---|
| 重大责任事故罪(134 条第一款):<br>在生产、作业中违反有关安全管理的规定,因而发生重大伤亡事故或者造成其他严重后果 | 处 3 年以下有期徒刑或者拘役;<br>情节特别恶劣的,处 3 年以上 7 年以下有期徒刑 | 对生产、作业负有组织、指挥或者管理职责的负责人、管理人员、实际控制人、投资人等人员,以及直接从事生产、作业的人员 |
| 强令违章冒险作业罪(134 条第二款):<br>强令他人违章冒险作业,因而发生重大伤亡事故或者造成其他严重后果 | 处 5 年以下有期徒刑或者拘役;<br>情节特别恶劣的,处 5 年以上有期徒刑 | 对生产、作业负有组织、指挥或者管理职责的负责人、管理人员、实际控制人、投资人等人员 |
| 重大劳动安全事故罪(135 条):<br>安全生产设施或者安全生产条件不符合国家规定,因而发生重大伤亡事故或者造成其他严重后果 | 处 3 年以下有期徒刑或者拘役;<br>情节特别恶劣(134、135 条)或情节特别严重(139 条)的,处 3 年以上 7 年以下有期徒刑 | 直接负责的主管人员和其他直接责任人员:对安全生产设施或者安全生产条件不符合国家规定负有直接责任的生产经营单位负责人、管理人员、实际控制人、投资人,以及其他对安全生产设施或者安全生产条件负有管理、维护职责的人员 |
| 大型群众性活动重大安全事故罪(135 条):<br>举办大型群众性活动违反安全管理规定,因而发生重大伤亡事故或者造成其他严重后果 | | 直接负责的主管人员和其他直接责任人员 |
| 不报、谎报安全事故罪(139 条):<br>在安全事故发生后,负有报告职责的人员不报或者谎报事故情况,贻误事故抢救,情节严重 | | 负有组织、指挥或者管理职责的负责人、管理人员、实际控制人、投资人,以及其他负有报告职责的人员 |

## 二、安全生产犯罪的定罪标准

### 1. 134 条第二款规定的"强令他人违章冒险作业"的含义

明知存在事故隐患、继续作业存在危险，仍然违反有关安全管理的规定，实施下列行为之一：

（1）利用组织、指挥、管理职权，强制他人违章作业的。

（2）采取威逼、胁迫、恐吓等手段，强制他人违章作业的。

（3）故意掩盖事故隐患，组织他人违章作业的。

（4）其他强令他人违章作业的行为。

### 2. 134、135 条"发生重大伤亡事故或者造成其他严重后果"的含义

具有下列情形之一的，应当认定为 134、135 条规定的"重大伤亡事故或者其他严重后果"：

（1）造成死亡一人以上，或者重伤三人以上的。

（2）造成直接经济损失一百万元以上的。

（3）其他造成严重后果或者重大安全事故的情形。

### 3. 134、135 条"情节特别恶劣"的含义

（1）造成死亡三人以上，或者重伤十人以上，负事故主要责任的。

（2）造成直接经济损失五百万元以上，负事故主要责任的。

（3）其他特别恶劣的情形。

### 4. 139 条"情节严重"的含义

（1）导致事故后果扩大，增加死亡一人以上，或者增加重伤三人以上，或者增加直接经济损失一百万元以上的。

（2）实施以下行为，致使不能及时有效开展事故抢救的：决定不报、迟报、谎报事故情况或者指使、串通有关人员不报、迟报、谎报事故情况的；在事故抢救期间擅离职守或者逃匿的；伪造、破坏事故现场，或者转移、藏匿、毁灭遇难人员尸体，或者转移、藏匿受伤人员的；毁灭、伪造、隐匿与事故有关的图纸、记录、计算机数据等资料以及其他证据的。

（3）其他情节严重的情形。

### 5. 139 条"情节特别严重"的含义

（1）导致事故后果扩大，增加死亡三人以上，或者增加重伤十人以上，或者增加直接经济损失五百万元以上的。

（2）采用暴力、胁迫、命令等方式阻止他人报告事故情况，导致事故后果扩大的。

（3）其他情节特别严重的情形。

## 三、政府工作人员的犯罪行为和刑事责任

### 1. 地方人民政府、安全生产监管部门的有关人员对生产安全事故隐瞒不报、谎报或者拖延不报

依照《刑法》关于玩忽职守罪的规定处罚：处 3 年以下有期徒刑或者拘役；情节特别严重的，处 3 年以上 7 年以下有期徒刑。如因徇私舞弊犯有玩忽职守罪，处 5 年以下有期徒刑或者拘役；情节特别严重的，处 5 年以上 10 年以下有期徒刑。

**2. 国家机关工作人员滥用职权或者玩忽职守，危害矿山生产安全，致使公共财产、国家和人民利益受到重大损失**

处罚同"1"。

# 模拟试题及考点

1. 根据刑法规定，下列犯罪行为_____的犯罪主体的刑事责任不是：处 3 年以下有期徒刑或者拘役；情节特别恶劣的（或情节特别严重的），处 3 年以上 7 年以下有期徒刑。

A. 重大责任事故罪　　　　　　　　B. 重大劳动安全事故罪
C. 强令违章冒险作业罪　　　　　　D. 大型群众性活动重大安全事故罪
E. 不报、谎报安全事故罪

【考点】"一、安全生产犯罪所应承担的刑事责任及犯罪主体"。

★2. 安全生产设施或者安全生产条件不符合国家规定，因而发生重大伤亡事故或者造成其他严重后果，其直接负责的主管人员不应承担的刑事责任是_____。

A. 处 3 年以下有期徒刑或者拘役

B. 剥夺政治权利

C. 处以罚金

D. 情节特别恶劣的，处 3 年以上 7 年以下有期徒刑

【考点】"一、安全生产犯罪所应承担的刑事责任及犯罪主体"。

3. 某建筑公司为节约成本，只给部分施工工人发放安全帽；工人提出后，仍不补发，致使发生高空落物将人砸死的重大事故。该建筑公司直接负责的主管人员应承担的刑事责任是_____。

A. 处 3 年以下有期徒刑或者拘役　　B. 一万元以上三万元以下的罚款
C. 行政拘留　　　　　　　　　　　D. 撤职

【考点】"一、安全生产犯罪所应承担的刑事责任及犯罪主体"。

4. 由于发生重大伤亡事故，犯罪主体被认定为"重大责任事故罪"。所谓"发生重大伤亡事故或者造成其他严重后果"不包括下列哪种情形？

A. 重伤 2 人，轻伤 10 人　　　　　B. 死亡 2 人
C. 重伤 3 人　　　　　　　　　　　D. 造成直接经济损失 101 万元

【考点】"二、安全生产犯罪的定罪标准"。

5. 依据我国刑法和有关安全生产的法律规定，安全生产方面犯罪追究刑事责任的主要是_____。

A. 自然人　　　　　　　　　　　　B. 法人
C. 生产经营单位及其有关人员　　　D. 国家机关工作人员

【考点】"一、安全生产犯罪所应承担的刑事责任及犯罪主体"。

★6. 由于强令他人违章冒险作业，因而发生重大伤亡事故或者造成其他严重后果，构成重大责任事故罪，其犯罪主体包括_____。

A. 对生产负有指挥职责的负责人　　B. 对作业负有管理职责的管理人员

C. 对生产负有组织职责的投资人　　D. 直接从事生产、作业的人员

E. 对生产负有指挥职责的实际控制人

【考点】"一、安全生产犯罪所应承担的刑事责任及犯罪主体"。

★7. 以下哪种安全生产犯罪的犯罪主体包括普通劳动者？

A. 重大责任事故罪　　　　　　　B. 强令违章冒险作业罪

C. 重大劳动安全事故罪　　　　　D. 大型群众性活动重大安全事故罪

【考点】"一、安全生产犯罪所应承担的刑事责任及犯罪主体"。

8. 依据《刑法》的规定，地方政府的有关人员，对生产安全事故隐瞒不报、谎报或者拖延不报的，依照_____的规定处罚。

A. 贪污罪　　　　B. 受贿罪　　　　C. 玩忽职守罪　　　　D. 重大责任事故罪

【考点】"三、政府工作人员的犯罪行为和刑事责任"。

9. 负有安全生产监督管理职责的部门的工作人员不会由于_____而承担刑事责任。

A. 对生产安全事故隐瞒不报　　　B. 谎报生产安全事故

C. 对生产安全事故越级上报　　　D. 对生产安全事故拖延不报

【考点】"三、政府工作人员的犯罪行为和刑事责任"。

10. 某企业指挥生产的负责人明知存在事故隐患、继续作业存在危险，但故意掩盖事故隐患，组织他人违章作业，因而发生重大伤亡事故，属于哪种犯罪？

A. 重大责任事故罪　　　　　　　B. 强令违章冒险作业罪

C. 重大劳动安全事故罪　　　　　D. 大型群众性活动重大安全事故罪

【考点】"二、安全生产犯罪的定罪标准"。

# 第二节　中华人民共和国行政处罚法

## 一、行政处罚的原则

行政处罚遵循公正、公开的原则。设定和实施行政处罚必须以事实为依据，与违法行为的事实、性质、情节以及社会危害程度相当。对违法行为给予行政处罚的规定必须公布；未经公布的，不得作为行政处罚的依据。

## 二、行政相对人的权利

（1）陈述权：有权如实陈述与行政处罚相关的事实、情节。

（2）申辩权：对行政处罚实施机关给予的行政处罚的违法事实认定、证据提取、适用法律和行政处罚种类、幅度持有异议的，有权为自己辩解并提出证据，要求行政处罚实施机关予以调查核实。

（3）复议权：对行政处罚不服的，有权向行政机关申请行政复议。

（4）诉讼权：对行政处罚或对行政复议决定不服的，有权向人民法院提起行政诉讼。

（5）索赔权：因行政机关违法给予行政处罚受到损害的，有权依法提出赔偿要求。

### 三、行政处罚的种类和设定

**1. 常见的行政处罚种类**

（1）警告。

（2）罚款。

（3）没收违法所得、没收非法财物。

（4）责令停产停业。

（5）暂扣或者吊销许可证、暂扣或者吊销执照。

（6）行政拘留。

（7）法律、行政法规规定的其他行政处罚。

**2. 行政处罚的设定**

（1）法律设定：可以设定各种行政处罚；限制人身自由的行政处罚，只能由法律设定。

（2）行政法规设定：可以设定除限制人身自由以外的行政处罚；但必须在法律规定的给予行政处罚的行为、种类和幅度的范围内规定。

（3）地方性法规设定：可设定除限制人身自由、吊销企业营业执照以外的行政处罚；但必须在法律、行政法规规定的给予行政处罚的行为、种类和幅度的范围内规定。

（4）部门（国务院部委）规章设定：可以在法律、行政法规规定给予行政处罚的行为、种类和幅度的范围内做出具体规定；尚未制定法律、行政法规的，可以设定警告和一定数量罚款的行政处罚。

（5）地方政府（省级人民政府及其所在地的市人民政府以及国务院批准的较大的市人民政府）规章设定：可以在法律、法规规定的给予行政处罚的行为、种类和幅度的范围内做出具体规定；尚未制定法律、法规的，可以设定警告或者一定数量罚款的行政处罚。

其他规范性文件不得设定。

### 四、行政处罚的管辖

**1. 职能管辖**

行政处罚由具有行政处罚权的行政机关在法定职权范围内实施。管理不同事项的行政机关的法定职权范围有所分工。

限制人身自由的行政处罚权只能由公安机关行使。

**2. 地域管辖（一般管辖，属地管辖）**

以违法行为发生地作为确定管辖权的依据，这样便于及时发现和查处违法行为。我国绝大多数行政处罚适用一般管辖。

### 3. 级别管辖

县级以下的行政机关无权实施行政处罚。

### 4. 指定管辖

两个以上行政机关对同一违法行为均享有行政处罚权时，应相互协商或按惯例等方式解决；当异议无法消除，行政机关管辖权发生争议的，报请共同的上一级行政机关，由上一级行政机关来确定由谁管辖。

## 五、行政处罚的适用

### 1. 从轻或者减轻处罚的情况

（1）已满 14 周岁不满 18 周岁的人有违法行为。

（2）主动消除或者减轻违法行为危害后果。

（3）受他人胁迫有违法行为。

（4）配合行政机关查处违法行为有立功表现。

（5）其他依法从轻或者减轻行政处罚的情况。

### 2. 不予处罚的情况

（1）不满 14 周岁的人有违法行为。

（2）精神病人在不能辨认或者不能控制自己行为时有违法行为。

（3）违法行为轻微并及时纠正，没有造成危害后果。

### 3. 行政处罚的追诉时效

违法行为在两年内未被发现的（违法行为的期限从违法行为发生之日起计算）不再给予行政处罚。

### 4. 适用上的其他问题

（1）未成年人的适用：不满 14 周岁的人有违法行为的，不予行政处罚，责令监护人加以管教；已满 14 周岁不满 18 周岁的人有违法行为的，从轻或者减轻行政处罚。

（2）精神病人的适用：精神病人在不能辨认或者不能控制自己行为时有违法行为的，不予行政处罚，但应当责令其监护人严加看管和治疗。间歇性精神病人在精神正常时有违法行为的，应当给予行政处罚。

（3）案件移送：违法行为构成犯罪，行政机关必须将案件移送司法机关，依法追究刑事责任。行政机关不得"以罚代刑"。

## 六、行政处罚的程序

### 1. 简易程序

当违法事实确凿并有法定依据，当场实施行政处罚：对公民处以 50 元以下、对法人或者其他组织处以 1000 元以下罚款或者警告。

（当场做出的行政处罚，必须报所属行政机关备案。）

### 2. 一般程序

（1）调查。行政机关在调查或者进行检查时，执法人员不得少于两人，并应当向当事人或者有关人员出示合法证件。询问或者检查时应当制作笔录。

（2）审查和决定。行政机关负责人审查调查结果，酌情分别做出决定：

1）确有应受行政处罚的违法行为的，根据情节轻重及具体情况，作出行政处罚决定；

2）违法行为轻微，依法可以不予行政处罚的，不予行政处罚；

3）违法事实不能成立的，不得给予行政处罚；

4）违法行为已构成犯罪的，移送司法机关。

给予行政处罚的，应当制作行政处罚决定书。行政处罚决定书应当在宣告后当场交付当事人；当事人不在场的，行政机关应当在 7 日内依照民事诉讼法的有关规定，将行政处罚决定书送达当事人。

**3. 听证程序**

行政机关做出责令停产停业、吊销许可证或者营业执照、较大数额罚款等行政处罚决定之前，告知当事人有要求举行听证的权利；当事人要求举行听证的，行政机关应当组织听证；听证依照规定的程序组织；听证结束后，行政机关依法做出决定。

当事人不承担行政机关组织听证的费用。

# 模 拟 试 题 及 考 点

1. 实施行政处罚必须以_____为根据，与违法行为的事实、性质、情节以及_____相当。

A. 文件，社会影响程度
B. 事实，社会危害程度
C. 规章，社会敏感程度
D. 判断，社会认知程度

【考点】"一、行政处罚的原则"。

2. 关于受到行政处罚的当事人的权利，下面哪种叙述不正确？

A. 有权提出事实、理由和证据，进行陈述和申辩

B. 对行政处罚决定不服的，可以依法申请行政复议或者提起行政诉讼

C. 对行政处罚决定不服申请行政复议或者提起行政诉讼期间，有权不执行行政处罚

D. 因行政机关违法给予行政处罚受到损害的，有权依法提出赔偿要求

【考点】"二、行政相对人的权利"。

★3. 以下哪些不属于行政处罚？

A. 对责任人记过
B. 责令停产停业
C. 没收财产
D. 没收违法所得
E. 行政拘留

【考点】"三、1. 常见的行政处罚种类"。

★4. 以下哪种行政处罚的设定符合行政处罚法的规定？

A. 国务院发布的行政法规设定限制人身自由的行政处罚

B. 天津市法规设定吊销企业营业执照的行政处罚

C. 合肥市人民政府的规章设定警告的行政处罚

D. 法律设定行政拘留的行政处罚

【考点】"三、2. 行政处罚的设定"。

5. 依据《行政处罚法》的规定，限制人身自由的行政处罚权只能由_____行使。

A. 公安机关
B. 人民检察院
C. 县级以上人民政府
D. 县级以上安全生产监督管理部门

【考点】"四、行政处罚的管辖"。

6. 一般管辖就是属地管辖，它是以_____作为确定管辖权的依据。

A. 违法行为人单位所在地
B. 违法行为发生地
C. 违法行为人的籍贯
D. 违法行为人单位上面的总承包单位所在地

【考点】"四、行政处罚的管辖"。

★7. 以下哪些情况可以不予行政处罚？

A. 不满 14 周岁的人有违法行为
B. 主动消除或者减轻违法行为危害后果
C. 精神病人在不能辨认或者不能控制自己行为时有违法行为
D. 受他人胁迫有违法行为
E. 违法行为轻微并及时纠正，没有造成危害后果

【考点】"五、行政处罚的适用"。

8. 依据《行政处罚法》的规定，违法行为在两年内未被发现的，不再给予行政处罚。违法行为的期限从_____起计算。

A. 受害人发现其权益受到违法行为侵害之日
B. 违法行为发生之日
C. 违法行为终了之日
D. 违法行为终了之日起计算，但违法行为有连续或者继续状态的，从行为发生之日

【考点】"五、行政处罚的适用"。

9. 行政机关发现公民、法人或其他组织有依法给予行政处罚的行为的，除可以当场做出的行政处罚外，要通过全面、客观、公正的调查，收集有关证据，必要时依照法律、法规的规定可以进行检查。这种行政处罚的程序叫作_____。

A. 简易程序　　　B. 一般程序　　　C. 调查程序　　　D. 取证程序

【考点】"六、行政处罚的程序"。

10. 以下哪种情况或哪种行政处罚适用于一般程序？

A. 违法行为不严重，但违法事实的确定尚需法定依据
B. 责令停产停业
C. 违法行为较轻，且违法事实确凿并有法定依据

D. 吊销营业执照

【考点】"六、行政处罚的程序"。

11. 决定给予行政处罚的，应当制作行政处罚决定书。行政处罚决定书应当在宣告后当场交付当事人，当事人不在场的，行政机关应当在_____内送达当事人。

A. 7 日      B. 15 日      C. 20 日      D. 30 日

【考点】"六、2. 一般程序"。

★12. 依据《行政处罚法》的规定，行政机关在做出_____的行政处罚决定之前，应当告知当事人有要求举行听证的权利。

A. 警告                  B. 较大数额罚款

C. 责令停产停业         D. 吊销许可证或者营业执照

【考点】"六、3. 听证程序"。

# 第三节 中华人民共和国劳动法

## 一、劳动者的权利和义务

### 1. 劳动者享有的权利
（1）平等就业和选择职业的权利。
（2）取得劳动报酬的权利。
（3）休息休假的权利。
（4）获得劳动安全卫生保护的权利。
（5）接受职业技能培训的权利。
（6）社会保险和福利的权利。
（7）提请劳动争议处理的权利。
（8）法律规定的其他劳动权利。

### 2. 劳动者的义务
（1）完成劳动任务。
（2）提高职业技能。
（3）执行劳动安全卫生规程。
（4）遵守劳动纪律和职业道德。

## 二、对用人单位劳动安全卫生的要求

建立、健全劳动安全卫生制度，严格执行国家劳动安全卫生规程和标准，对劳动者进行劳动安全卫生教育，防止劳动过程中的事故，减少职业危害。

### 三、女职工和未成年工特殊保护

**1. 女工保护**

（1）禁止安排女职工从事矿山井下、国家规定的第四级体力劳动强度的劳动和其他禁忌从事的劳动。

（2）不得安排女职工在经期从事高处、低温、冷水作业和国家规定的第三级体力劳动强度的劳动。

（3）不得安排女职工在怀孕期间从事国家规定的第三级体力劳动强度的劳动和孕期禁忌从事的活动。对怀孕七个月以上的职工，不得安排其延长工作时间和夜班劳动。

（4）不得安排女职工在哺乳未满一周岁的婴儿期间从事国家规定的第三级体力劳动强度的劳动和哺乳期禁忌从事的其他劳动，不得安排其延长工作时间和夜班劳动。

**2. 未成年工保护**

（1）不得安排未成年工从事矿山井下、有毒有害、国家规定的第四级体力劳动强度的劳动和其他禁忌从事的劳动。

（2）用人单位应当对未成年工定期进行健康检查。

（未成年工是指年满十六周岁未满十八周岁的劳动者。）

### 四、工作时间

国家实行劳动者每日工作时间不超过八小时、平均每周工作时间不超过四十四小时的工时制度。

用人单位应当保证劳动者每周至少休息一日。

### 五、工会

劳动者有权依法参加和组织工会。

工会代表和维护劳动者的合法权益，依法独立自主地开展活动。

各级工会依法维护劳动者的合法权益，对用人单位遵守劳动法律、法规的情况进行监督。

### 六、参与民主管理或协商

劳动者依照法律规定，通过职工大会、职工代表大会或者其他形式，参与民主管理或者就保护劳动者合法权益与用人单位进行平等协商。

## 模 拟 试 题 及 考 点

★1. 《劳动法》对用人单位劳动安全卫生的要求有_____。

A. 必须建立、健全劳动安全卫生制度

B. 严格执行国家劳动安全卫生规程和标准

C. 对劳动者进行劳动安全卫生教育

D. 预防劳动过程中的事故

E. 设立卫生医疗机构

**【考点】**"二、对用人单位劳动安全卫生的要求"。

2. 女职工"四期保护"的"期"指的是_____。

A. 经期、孕期、哺乳期、产期　　　　B. 少女、青年、中年、晚年

C. 婚前、婚后、育前、育后　　　　　D. 经期、孕期、婚期、哺乳期

**【考点】**"三、1. 女工保护"。

3. "未成年工"指_____。

A. 童工

B. 已满 15 周岁、未满 18 周岁的劳动者

C. 已满 16 周岁、未满 18 周岁的劳动者

D. 未满 18 周岁的劳动者

**【考点】**"三、2. 未成年工保护"。

★4. 以下叙述中正确的是_____。

A. 不得安排未成年工从事有毒有害、国家规定的第四级体力劳动强度的劳动

B. 禁止安排女职工从事矿山、国家规定的第四级体力劳动强度的劳动和其他禁忌从事的劳动

C. 不得安排女职工在经期从事高处、低温、冷水作业

D. 不得安排女职工在怀孕期间从事孕期禁忌从事的活动

**【考点】**"三、女职工和未成年工特殊保护"。

5. 劳动法规定：国家实行劳动者每日工作时间不超过_____小时、平均每周工作时间不超过四十四小时的工时制度；用人单位应当保证劳动者每周至少休息_____日。

A. 八，二　　　　B. 十，二　　　　C. 十，一　　　　D. 八，一

**【考点】**"四、工作时间"。

6. 依据《劳动法》的规定，各级工会依法维护劳动者的合法权益，对用人单位_____的情况进行监督。

A. 遵守国家政策　　　　　　　　　　B. 遵守劳动法律、法规

C. 遵守民事法律、法规　　　　　　　D. 遵守财务会计法律、法规

**【考点】**"五、工会"。

7. 工会_____劳动者的合法权益，依法_____地开展活动。

A. 维护，独立自主

B. 维护，独立

C. 代表和维护，独立自主

D. 代表和维护，自主

**【考点】**"五、工会"。

# 第四节 中华人民共和国劳动合同法

## 一、招用告知

用人单位招用劳动者时，应当如实告知劳动者工作内容、工作条件、工作地点、职业危害、安全生产状况、劳动报酬，以及劳动者要求了解的其他情况。

## 二、劳动合同的必备条款

（1）用人单位的名称、住所和法定代表人或者主要负责人。

（2）劳动者的姓名、住址和居民身份证或者其他有效身份证件号码。

（3）劳动合同期限。

（4）工作内容和工作地点。

（5）工作时间和休息休假。

（6）劳动报酬。

（7）社会保险。

（8）劳动保护、劳动条件和职业危害防护。

（9）法律、法规规定应当纳入劳动合同的其他事项。

## 三、劳动合同的履行

（1）劳动者拒绝用人单位管理人员违章指挥、强令冒险作业的，不视为违反劳动合同。

（2）劳动者对危害生命安全和身体健康的劳动条件，有权对用人单位提出批评、检举和控告。

## 四、劳动合同的解除

### 1. 劳动者可以解除劳动合同的情形

用人单位有下列情形之一的，劳动者可以解除劳动合同：

（1）未按照劳动合同约定提供劳动保护或者劳动条件的。

（2）未及时足额支付劳动报酬的。

（3）未依法为劳动者缴纳社会保险费的。

（4）用人单位的规章制度违反法律、法规的规定，损害劳动者权益的。

（5）因本法第二十六条第一款规定的情形致使劳动合同无效的。

（6）法律、行政法规规定劳动者可以解除劳动合同的其他情形。

注：本法第二十六条第一款规定，下列劳动合同无效或者部分无效：以欺诈、胁迫的手段或者乘人之危，使对方在违背真实意思的情况下订立或者变更劳动合同；用人单位免除自己的法定责任、排除劳动者权利；违反法律、行政法规强制性规定。

**2. 劳动者可以立即解除劳动合同的情形**

用人单位以暴力、威胁或者非法限制人身自由的手段强迫劳动者劳动的，或者用人单位违章指挥、强令冒险作业危及劳动者人身安全的，劳动者可以立即解除劳动合同，不需事先告知用人单位。

**3. 用人单位不得解除劳动合同的情形**

劳动者有下列情形之一的，用人单位不得解除劳动合同：

（1）从事接触职业病危害作业的劳动者未进行离岗前职业健康检查，或者疑似职业病病人在诊断或者医学观察期间的。

（2）在本单位患职业病或者因工负伤并被确认丧失或者部分丧失劳动能力的。

（3）患病或者非因工负伤，在规定的医疗期内的。

（4）女职工在孕期、产期、哺乳期的。

（5）在本单位连续工作满十五年，且距法定退休年龄不足五年的。

（6）法律、行政法规规定的其他情形。

**4. 用人单位单方解除劳动合同，应当事先将理由通知工会**

用人单位违反法律、行政法规规定或者劳动合同约定的，工会有权要求用人单位纠正。用人单位应当研究工会的意见，并将处理结果书面通知工会。

## 五、集体合同

企业职工一方与用人单位通过平等协商，可以就劳动报酬、工作时间、休息休假、劳动安全卫生、保险福利等事项订立集体合同。集体合同草案应当提交职工代表大会或者全体职工讨论通过。

集体合同由工会代表企业职工一方与用人单位订立；尚未建立工会的用人单位，由上级工会指导劳动者推举的代表与用人单位订立。

企业职工一方与用人单位可以订立劳动安全卫生、女职工权益保护、工资调整机制等专项集体合同。

集体合同中劳动报酬和劳动条件等标准不得低于当地人民政府规定的最低标准；用人单位与劳动者订立的劳动合同中劳动报酬和劳动条件等标准不得低于集体合同规定的标准。

## 六、直接涉及劳动者切身利益的规章制度或者重大事项经职代会或者全体职工讨论并公示

用人单位在制定、修改或者决定有关劳动报酬、工作时间、休息休假、劳动安全卫生、保险福利、职工培训、劳动纪律以及劳动定额管理等直接涉及劳动者切身利益的规章制度或者重大事项时，应当经职工代表大会或者全体职工讨论，提出方案和意见，与工会或者职工代表平等协商确定。

用人单位应当将直接涉及劳动者切身利益的规章制度和重大事项决定公示，或者告知劳动者。

## 七、劳务派遣

劳务派遣单位是本法所称用人单位，应当履行用人单位对劳动者的义务。劳务派遣单位与被派遣劳动者订立的劳动合同，除应当载明本法规定的必备事项外，还应当载明被派遣劳动者的用工单位以及派遣期限、工作岗位等情况。

劳务派遣单位跨地区派遣劳动者的，被派遣劳动者享有的劳动报酬和劳动条件，按照用工单位所在地的标准执行。

用工单位应当履行下列义务：

（1）执行国家劳动标准，提供相应的劳动条件和劳动保护。

（2）告知被派遣劳动者的工作要求和劳动报酬。

（3）支付加班费、绩效奖金，提供与工作岗位相关的福利待遇。

（4）对在岗被派遣劳动者进行工作岗位所必需的培训。

（5）连续用工的，实行正常的工资调整机制。

用工单位不得将被派遣劳动者再派遣到其他用人单位。

被派遣劳动者享有与用工单位的劳动者同工同酬的权利。

# 模 拟 试 题 及 考 点

★1. 劳动合同的下列必备条款中，与安全生产有关的有_____。

A. 用人单位的名称、住所和法定代表人或者主要负责人

B. 工作内容和工作地点

C. 工作时间和休息休假

D. 劳动报酬

E. 劳动保护、劳动条件和职业危害防护

【考点】"二、劳动合同的必备条款"。

2. 劳动者拒绝用人单位管理人员违章指挥、强令冒险作业的，_____违反劳动合同。

A. 不全属于　　　　B. 属于　　　　C. 不视为　　　　D. 视为

【考点】"三、劳动合同的履行"。

★3. 劳动者可以立即解除劳动合同、不需事先告知用人单位的情形有_____。

A. 用人单位未按照劳动合同约定提供劳动保护或者劳动条件

B. 用人单位以暴力、威胁或者非法限制人身自由的手段强迫劳动者劳动

C. 用人单位未及时足额支付劳动报酬

D. 用人单位违章指挥、强令冒险作业危及劳动者人身安全

E. 用人单位未依法为劳动者缴纳社会保险费

【考点】"四、劳动合同的解除"。

★4. 劳动者有下列哪些情形，用人单位不得解除劳动合同？

A. 从事接触职业病危害作业的劳动者未进行离岗前职业健康检查

B. 在本单位患职业病或者因工负伤并被确认丧失或者部分丧失劳动能力

C. 女职工在孕期

D. 严重违反用人单位的规章制度

E. 患病或者非因工负伤，在规定的医疗期内

【考点】"四、劳动合同的解除"。

5. 用人单位在制定、修改或者决定有关劳动安全卫生（安全生产）的规章制度或者重大事项时，应当经＿＿＿＿或者全体职工讨论，与工会或者职工代表平等协商确定，并将其＿＿＿＿或告知劳动者。

A. 职工代表大会，公布　　　　　　B. 职工代表大会，公示

C. 职工代表，公布　　　　　　　　D. 职工代表，公示

【考点】"六、直接涉及劳动者切身利益的规章制度或者重大事项经职代会或者全体职工讨论并公示"。

# 第五节　中华人民共和国突发事件应对法

## 一、"总则"的部分内容

### 1. 突发事件

突发事件是指突然发生，造成或者可能造成严重社会危害，需要采取应急处置措施予以应对的自然灾害、事故灾难、公共卫生事件和社会安全事件。

按照社会危害程度、影响范围等因素，自然灾害、事故灾难、公共卫生事件分为特别重大、重大、较大和一般四级。

### 2. 应急管理体制

国家建立统一领导、综合协调、分类管理、分级负责、属地管理为主的应急管理体制。

### 3. 突发事件应对工作的原则

突发事件应对工作实行预防为主、预防与应急相结合的原则。

### 4. 县级以上地方各级人民政府的突发事件应急指挥机构

县级以上地方各级人民政府设立由本级人民政府主要负责人、相关部门负责人、驻当地中国人民解放军和中国人民武装警察部队有关负责人组成的突发事件应急指挥机构。

### 5. 突发事件应对工作的行政领导机关

国务院和县级以上地方各级人民政府是突发事件应对工作的行政领导机关。

### 6. 应对突发事件措施选择的原则

有关人民政府及其部门采取的应对突发事件的措施，应当与突发事件可能造成的社会危害的性质、程度和范围相适应；有多种措施可供选择的，应当选择有利于最大程度地保护公

民、法人和其他组织权益的措施。

## 二、预防与应急准备

**1. 突发事件应急预案体系**

国家建立健全突发事件应急预案体系。国务院制定国家突发事件总体应急预案，组织制定国家突发事件专项应急预案；国务院有关部门根据各自的职责和国务院相关应急预案，制定国家突发事件部门应急预案。地方各级人民政府和县级以上地方各级人民政府有关部门根据有关法律、法规、规章、上级人民政府及其有关部门的应急预案以及本地区的实际情况，制定相应的突发事件应急预案。

**2. 应急预案的内容**

应急预案应当根据本法和其他有关法律、法规的规定，针对突发事件的性质、特点和可能造成的社会危害，具体规定突发事件应急管理工作的组织指挥体系与职责和突发事件的预防与预警机制、处置程序、应急保障措施以及事后恢复与重建措施等内容。

**3. 危险源、危险区域的调查、登记、风险评估**

县级人民政府应当对本行政区域内容易引发自然灾害、事故灾难和公共卫生事件的危险源、危险区域进行调查、登记、风险评估，定期进行检查、监控，并责令有关单位采取安全防范措施。

省级和设区的市级人民政府应当对本行政区域内容易引发特别重大、重大突发事件的危险源、危险区域进行调查、登记、风险评估，组织进行检查、监控，并责令有关单位采取安全防范措施。

**4. 应当制定具体应急预案的单位**

矿山、建筑施工单位和易燃易爆物品、危险化学品、放射性物品等危险物品的生产、经营、储运、使用单位，应当制定具体应急预案，并对生产经营场所、有危险物品的建筑物、构筑物及周边环境开展隐患排查，及时采取措施消除隐患，防止发生突发事件。

公共交通工具、公共场所和其他人员密集场所的经营单位或者管理单位应当制定具体应急预案，为交通工具和有关场所配备报警装置和必要的应急救援设备、设施，注明其使用方法，并显著标明安全撤离的通道、路线，保证安全通道、出口的畅通。

**5. 其他规定**

县级以上人民政府设立综合性应急救援队伍，人民政府有关部门可以根据实际需要设立专业应急救援队伍和成年志愿者组成的应急救援队伍。

单位应当建立由本单位职工组成的专职或者兼职应急救援队伍。

县级人民政府及其有关部门、乡级人民政府、街道办事处、居民委员会、村民委员会、企业事业单位应当组织应急知识的宣传普及活动和必要的应急演练。

国务院和县级以上地方各级人民政府应当采取财政措施，保障突发事件应对工作所需经费。

国家建立健全应急物资储备保障制度，完善重要应急物资的监管、生产、储备、调拨和紧急配送体系。

国家建立健全应急通信保障体系。

国家发展保险事业，建立国家财政支持的巨灾风险保险体系。

### 三、监测与预警

**1. 突发事件信息系统**

国务院建立全国统一的突发事件信息系统。

县级以上地方各级人民政府应当建立或者确定本地区统一的突发事件信息系统，汇集、储存、分析、传输有关突发事件的信息，并与上级人民政府及其有关部门、下级人民政府及其有关部门、专业机构和监测网点的突发事件信息系统实现互联互通，加强跨部门、跨地区的信息交流与情报合作。

**2. 突发事件监测制度**

国家建立健全突发事件监测制度。

县级以上人民政府及其有关部门应当根据自然灾害、事故灾难和公共卫生事件的种类和特点，建立健全基础信息数据库，完善监测网络，划分监测区域，确定监测点，明确监测项目，提供必要的设备、设施，配备专职或者兼职人员，对可能发生的突发事件进行监测。

**3. 突发事件预警制度**

国家建立健全突发事件预警制度。

可以预警的自然灾害、事故灾难和公共卫生事件的预警级别，按照突发事件发生的紧急程度、发展势态和可能造成的危害程度分为一级、二级、三级和四级，分别用红色、橙色、黄色和蓝色标示，一级为最高级别。

**4. 事件即将发生或者发生的可能性增大时的决定**

可以预警的自然灾害、事故灾难或者公共卫生事件即将发生或者发生的可能性增大时，县级以上地方各级人民政府应当根据有关法律、行政法规和国务院规定的权限和程序，发布相应级别的警报，决定并宣布有关地区进入预警期，同时向上一级人民政府报告，必要时可以越级上报，并向当地驻军和可能受到危害的毗邻或者相关地区的人民政府通报。

**5. 宣布进入预警期后采取的措施**

第四十四条、第四十五条分别规定了县级以上地方各级人民政府在发布三级、四级和一级、二级警报，宣布进入预警期后，应当根据即将发生的突发事件的特点和可能造成的危害所采取的措施。

### 四、应急处置与救援

**1. 政府采取的应急处置措施**

自然灾害、事故灾难或者公共卫生事件发生后，履行统一领导职责的人民政府可以采取下列一项或者多项应急处置措施：

（1）组织营救和救治受害人员，疏散、撤离并妥善安置受到威胁的人员以及采取其他救助措施。

（2）迅速控制危险源，标明危险区域，封锁危险场所，划定警戒区，实行交通管制以及其他控制措施。

（3）立即抢修被损坏的交通、通信、供水、排水、供电、供气、供热等公共设施，向受到危害的人员提供避难场所和生活必需品，实施医疗救护和卫生防疫以及其他保障措施。

（4）禁止或者限制使用有关设备、设施，关闭或者限制使用有关场所，中止人员密集的活动或者可能导致危害扩大的生产经营活动以及采取其他保护措施。

（5）启用本级人民政府设置的财政预备费和储备的应急救援物资，必要时调用其他急需物资、设备、设施、工具。

（6）组织公民参加应急救援和处置工作，要求具有特定专长的人员提供服务。

（7）保障食品、饮用水、燃料等基本生活必需品的供应。

（8）依法从严惩处囤积居奇、哄抬物价、制假售假等扰乱市场秩序的行为，稳定市场价格，维护市场秩序。

（9）依法从严惩处哄抢财物、干扰破坏应急处置工作等扰乱社会秩序的行为，维护社会治安。

（10）采取防止发生次生、衍生事件的必要措施。

本法还规定了在社会安全事件发生后，组织处置工作的人民政府应当立即组织有关部门并由公安机关针对事件的性质和特点，依照有关法律、行政法规和国家其他有关规定，采取的应急处置措施。

**2. 单位采取的应急处置措施**

受到自然灾害危害或者发生事故灾难、公共卫生事件的单位，应当立即组织本单位应急救援队伍和工作人员营救受害人员，疏散、撤离、安置受到威胁的人员，控制危险源，标明危险区域，封锁危险场所，并采取其他防止危害扩大的必要措施，同时向所在地县级人民政府报告。

# 模 拟 试 题 及 考 点

1. 突发事件是指突然发生，造成或者可能造成严重社会危害，需要采取应急处置措施予以应对的自然灾害、_____、公共卫生事件和社会安全事件。按照社会危害程度、影响范围等因素，_____分为特别重大、重大、较大和一般四级。

A. 重大事故，四种事件
B. 事故灾难，前三种事件
C. 重大事故，后三种事件
D. 事故灾难，四种事件

【考点】"一、1. 突发事件"。

2. 国家建立统一领导、综合协调、分类管理、分级负责、_____为主的应急管理体制。突发事件应对工作实行_____为主、预防与应急相结合的原则。

A. 行业管理，应急
B. 系统管理，准备
C. 属地管理，预防
D. 区域管理，响应

【考点】"一、2. 应急管理体制"和"一、3. 突发事件应对工作的原则"。

3. 县级以上地方各级人民政府设立由_____、相关部门负责人、驻当地中国人民解放军和中国人民武装警察部队有关负责人组成的突发事件应急指挥机构。国务院和县级以上地方各级_____是突发事件应对工作的行政领导机关。

A. 本级人民政府主要负责人，人民政府

B. 本级人民政府负责人，人民政府

C. 本级人民代表大会主要负责人，人民代表大会

D. 本级人民代表大会负责人，人民代表大会

【考点】"一、4. 县级以上地方各级人民政府的突发事件应急指挥机构"和"一、5. 突发事件应对工作的行政领导机关"。

4. 针对突发事件，有关人民政府及其部门有多种应对措施可供选择时，应当选择有利于_____、法人和其他组织权益的措施。

A. 最大程度地保护国家　　　　　　　　B. 最大程度地保护劳动者

C. 最大程度地保护国有组织　　　　　　D. 最大程度地保护公民

【考点】"一、6. 应对突发事件措施选择的原则"。

5. 国务院制定国家突发事件总体应急预案，组织制定国家突发事件_____；国务院有关部门根据各自的职责和国务院相关应急预案，制定国家突发事件部门应急预案。地方各级人民政府和县级以上地方各级人民政府有关部门根据有关法律、法规、规章、上级人民政府及其有关部门的应急预案以及本地区的实际情况，制定_____。

A. 分类应急预案，地区突发事件应急预案

B. 分级应急预案，省、市、县突发事件应急预案

C. 专项应急预案，相应的突发事件应急预案

D. 特殊应急预案，相关的突发事件应急预案

【考点】"二、1. 突发事件应急预案体系"。

★6. 突发事件应急预案的内容包括_____。

A. 应急管理工作的组织指挥体系与职责

B. 预防与预警机制

C. 处置程序和应急保障措施

D. 责任追究程序

E. 事后恢复与重建措施

【考点】"二、2. 应急预案的内容"。

7. 省级和设区的市级人民政府应当对本行政区域内容易引发特别重大、重大突发事件的_____进行调查、登记、风险评估，组织进行检查、监控，并责令有关单位采取安全防范措施。

A. 危险源、危险区域　　　　　　　　　B. 危害、危害区域

C. 隐患、隐患区域　　　　　　　　　　D. 危险源、危害区域

【考点】"二、3. 危险源、危险区域的调查、登记、风险评估"。

★8. 按照中华人民共和国突发事件应对法，应当制定具体应急预案的单位有_____。

A. 矿山

B. 国有大型企业

C. 公共交通工具、公共场所和其他人员密集场所的经营单位或者管理单位

D. 危险物品的生产、经营、储运、使用单位

E. 建筑施工单位

【考点】"二、4. 应当制定具体应急预案的单位"。

9. 可以预警的自然灾害、事故灾难和公共卫生事件的预警级别，按照突发事件发生的紧急程度、发展势态和可能造成的危害程度分为四个级别，其中三级用_____标示。

A. 红色　　　　B. 绿色　　　　C. 蓝色　　　　D. 黄色

【考点】"三、3. 突发事件预警制度"。

★10. 当可以预警的自然灾害、事故灾难或者公共卫生事件即将发生或者发生的可能性增大时，根据有关法律、行政法规和国务院规定的权限和程序，县级以上地方各级人民政府应当_____。

A. 发布相应级别的警报

B. 启动相应的突发事件应急预案

C. 决定并宣布有关地区进入预警期

D. 向上一级人民政府报告，必要时可以越级上报，并向当地驻军和可能受到危害的毗邻或者相关地区的人民政府通报

【考点】"三、4. 事件即将发生或者发生的可能性增大时的决定"。

11. 自然灾害、事故灾难或者公共卫生事件发生后，_____可以采取组织营救和救治受害人员、迅速控制危险源、立即抢修被损坏的公共设施等应急处置措施。

A. 县级人民政府　　　　　　　　B. 设区的市级人民政府

C. 省级人民政府　　　　　　　　D. 履行统一领导职责的人民政府

【考点】"四、1. 政府采取的应急处置措施"。

★12. 受到自然灾害危害或者发生事故灾难、公共卫生事件的单位，应当立即组织本单位应急救援队伍和工作人员营救受害人员，_____，并采取其他防止危害扩大的必要措施，同时向所在地县级人民政府报告。

A. 控制危险源　　　　　　　　B. 标明危险区域，封锁危险场所

C. 评估经济损失　　　　　　　　D. 疏散、撤离、安置受到威胁的人员

【考点】"四、2. 单位采取的应急处置措施"。

# 第六节　中华人民共和国职业病防治法

## 一、职业病、职业病危害因素、职业禁忌

职业病：企业、事业单位和个体经济组织等用人单位的劳动者在职业活动中，因接触粉

尘、放射性物质和其他有毒、有害因素而引起的疾病。

职业病危害：对从事职业活动的劳动者可能导致职业病的各种危害。

职业病危害因素：职业活动中存在的各种有害的化学、物理、生物因素以及在作业过程中产生的其他职业有害因素。

职业禁忌：劳动者从事特定职业或者接触特定职业病危害因素时，比一般职业人群更易于遭受职业病危害和罹患职业病或者可能导致原有自身疾病病情加重，或者在从事作业过程中诱发可能导致对他人生命健康构成危险的疾病的个人特殊生理或者病理状态。

## 二、职业病防治工作方针和职业卫生监督管理部门的职责

### 1. 职业病防治工作方针

职业病防治工作坚持预防为主、防治结合的方针，建立用人单位负责、行政机关监管、行业自律、职工参与和社会监督的机制，实行分类管理、综合治理。

### 2. 职业卫生监督管理部门的职责

职业卫生监督管理部门包括县级以上人民政府安全生产监督管理部门、卫生行政部门、劳动保障行政部门。

国务院卫生行政部门组织开展重点职业病监测和专项调查，对职业健康风险进行评估，为制定职业卫生标准和职业病防治政策提供科学依据，组织制定并公布有关防治职业病的国家职业卫生标准，制定职业病诊断标准和职业病诊断、鉴定办法；省级人民政府卫生行政部门批准承担职业病诊断的医疗卫生机构。

安全生产监督管理部门履行职业卫生监督检查职责，发生职业病危害事故或者有证据证明危害状态可能导致职业病危害事故发生时可以采取临时控制措施；负责职业病危害项目申报、建设项目职业病防护设施"三同时"、职业病危害因素检测、评价工作。

劳动保障行政部门负责对工伤保险的监督管理，确保劳动者依法享受工伤保险待遇。

## 三、前期预防

### 1. 工作场所的职业卫生要求

产生职业病危害的用人单位的设立除应当符合法律、行政法规规定的设立条件外，其工作场所还应当符合下列职业卫生要求：

（1）职业病危害因素的强度或者浓度符合国家职业卫生标准。

（2）有与职业病危害防护相适应的设施。

（3）生产布局合理，符合有害与无害作业分开的原则。

（4）有配套的更衣间、洗浴间、孕妇休息间等卫生设施。

（5）设备、工具、用具等设施符合保护劳动者生理、心理健康的要求。

（6）法律、行政法规和国务院卫生行政部门、安全生产监督管理部门关于保护劳动者健康的其他要求。

### 2. 职业病危害项目申报制度

用人单位工作场所存在职业病目录所列职业病的危害因素的，应当及时、如实向所在地安全生产监督管理部门申报危害项目，接受监督。

**3. 职业病防护设施"三同时"**

建设项目的职业病防护设施所需费用应当纳入建设项目工程预算，并与主体工程同时设计，同时施工，同时投入生产和使用。

建设项目可能产生职业病危害的，建设单位在可行性论证阶段应当进行职业病危害预评价。医疗机构建设项目可能产生放射性职业病危害的，建设单位应当向卫生行政部门提交放射性职业病危害预评价报告。

建设项目的职业病防护设施设计应当符合国家职业卫生标准和卫生要求；其中，医疗机构放射性职业病危害严重的建设项目的防护设施设计，应当经卫生行政部门审查同意后，方可施工。

建设项目在竣工验收前，建设单位应当进行职业病危害控制效果评价。

医疗机构可能产生放射性职业病危害的建设项目竣工验收时，其放射性职业病防护设施经卫生行政部门验收合格后，方可投入使用；其他建设项目的职业病防护设施应当由建设单位负责依法组织验收，验收合格后，方可投入生产和使用。安全生产监督管理部门应当加强对建设单位组织的验收活动和验收结果的监督核查。

## 四、劳动过程中的防护与管理

**1. 管理措施、资金投入、防护及"四新"**

（1）职业病防治管理措施。

用人单位应当采取下列职业病防治管理措施：

1）设置或者指定职业卫生管理机构或者组织，配备专职或者兼职的职业卫生管理人员，负责本单位的职业病防治工作；

2）制定职业病防治计划和实施方案；

3）建立、健全职业卫生管理制度和操作规程；

4）建立、健全职业卫生档案和劳动者健康监护档案；

5）建立、健全工作场所职业病危害因素监测及评价制度；

6）建立、健全职业病危害事故应急救援预案。

（2）资金投入。

用人单位应当保障职业病防治所需的资金投入，不得挤占、挪用，并对因资金投入不足导致的后果承担责任。

（3）防护设施和防护用品。

用人单位必须采用有效的职业病防护设施，并为劳动者提供个人使用的职业病防护用品。

用人单位为劳动者个人提供的职业病防护用品必须符合防治职业病的要求；不符合要求的，不得使用。

（4）"四新"。

用人单位应当优先采用有利于防治职业病和保护劳动者健康的新技术、新工艺、新设备、新材料，逐步替代职业病危害严重的技术、工艺、设备、材料。

**2. 公告、警示标识和中文警示说明、报警装置等**

产生职业病危害的用人单位，应当在醒目位置设置公告栏，公布有关职业病防治的规章制度、操作规程、职业病危害事故应急救援措施和工作场所职业病危害因素检测结果。

对产生严重职业病危害的作业岗位，应当在其醒目位置，设置警示标识和中文警示说明。警示说明应当载明产生职业病危害的种类、后果、预防以及应急救治措施等内容。

对可能发生急性职业损伤的有毒、有害工作场所，用人单位应当设置报警装置，配置现场急救用品、冲洗设备、应急撤离通道和必要的泄险区。

对放射工作场所和放射性同位素的运输、贮存，用人单位必须配置防护设备和报警装置，保证接触放射线的工作人员佩戴个人剂量计。

**3. 职业病危害因素监测**

用人单位应当按照国务院安全生产监督管理部门的规定，定期对工作场所进行职业病危害因素检测、评价。检测、评价结果存入用人单位职业卫生档案，定期向所在地安全生产监督管理部门报告并向劳动者公布。

职业病危害因素检测、评价由依法设立的取得国务院安全生产监督管理部门或者设区的市级以上地方人民政府安全生产监督管理部门按照职责分工给予资质认可的职业卫生技术服务机构进行。

发现工作场所职业病危害因素不符合国家职业卫生标准和卫生要求时，用人单位应当立即采取相应治理措施，仍然达不到国家职业卫生标准和卫生要求的，必须停止存在职业病危害因素的作业；职业病危害因素经治理后，符合国家职业卫生标准和卫生要求的，方可重新作业。

**4. 设备、材料和作业**

任何单位和个人不得生产、经营、进口和使用国家明令禁止使用的可能产生职业病危害的设备或者材料。

任何单位和个人不得将产生职业病危害的作业转移给不具备职业病防护条件的单位和个人。不具备职业病防护条件的单位和个人不得接受产生职业病危害的作业。

**5. 劳动合同**

用人单位与劳动者订立劳动合同（含聘用合同）时，应当将工作过程中可能产生的职业病危害及其后果、职业病防护措施和待遇等如实告知劳动者，并在劳动合同中写明，不得隐瞒或者欺骗。

劳动者在已订立劳动合同期间因工作岗位或者工作内容变更，从事与所订立劳动合同中未告知的存在职业病危害的作业时，用人单位应当向劳动者履行如实告知的义务，并协商变更原劳动合同相关条款。

用人单位违反上述规定的，劳动者有权拒绝从事存在职业病危害的作业，用人单位不得因此解除与劳动者所订立的劳动合同。

**6. 职业健康检查和职业健康监护档案**

对从事接触职业病危害的作业的劳动者，用人单位应当按照国务院安全生产监督管理部门、卫生行政部门的规定组织上岗前、在岗期间和离岗时的职业健康检查，并将检查结果书面告知劳动者。职业健康检查费用由用人单位承担。

用人单位不得安排未经上岗前职业健康检查的劳动者从事接触职业病危害的作业；不得安排有职业禁忌的劳动者从事其所禁忌的作业；对在职业健康检查中发现有与所从事的职业

相关的健康损害的劳动者，应当调离原工作岗位，并妥善安置；对未进行离岗前职业健康检查的劳动者不得解除或者终止与其订立的劳动合同。

职业健康检查应当由省级以上人民政府卫生行政部门批准的医疗卫生机构承担。

用人单位应当为劳动者建立职业健康监护档案，并按照规定的期限妥善保存。职业健康监护档案应当包括劳动者的职业史、职业病危害接触史、职业健康检查结果和职业病诊疗等有关个人健康资料。

劳动者离开用人单位时，有权索取本人职业健康监护档案复印件，用人单位应当如实、无偿提供，并在所提供的复印件上签章。

### 7. 未成年工和女职工保护

用人单位不得安排未成年工从事接触职业病危害的作业；不得安排孕期、哺乳期的女职工从事对本人和胎儿、婴儿有危害的作业。

### 8. 劳动者享有的职业卫生保护权利

（1）获得职业卫生教育、培训。

（2）获得职业健康检查、职业病诊疗、康复等职业病防治服务。

（3）了解工作场所产生或者可能产生的职业病危害因素、危害后果和应当采取的职业病防护措施。

（4）要求用人单位提供符合防治职业病要求的职业病防护设施和个人使用的职业病防护用品，改善工作条件。

（5）对违反职业病防治法律、法规以及危及生命健康的行为提出批评、检举和控告。

（6）拒绝违章指挥和强令进行没有职业病防护措施的作业。

（7）参与用人单位职业卫生工作的民主管理，对职业病防治工作提出意见和建议。

用人单位应当保障劳动者行使上述权利。因劳动者依法行使正当权利而降低其工资、福利等待遇或者解除、终止与其订立的劳动合同的，其行为无效。

## 五、职业病诊断与职业病病人保障

### 1. 承担职业病诊断的医疗卫生机构

医疗卫生机构承担职业病诊断，应当经省、自治区、直辖市人民政府卫生行政部门批准。承担职业病诊断的医疗卫生机构不得拒绝劳动者进行职业病诊断的要求。

劳动者可以在用人单位所在地、本人户籍所在地或者经常居住地依法承担职业病诊断的医疗卫生机构进行职业病诊断。

### 2. 诊断准则

没有证据否定职业病危害因素与病人临床表现之间的必然联系的，应当诊断为职业病。

### 3. 职业病诊断证明书

职业病诊断证明书应当由参与诊断的医师共同签署，并经承担职业病诊断的医疗卫生机构审核盖章。

### 4. 职业病诊断鉴定书

当事人对职业病诊断有异议的，可以向作出诊断的医疗卫生机构所在地地方人民政府卫生行政部门申请鉴定。

职业病诊断鉴定委员会应当按照国务院卫生行政部门颁布的职业病诊断标准和职业病诊断、鉴定办法进行职业病诊断鉴定，向当事人出具职业病诊断鉴定书。

职业病诊断、鉴定费用由用人单位承担。

**5. 疑似职业病病人**

医疗卫生机构发现疑似职业病病人时，应当告知劳动者本人并及时通知用人单位。

用人单位应当及时安排对疑似职业病病人进行诊断；在疑似职业病病人诊断或者医学观察期间，不得解除或者终止与其订立的劳动合同。

疑似职业病病人在诊断、医学观察期间的费用，由用人单位承担。

**6. 职业病待遇**

用人单位应当：

（1）保障职业病病人依法享受国家规定的职业病待遇。

（2）按照国家有关规定，安排职业病病人进行治疗、康复和定期检查。

（3）对不适宜继续从事原工作的职业病病人，应当调离原岗位，并妥善安置。

（4）对从事接触职业病危害的作业的劳动者，应当给予适当岗位津贴。

职业病病人除依法享有工伤保险外，依照有关民事法律，尚有获得赔偿的权利的，有权向用人单位提出赔偿要求。

# 模 拟 试 题 及 考 点

★1. 职业病是指企业、事业单位和个体经济组织的劳动者在职业活动中，因接触_____而引起的疾病。

　　A. 粉尘　　　　　　　　　　　　　　B. 放射性物质

　　C. 除 A、B 外的其他有毒、有害物质　　D. 除 A、B 外的其他有毒、有害因素

【考点】"一、职业病、职业病危害因素、职业禁忌"。

2. 职业病危害因素包括职业活动中存在的各种有害的_____、_____、_____因素以及在作业过程中产生的其他职业有害因素。

　　A. 粉尘，噪声，毒物　　　　　　　　B. 化学，物理，生物

　　C. 尘肺，耳聋，中毒　　　　　　　　D. 危险，危害，致病

【考点】"一、职业病、职业病危害因素、职业禁忌"。

★3. 职业禁忌是一种个人特殊生理或者病理状态，使劳动者从事特定职业或者接触特定职业病危害因素时，_____。

　　A. 比一般职业人群更易于罹患职业病

　　B. 比一般职业人群更易于传染疾病

　　C. 可能导致原有自身疾病病情加重

　　D. 诱发可能导致对他人生命健康构成危险的疾病

【考点】"一、职业病、职业病危害因素、职业禁忌"。

4. 职业病防治工作坚持预防为主、防治结合的方针，建立_____的机制，实行分类管理、综合治理。

A. 用人单位负责、行政机关自律、行业监管和社会监督

B. 用人单位管理、行政机关负责、行业自律和社会监督

C. 用人单位参与、行政机关监管、行业负责、职工自律和社会监督

D. 用人单位负责、行政机关监管、行业自律、职工参与和社会监督

【考点】"二、1. 职业病防治工作方针"。

★5. 职业卫生监督管理部门包括县级以上人民政府_____。

A. 安全生产监督管理部门　　　　B. 卫生行政部门

C. 行业主管部门　　　　　　　　D. 劳动保障行政部门

【考点】"二、2. 职业卫生监督管理部门的职责"。

6. 县级以上人民政府安全生产监督管理部门负责_____。

A. 职业卫生监督检查、职业病危害项目申报、建设项目职业病防护设施"三同时"、职业病危害因素检测及评价工作

B. 制定并公布有关防治职业病的国家职业卫生标准，制定职业病诊断标准和职业病诊断、鉴定办法，批准承担职业病诊断的医疗卫生机构

C. 对工伤保险的监督管理，确保劳动者依法享受工伤保险待遇

D. 组织开展重点职业病监测和专项调查，对职业健康风险进行评估，为制定职业病防治政策提供科学依据

【考点】"二、2. 职业卫生监督管理部门的职责"。

★7. 产生职业病危害的用人单位的设立除应当符合法律、行政法规规定的设立条件外，其工作场所还应符合以下哪些职业卫生要求？

A. 职业病危害因素的浓度或强度符合国家职业卫生标准

B. 有与职业病危害防护相适应的设施

C. 生产布局符合有害与无害作业分开的原则

D. 有配套的更衣间、洗浴间、孕妇休息间等卫生设施

E. 生产车间必须保证足够的通道宽度

【考点】"三、1. 工作场所的职业卫生要求"。

8. 用人单位工作场所存在职业病目录所列职业病的危害因素的，应当及时、如实向所在地_____申报危害项目，接受监督。

A. 卫生行政部门

B. 安全生产监督管理部门

C. 行业主管部门

D. 劳动保障行政部门

【考点】"三、2. 职业病危害项目申报制度"。

★9. 我国法律明确规定：建设项目的_____所需费用应当纳入建设项目工程预算，并与主体工程同时设计、同时施工、同时投入生产和使用。

A. 安全设施

B. 职业病防护设施

C. 重点设施

D. 环境保护设施

【考点】"三、3. 职业病防护设施'三同时'"。

10. 医疗机构放射性职业病危害严重的建设项目的防护设施设计，应当_____后方可施工。

A. 经安全生产监督管理部门审查同意

B. 在卫生行政部门备案

C. 经卫生行政部门审查同意

D. 在安全生产监督管理部门备案

【考点】"三、3. 职业病防护设施'三同时'"。

11. 建设项目可能产生职业病危害的，在可行性论证阶段和竣工验收前，建设单位应当分别进行_____和_____。

A. 职业病危害预评价，职业病危害验收评价

B. 职业病危害现状评价，职业病危害验收评价

C. 职业病危害现状评价，职业病危害控制效果评价

D. 职业病危害预评价，职业病危害控制效果评价

【考点】"三、3. 职业病防护设施'三同时'"。

12. 用人单位应当采取的职业病防治管理措施不包括_____。

A.　设置或者指定职业卫生管理机构或者组织，配备专职或者兼职的职业卫生管理人员

B. 建立、健全职业卫生管理制度和操作规程

C. 建立、健全职业卫生档案和劳动者健康监护档案

D. 建立、健全火灾事故应急救援预案

E. 建立、健全工作场所职业病危害因素监测及评价制度

【考点】"四、1. 管理措施、资金投入、防护及'四新'"。

13. 对产生严重职业病危害的作业岗位，用人单位应当在其醒目位置，设置警示标识和中文警示说明。警示说明应当载明的事项不包括_____。

A. 产生职业病危害的种类

B. 职业病危害的后果

C. 职业病的诊断方法

D. 职业病危害的预防措施

E. 职业病危害的应急救治措施

【考点】"四、2. 公告、警示标识和中文警示说明、报警装置等"。

14. 关于职业病危害因素检测，下述中_____不是《职业病防治法》的规定。

A. 检测由依法设立的取得设区的市级以上人民政府主管部门按照职责分工给予资质认可的职业卫生技术服务机构进行

B. 检测结果存入用人单位职业卫生档案

C. 检测结果在用人单位的醒目位置设置的公告栏公布

D. 检测结果定期向用人单位所在地卫生行政部门报告

E. 检测结果不符合国家职业卫生标准和卫生要求时，用人单位应当立即采取相应治理措施，仍然达不到要求的，必须停止存在职业病危害因素的作业

【考点】"四、3. 职业病危害因素监测"。

★15. 用人单位与劳动者订立劳动合同时，应当将_____等如实告知劳动者，并在劳动合同中写明，不得隐瞒或者欺骗。

A. 工作过程中可能产生的职业病危害及其后果

B. 导致职业病危害的机理

C. 职业病防护措施

D. 与职业病危害相关的待遇

【考点】"四、5. 劳动合同"。

16. 对从事接触职业病危害的作业的劳动者，用人单位应当组织上岗前、在岗期间和离岗时的职业健康检查，并将检查结果_____告知劳动者。用人单位不得安排未经上岗前职业健康检查的劳动者从事_____职业病危害的作业；不得安排有职业禁忌的劳动者从事其所禁忌的作业；对在职业健康检查中发现有与所从事的职业相关的健康损害的劳动者，应当_____原工作岗位，并妥善安置；对未进行离岗前职业健康检查的劳动者不得_____与其订立的劳动合同。

A. 书面，接触，调整，解除

B. 当面，远离，调整，终止

C. 书面，接触，调离，解除或者终止

D. 当面，远离，调离，解除或者终止

【考点】"四、6. 职业健康检查和职业健康监护档案"。

17. 用人单位不得安排_____从事接触职业病危害的作业；不得安排_____的女职工从事对本人和胎儿、婴儿有危害的作业。

A. 未成年工，孕期、哺乳期

B. 未成年人，经期、产期

C. 未成年工，经期、产期

D. 未成年人，孕期、哺乳期

【考点】"四、7. 未成年工和女职工保护"。

18. 下述中_____不是劳动者享有的职业卫生保护权利，而是应履行的义务。

A. 获得职业健康检查、职业病诊疗、康复等职业病防治服务

B. 了解工作场所产生或者可能产生的职业病危害因素、危害后果和应当采取的职业病防护措施

C. 要求用人单位提供符合防治职业病要求的职业病防护设施和个人使用的职业病防护用品

D. 遵守用人单位关于职业卫生的规章制度，遵守劳动纪律

E. 拒绝违章指挥和强令进行没有职业病防护措施的作业

【考点】"四、8. 劳动者享有的职业卫生保护权利"。

★19. 下述中错误的有_____。

A. 医疗卫生机构承担职业病诊断，应当经省级人民政府卫生行政部门批准

B. 医疗卫生机构承担职业病诊断，应当经省级人民政府安全生产监督管理部门批准

C. 没有证据否定职业病危害因素与病人临床表现之间的必然联系的，应当诊断为职业病

D. 当有证据表明职业病危害因素与病人临床表现之间有必然联系的，才能诊断为职业病

【考点】"五、职业病诊断与职业病病人保障"。

# 第六章

# 安全生产行政法规

## 第一节  安全生产许可证条例

### 一、安全生产许可制度的适用范围

国家对矿山企业、建筑施工企业和危险化学品、烟花爆竹、民用爆炸物品生产企业实行安全生产许可制度。企业未取得安全生产许可证的，不得从事生产活动。

**1. 空间的范围**

我国国家主权所及范围内（领土、领空、领水）从事矿产资源开发、建筑施工和危险化学品、烟花爆竹、民用爆炸物品生产等活动。

领水包括：内陆水域，领海海域和其他海域，既包括领海毗连区，又包括 200 海里海洋专属经济区。

**2. 时间的范围**

自公布之日起施行。

对本条例施行前已经进行生产的企业也适用：自本条例施行之日起 1 年内，依照本条例的规定向安全生产许可证颁发管理机关申请办理安全生产许可证。

**3. 主体及其行为范围**

既包括从事矿产（煤矿和非煤矿）资源开发、建筑施工和危险化学品、烟花爆竹、民用爆炸物品生产等活动的自然人，又包括法人和非企业法人单位。所有企业法人、非企业法人单位和中国人、外籍人、无国籍人。

### 二、取得安全生产许可证的条件和程序

**1. 企业取得安全生产许可证应当具备的安全生产条件**

（1）建立、健全安全生产责任制，制定完备的安全生产规章制度和操作规程。

（2）安全投入符合安全生产要求。

（3）设置安全生产管理机构，配备专职安全生产管理人员。

（4）主要负责人和安全生产管理人员经考核合格。

（5）特种作业人员经有关业务主管部门考核合格，取得特种作业操作资格证书。

（6）从业人员经安全生产教育和培训合格。

（7）依法参加工伤保险，为从业人员缴纳保险费。

（8）厂房、作业场所和安全设施、设备、工艺符合有关安全生产法律、法规、标准和规程的要求。

（9）有职业危害防治措施，并为从业人员配备符合国家标准或者行业标准的劳动防护用品。

（10）依法进行安全评价。

（11）有重大危险源检测、评估、监控措施和应急预案。

（12）有生产安全事故应急救援预案、应急救援组织或者应急救援人员，配备必要的应急救援器材、设备。

（13）法律、法规规定的其他条件。

**2. 取得安全生产许可证的程序**

（1）公开申请事项和要求。安全生产许可证颁发管理机关应当将有关申请领取安全生产许可证的时间、地点、机关和应当提交的文件、资料以及关于颁发管理的规章制度向社会公布。

（2）企业依法提出申请。

1）新设立的生产企业必须在企业建成投产前提出申请。

2）已经进行生产的企业，在本条例施行之日起 1 年内依法向安全生产许可证颁发管理机关申请办理。

3）申请人应当提交的相关文件、资料，由有关安全生产许可证颁发管理机关做出具体规定。

（3）受理申请及审查。

1）形式审查：颁发管理机关依法对申请人提交的申请文件、资料是否齐全、真实、合法，进行检查核实，如不齐全、真实、合法，有权要求补正；如不补正，有权拒绝受理申请。

2）实质性审查：通过形式审查以后，颁发管理机关认为有必要的，应当对申请文件、资料和企业的实际安全生产条件进行实地审查或者核实。

审查或者核实工作可通过委派本机关的工作人员直接进行，也可委托其他行政机关代为进行，或委托安全中介机构对一些专业技术性很强的设施、设备和工艺进行专门的检测、检验。

（4）决定。

经审查或者核实后，企业具备法定安全生产条件的予以颁发；不具备的不予颁发，书面通知企业并说明理由。

完成审查和发证工作的时限是自收到申请之日起 45 日之内。

关于"45 日"的说明：

要求申请人予以补正的，自申请人重新提交补正的相关文件、资料之日起计算。

不具备安全生产条件需要纠正的，申请人纠正后再次提请颁发管理机关进行审查，自再次提出申请之日起计算。

颁发管理机关认为需要聘请专家或者安全中介机构进行专门的检测、检验的，自提交检测、检验报告之日起计算。

审查发证中遇有不可抗力的情况，自不可抗力的情况消失之日起计算。

（5）期限与延续。

安全生产许可证有效期为 3 年，不设年检。

1）有效期满的例行延续：企业应当于期满前 3 个月内向原安全生产许可证颁发管理机关办理延期手续；

2）有效期满的免审延续：对安全生产状况良好、没有发生死亡事故的企业予以免审延期。但仍需在有效期满前向原颁发管理机关提出延期的申请，同意后方可免审延续。

（6）补办与变更。如发生许可证损毁、丢失等情况，需要申请补办；如已取得许可证的企业的有关事项发生变化，就需要办理变更手续。

（7）公告：颁发管理机关定期向社会公布企业取得安全生产许可证的情况。

### 三、安全生产许可监督管理

**1. 安全生产许可证的颁发和管理**

（1）非煤矿山企业和危险化学品、烟花爆竹生产企业安全生产许可证的颁发和管理。

1）中央管理的企业由国务院安全生产监督管理部门负责。

2）非中央管理的企业由省（自治区、直辖市）人民政府安全生产监督管理部门负责，并接受国务院安全生产监督管理部门的指导和监督。

（2）煤矿企业安全生产许可证的颁发和管理。

1）中央管理的企业由国家煤矿安全监察机构负责。

2）非中央管理的企业由省（自治区、直辖市）设立的煤矿安全监察机构负责，并接受国家煤矿安全监察机构的指导和监督。

（3）建筑施工企业安全生产许可证的颁发和管理。

1）中央管理的企业由国务院建设主管部门负责。

2）非中央管理的企业由省（自治区、直辖市）人民政府建设主管部门负责并接受国务院建设主管部门的指导和监督。

（4）民用爆炸物品生产企业安全生产许可证的颁发和管理。省、自治区、直辖市人民政府民用爆炸物品行业主管部门负责民用爆炸物品生产企业安全生产许可证的颁发和管理，并接受国务院民用爆炸物品行业主管部门的指导和监督。

**2. 安全生产许可工作的监督检查**

安全生产许可工作的监督检查见表 6-1。

表 6-1　　　　　　　　　安全生产许可工作的监督检查

| 监督检查者 | 被监督检查者 | 监督检查行为 |
|---|---|---|
| 颁发管理机关 | 已获证企业 | 发现其不再具备本条例规定的安全生产条件，暂扣或者吊销许可证 |
| 监察机关 | 颁发管理机关及工作人员 | 依照《行政监察法》的规定对履行本条例规定的职责实施监察 |
| 国务院和省级人民政府安全生产监督管理部门 | 同级的其他颁发管理机关 | 对建筑施工企业、民用爆炸物品生产企业、煤矿企业取得安全生产许可证的情况进行监督 |
| 任何单位或个人 | 企业或颁发管理机关 | 对违反本条例规定的行为，向颁发管理机关或监察机关举报 |

### 四、安全生产许可违法行为应承担的法律责任

**1. 安全生产许可证颁发管理机关工作人员**

安全生产许可证颁发管理机关工作人员有下列行为之一的，给予降级或者撤职的行政处分；构成犯罪的，依法追究刑事责任：

（1）向不符合本条例规定的安全生产条件的企业颁发安全生产许可证。

（2）发现企业未依法取得安全生产许可证擅自从事生产活动，不依法处理。

（3）发现取得安全生产许可证的企业不再具备本条例规定的安全生产条件，不依法处理。

（4）接到对违反本条例规定行为的举报后，不及时处理。

（5）在安全生产许可证颁发、管理和监督检查工作中，索取或者接受企业的财物，或者谋取其他利益。

**2. 生产经营单位**

未取得安全生产许可证擅自进行生产、冒用或使用伪造的许可证、接受转让的许可证、逾期不办理许可证或经审查不合格未取得许可证而继续生产的，责令停止生产，没收违法所得，并处 10 万元以上 50 万元以下的罚款；造成重大事故或者其他严重后果，构成犯罪的，依法追究刑事责任。

转让安全生产许可证的，没收违法所得，处 10 万元以上 50 万元以下的罚款，并吊销其安全生产许可证；构成犯罪的，依法追究刑事责任。

## 模拟试题及考点

★1. 从事下述哪些活动的企业必须取得安全生产许可证？

A. 民用建筑施工

B. 氰化钾储存

C. 锅炉与压力容器制造

D. 雷管生产

E. 非煤矿山开采

【考点】"一、安全生产许可制度的适用范围"。

★2. 下述哪些是企业取得安全生产许可证的条件？

A. 设置安全生产管理机构，配备专职安全生产管理人员

B. 特种作业人员取得特种作业操作资格证书，安全生产管理人员和从业人员经过安全生产教育和培训

C. 参加了工伤保险

D. 通过了安全评价

E. 对安全投入不符合安全生产要求的状况已着手改进

【考点】"二、1. 企业取得安全生产许可证应当具备的安全生产条件"。

★3. 下述哪些不是企业取得安全生产许可证的条件?

A. 厂房、作业场所和安全设施、设备、工艺符合有关安全生产法律、法规、标准的要求

B. 更换了原来为从业人员配备的不符合国家标准的劳动防护用品,并决定上马尘、毒防治措施

C. 制定了完备的安全生产规章制度和操作规程

D. 制定了生产安全事故应急救援预案,制定了必要的应急救援器材、设备的采购计划

E. 有重大危险源检测、评估、监控措施和应急预案

【考点】"二、1. 企业取得安全生产许可证应当具备的安全生产条件"。

4. 企业申请办理安全生产许可证的时间是:新设立的生产企业必须在企业前提出申请,已经进行生产的企业,在《安全生产许可证条例》施行之日起_____内依法向颁发管理机关申请办理。

A. "三同时"验收, 6个月　　　　　B. 建成投产, 1年

C. "三同时"验收, 1年　　　　　　D. 建成投产, 6个月

【考点】"二、2.（2）企业依法提出申请"。

5. 依据《安全生产许可证条例》的规定,安全生产许可证颁发管理机关在接到申请人关于领取安全生产许可证的申请书、相关文件和资料后,应当对其进行_____。

A. 形式审查和内容审查　　　　　　B. 简易审查和详细审查

C. 书面审查和内容审查　　　　　　D. 形式审查和实质性审查

【考点】"二、2.（3）受理申请及审查"。

6. 颁发管理机关依法认为安全生产许可证的申请人提交的申请文件、资料不齐全、真实,有权要求_____;受理申请并通过形式审查以后,颁发管理机关认为有必要的,应当对申请文件、资料和企业的实际安全生产条件进行_____审查或者核实。

A. 改正, 现场　　　　　　　　　　B. 更换, 实地

C. 补正, 实地　　　　　　　　　　D. 补充, 现场

【考点】"二、2.（3）受理申请及审查"。

7. 依据《安全生产许可证条例》的规定,对在安全生产许可证有效期内严格遵守安全生产法律法规,没有发生死亡事故的企业,原发证机关不再审查,有效期延期_____年。

A. 1　　　　　　　　　　　　　　　B. 2

C. 3　　　　　　　　　　　　　　　D. 5

【考点】"二、2.（5）期限与延续"。

★8. 下述中正确的是_____。

A. 已取得安全生产许可证的企业的有关事项发生变化,需要办理变更手续

B. 安全生产许可证颁发管理机关完成审查和发证工作的时限是自收到申请之日起 50 日之内

C. 安全生产许可证有效期为 3 年,企业应当于期满前 3 个月内向原颁发管理机关办理延

期手续

D. 安全生产状况良好、没有发生死亡事故的企业予以免审延期，不需在有效期满前向原颁发管理机关提出延期申请

【考点】"二、2. 取得安全生产许可证的程序"。

9. 关于安全生产许可证的颁发和管理，下述中正确的是_____。

A. 中央管理的煤矿企业由国务院安全生产监督管理部门负责

B. 属于某市的建筑施工企业由设区的市人民政府建设主管部门负责

C. 某县的雷管生产企业由省级政府民用爆炸物品行业主管部门负责

D. 非中央管理的烟花爆竹生产企业由省级人民政府公安部门负责

【考点】"三、1. 安全生产许可证的颁发和管理"。

★10. 依据《安全生产许可证条例》的规定，国务院安全生产监督管理部门负责中央管理的_____安全生产许可证的颁发和管理。

A. 煤矿企业　　　　　　　　　　B. 非煤矿山企业

C. 危险化学品生产企业　　　　　D. 烟花爆竹生产企业

E. 建筑施工企业

【考点】"三、1. 安全生产许可证的颁发和管理"。

11. 颁发管理机关发现已获证企业不再具备《安全生产许可证条例》规定的安全生产条件的，予以_____或者_____安全生产许可证。

A. 暂扣，吊销　　　　　　　　　B. 扣留，销毁

C. 暂停，暂扣　　　　　　　　　D. 收回，扣留

【考点】"三、2. 安全生产许可工作的监督检查"。

12. 颁发管理机关工作人员向不符合《安全生产许可证条例》规定的安全生产条件的企业颁发了安全生产许可证，应给予_____的行政处分；构成犯罪的，依法追究刑事责任。

A. 警告或者记过　　　　　　　　B. 记过或者降级

C. 降级或者撤职　　　　　　　　D. 撤职或者开除公职

【考点】"四、1. 安全生产许可证颁发管理机关工作人员"。

13. 生产经营单位的以下违法行为未构成犯罪，其中对哪一种的处罚中包括"吊销其安全生产许可证"？

A. 未取得安全生产许可证擅自进行生产或逾期不办理安全生产许可证而继续生产

B. 转让安全生产许可证

C. 冒用或使用伪造的安全生产许可证

D. 接受转让的安全生产许可证

【考点】"四、2. 生产经营单位"。

# 第二节 煤矿安全监察条例

## 一、现行的国家煤矿安全监察体制

（1）国家煤矿安全监察局。

（2）省级煤矿安全监察局（25 个主要产煤的省、自治区）。

（3）地区煤矿安全监察分局（原煤矿安全监察办事处）。

三级煤矿安全监察机构实行由国家与省双重领导、以国家为主的管理体制，由国家煤矿安全监察局垂直领导。

未设立地区煤矿安全监察机构的省、自治区、直辖市人民政府可以指定有关部门依照本条例的规定对本行政区域内的煤矿实施安全监察。

## 二、煤矿安全监察机构的职责

**1. 行政处罚权**

**2. 安全检查权**

省局、地区分局进行经常性的安全检查，对事故多发地区煤矿进行重点安全检查；国家局组织全面安全检查或者重点安全抽查。

对每个煤矿建立煤矿安全监察档案，对每次检查的内容、发现的问题及其处理情况做详细记录，由参加检查的人员签名后归档。

**3. 建议报告权**

对在监察过程中发现的安全问题涉及有关人民政府或其有关部门的，应当向有关人民政府或其有关部门提出建议，并向上级人民政府或其有关部门报告。

**4. 事故调查处理权**

## 三、煤矿安全监察员的职权

（1）有权随时进入煤矿作业现场进行检查，调阅有关资料，参加煤矿安全生产会议，向有关单位或者人员了解情况。

（2）在检查中发现影响煤矿安全的违法行为，有权当场予以纠正或者要求限期改正。

（3）进行现场检查时，发现存在事故隐患的，有权要求煤矿立即消除或者限期解决；发现危险职工生命安全的紧急情况时，有权要求立即停止作业，下达立即从危险区域内撤出作业人员的命令，并立即将紧急情况和处理措施报告煤矿安全监察机构。

（4）发现煤矿作业场所的瓦斯、粉尘或者其他有毒有害气体的浓度超过国家安全标准或者行业安全标准的，煤矿擅自开采保安煤柱的，或者采用危及相邻煤矿生产安全的决水、爆破、贯通巷道等危险方法进行采矿作业的，有权责令立即停止作业，并将有关情况报告煤矿安全监察机构。

（5）发现煤矿矿长或者其他主管人员违章指挥工人或者强令工人违章、冒险作业，或者发现工人违章作业的，有权立即责令纠正或者责令立即停止作业。

（6）法律、行政法规赋予的其他权力。

## 四、煤矿安全监察的内容

**1. 煤矿安全生产责任制**

**2. 矿长安全任职资格（具备安全专业知识）**

**3. 安全技措费的提取和使用**

**4. 安全设施设计审查**

煤矿建设工程设计必须符合煤矿安全规程和行业技术规范的要求；

煤矿建设工程安全设施设计必须经煤矿安全监察机构审查同意；未经审查同意的，不得施工。煤矿安全监察机构应当自收到申请审查的设计资料之日起30日内审查完毕，签署同意或者不同意的意见，并书面答复。

**5. 安全设施和安全条件验收**

煤矿建设工程竣工后或者投产前，应当经煤矿安全监察机构对其安全设施和条件进行验收；未经验收或者验收不合格的，不得投入生产。

**6. 作业现场检查和复查**

（1）发现煤矿矿井通风、防火、防水、防瓦斯、防毒、防尘等安全设施和条件不符合国家安全标准、行业安全标准、煤矿安全规程和行业技术规范要求的，责令立即停止作业或者责令限期达到要求。

（2）发现作业场所未使用专用防爆电器设备、专用放炮器、人员专用升降容器或使用明火明电等违法行为的，有权责令立即停止作业，限期改正；经复查合格，方可恢复作业。

（3）责令煤矿限期解决事故隐患、限期改正影响煤矿安全的违法行为或者限期使安全设施和条件达到要求的，在限期届满时及时对煤矿执行情况进行复查并签署复查意见；经有关煤矿申请，也可以在限期内进行复查并签署复查意见。

对责令立即停止作业、停止使用（设备、器材、仪器、防护用品等）或者关闭矿井的，应对执行情况随时进行检查。

**7. 专用设备**

发现煤矿矿井使用的设备、器材、仪器、仪表、防护用品不符合国家安全标准或者行业安全标准的，应当责令立即停止使用。

## 五、煤矿伤亡事故调查处理

煤矿发生伤亡事故，由煤矿安全监察机构负责组织调查处理，依照国家规定的程序和办法进行。

## 六、煤矿安全违法行为应负的法律责任

说明：表6-2中"处罚"的执法者是煤矿安全监察机构。凡被吊销采矿许可证、安全生产许可证的，由工商行政管理部门依法吊销相应的营业执照。

**表 6-2**　　　　　　　　　　　　煤矿安全违法行为的法律责任

| 违 法 行 为 | 处 罚 |
|---|---|
| 1. 被吊销采矿许可证、安全生产许可证的处罚<br>煤矿建设工程安全设施设计未经煤矿安全监察机构审查同意，擅自施工 | 责令停止施工；<br>拒不执行的，移送地质矿产主管部门依法吊销采矿许可证 |
| 煤矿建设工程安全设施和条件未经验收或者验收不合格，擅自投入生产 | 责令停止生产，处罚款；<br>拒不停止生产的，移送地质矿产主管部门依法吊销采矿许可证 |
| 煤矿矿井通风、防火、防水、防瓦斯、防毒、防尘等安全设施和条件不符合国家安全标准、行业安全标准、煤矿安全规程和行业技术规范的要求，经煤矿安全监察机构责令限期达到要求，逾期仍达不到要求 | 责令停产整顿；<br>经停产整顿仍不具备安全生产条件的，吊销其安全生产许可证，并移送地质矿产主管部门依法吊销采矿许可证 |
| 2. 矿长、特种作业人员无证上岗的处罚<br>矿长不具备安全专业知识，或者特种作业人员未取得操作资格证书上岗作业，经煤矿安全监察机构责令限期改正，逾期不改正 | 责令停产整顿；<br>调整配备合格人员并经复查合格后，方可恢复生产 |
| 煤矿分配职工上岗作业前未进行安全教育、培训，经煤矿安全监察机构责令限期改正，逾期不改正 | 处罚款；<br>情节严重的，责令停产整顿，对直接负责的主管人员和其他直接责任人员，依法给予纪律处分 |
| 3. 拒绝检查、提供虚假情况和隐瞒事故隐患的处罚<br>煤矿有关人员拒绝、阻碍煤矿安全监察机构及其安全监察人员现场检查，或者提供虚假情况，或者隐瞒存在的事故隐患以及其他安全问题 | 给予警告，可并处罚款；<br>情节严重的，责令停产整顿，对直接负责的主管人员和其他直接责任人员，依法给予撤职直至开除的纪律处分 |
| 4. 妨碍事故调查处理的处罚<br>煤矿发生事故，不按规定及时、如实报告，伪造、故意破坏事故现场，阻碍、干涉事故调查工作，拒绝接受调查取证、提供有关情况和资料的 | 给予警告，可并处罚款；<br>情节严重的，责令停产整顿，对直接负责的主管人员和其他直接责任人员，依法给予降级直至开除的纪律处分；构成犯罪的，依法追究刑事责任 |
| 5. 安全监察人员违法行政的处罚<br>滥用职权、玩忽职守、徇私舞弊，发现煤矿事故隐患或者影响煤矿安全的违法行为不及时处理或者报告，或者有违反本条例第十九条规定行为之一 | 构成犯罪的，依法追究刑事责任；<br>尚不构成犯罪的，依法给予行政处分 |

# 模拟试题及考点

1. 我国三级煤矿安全监察机构实行由国家与省双重领导、以_____为主的管理体制，由国家煤矿安全监察局_____。

A. 国家，全盘领导　　　　　　B. 省，综合指导

C. 国家，垂直领导　　　　　　D. 省，宏观指导

【考点】"一、现行的国家煤矿安全监察体制"。

2. 煤矿安全监察机构的建议报告权是指：对在监察过程中发现的安全问题涉及_____的，应当向其提出建议，并向上级人民政府或其有关部门报告。

A. 有关人民政府或其有关部门　　　　B. 有关人民政府

C. 有关政府部门　　　　　　　　　　D. 煤矿企业

【考点】"二、煤矿安全监察机构的职责"。

★3. 需经煤矿安全监察机构审查或验收的是_____。

A. 煤矿建设工程设计——审查　　　　B. 煤矿建设工程安全设施设计——审查

C. 煤矿建设工程安全条件——验收　　D. 煤矿建设工程施工组织设计——验收

【考点】"四、4. 安全设施设计审查"和"四、5. 安全设施和安全条件验收"。

4. 煤矿建设工程安全设施的设计审查及投产前安全设施的验收由_____负责。

A. 有关人民政府煤矿安全监督管理部门

B. 煤矿安全监察机构

C. 有关人民政府安全生产监督管理部门

D. 有关人民政府矿产资源管理部门

【考点】"四、4. 安全设施设计审查"和"四、5. 安全设施和安全条件验收"。

5. 依据《煤矿安全监察条例》的规定，煤矿安全监察机构审查煤矿建设工程安全设施设计，应当自收到申请审查的设计资料之日起_____日内审查完毕，签署同意或者不同意的意见，并书面答复。

A. 15　　　　　B. 30　　　　　C. 60　　　　　D. 90

【考点】"四、4. 安全设施设计审查"。

★6. 煤矿安全监察的内容，除作业现场条件和专用设备的达标情况外，还包括_____。

A. 煤矿安全生产责任制及矿长安全任职资格

B. 安全技措费的提取和使用

C. 煤矿职业健康安全管理体系的建立

D. 煤矿建设工程安全设施设计审查及竣工后或者投产前安全设施和条件的验收

E. 煤矿年产量和年产值

【考点】"四、煤矿安全监察的内容"。

★7. 对下列哪些情况，煤矿安全监察机构有权责令煤矿立即停止作业，或责令限期改正？

A. 矿井通风设施不符合煤矿安全规程和行业技术规范要求

B. 矿井防毒条件不符合国家安全标准、行业安全标准

C. 作业场所未标明定置管理图、安全操作规程未上墙

D. 使用的防护用品不符合国家安全标准或者行业安全标准

【考点】"四、6. 作业现场检查和复查"。

8. 煤矿安全监察机构在作业现场检查中，发现未使用专用防爆电器设备、专用放炮器、人员专用升降容器或使用明火明电等违法行为的，有权责令煤矿立即_____，限期改正，

并在限期内对执行情况随时进行_____；限期届满时经_____合格，方可恢复作业。

A. 关闭，复查，验收　　　　　　　　　B. 停止作业，复查，审核

C. 停止作业，检查，复查　　　　　　　D. 关闭，复查，审批

【考点】"四、6. 作业现场检查和复查"。

9. 依据《煤矿安全监察条例》的规定，煤矿安全监察机构发现煤矿矿井使用的设备、器材、仪器、仪表、防护用品不符合国家安全标准或者行业安全标准的，应当_____。

A. 责令立即停止作业　　　　　　　　　B. 责令立即关闭矿井

C. 责令限期改正　　　　　　　　　　　D. 责令立即停止使用

【考点】"四、7. 专用设备"。

10. 对下列哪种情况，煤矿在被责令停止生产或停止施工后拒不执行，或被停产整顿之后仍无改变，煤矿安全监察机构将吊销其安全生产许可证，并移送地质矿产主管部门依法吊销采矿许可证？

A. 煤矿建设工程安全设施设计未经煤矿安全监察机构审查同意，擅自施工

B. 特种作业人员未取得操作资格证书上岗作业，经煤矿安全监察机构责令限期改正，逾期不改正

C. 煤矿矿井通风、防瓦斯、防尘等安全设施和条件不符合国家安全标准、行业安全标准、煤矿安全规程和行业技术规范的要求，经煤矿安全监察机构责令限期达到要求，逾期仍达不到要求

D. 煤矿建设工程安全设施和条件未经验收或者验收不合格，擅自投入生产

【考点】"六、煤矿安全违法行为应负的法律责任"。

# 第三节　国务院关于预防煤矿生产安全事故的特别规定

《国务院关于预防煤矿生产安全事故的特别规定》指出，煤矿企业主要负责人对预防煤矿生产安全事故负主要责任。

## 一、重大安全隐患的范围

（1）超能力、超强度或者超定员组织生产。

（2）瓦斯超限作业。

（3）煤与瓦斯突出矿井，未依照规定实施防突出措施。

（4）高瓦斯矿井未建立瓦斯抽放系统和监控系统，或者瓦斯监控系统不能正常运行。

（5）通风系统不完善、不可靠。

（6）有严重水患，未采取有效措施。

（7）超层越界开采。

（8）有冲击地压危险，未采取有效措施。

（9）自然发火严重，未采取有效措施。

（10）使用明令禁止使用或者淘汰的设备、工艺。

（11）年产 6 万吨以上的煤矿没有双回路供电系统。

（12）新建煤矿边建设边生产，煤矿改扩建期间，在改扩建的区域生产，或者在其他区域的生产超出安全设计规定的范围和规模。

（13）煤矿实行整体承包生产经营后，未重新取得安全生产许可证而从事生产的，或者承包方再次转包的，以及煤矿将井下采掘工作面和井巷维修作业进行劳务承包。

（14）有其他重大安全生产隐患。

（包括：煤矿改制期间，未明确安全生产责任人和安全管理机构，或者在完成改制后，未重新取得或者变更采矿许可证、安全生产许可证和营业执照）

煤矿有上述重大安全生产隐患和行为的，应当立即停止生产，排除隐患。

煤矿企业应当对重大安全生产隐患定期组织排查，并将排查情况每季度向县级以上地方人民政府负责煤矿安全生产监督管理的部门、煤矿安全监察机构写出书面报告。报告应当经煤矿企业负责人签字。

## 二、煤矿行政许可

### 1. 煤矿行政许可

（1）何种情况下不得生产。

以下情况不得生产：无煤矿四证照（采矿许可证、安全生产许可证、煤炭生产许可证、营业执照），证照不齐全有效，被责令停产整顿，被暂扣证照。

（2）人员"三证"。

矿长两证：矿长资格证、矿长安全资格证。

特种作业人员操作资格证。

### 2. 证照的暂扣与吊销

（1）暂扣。

对被责令停产整顿的煤矿，颁发证照的部门应当暂扣采矿许可证、安全生产许可证、营业执照和矿长两证。

被责令停产整顿的煤矿整改结束后验收合格的，经有关部门、机构审核同意，报请有关地方人民政府主要负责人签字批准，颁发证照的部门发还证照。

（2）吊销。

对决定予以关闭的煤矿，吊销煤矿四证照和矿长两证。

## 三、停产整顿

### 1. 何种情况下停产整顿

煤矿有重大安全生产隐患和违法行为的，应当立即停止生产，排除隐患。

违法行为例：

（1）未按本规定对重大安全生产隐患定期组织排查和报告（每季度书面报告），被责令限期改正而逾期未改正。

（2）因未依照国家有关规定对井下作业人员进行安全生产教育和培训，或特种作业人员无证上岗，被责令限期改正而逾期未改正（按国发〔2010〕23号文，若情节严重，依法予以关闭）。

（3）应当发现而没有发现自身存在的重大安全生产隐患和违法行为。

**2. 谁应发现煤矿有重大安全生产隐患和违法行为**

（1）煤矿企业自身。

（2）县级以上地方人民政府负责煤矿安全生产监督管理的部门。

（3）煤矿安全监察机构。

**3. 由谁责令停产整顿**

县级以上地方人民政府负责煤矿安全生产监督管理的部门或者煤矿安全监察机构。

**4. 政府的监督检查**

对被停产整顿的煤矿，在停产整顿期间，由有关人民政府采取有效措施进行监督检查。

**5. 复产验收**

（1）复产验收的程序。

1）被责令停产整顿的煤矿应当制定整改方案，落实整改措施和安全技术规定；

2）煤矿在整改结束后要求恢复生产的，必须提出验收申请；

3）县级以上地方人民政府负责煤矿安全生产监督管理的部门自收到恢复生产申请之日起60日内组织验收完毕。

（2）验收合格后的复产手续。验收合格后，经组织验收的地方人民政府负责煤矿安全生产监督管理的部门的主要负责人签字，并经有关煤矿安全监察机构审核同意，报请有关地方人民政府主要负责人签字批准，颁发证照的部门发还证照，煤矿方可恢复生产。

## 四、关闭煤矿的要求

**1. 何种情况下予以关闭**

（1）煤矿无证照或证照不全擅自从事生产。

（2）被发现3个月内2次或者2次以上有重大安全生产隐患。

（3）停产整顿期间擅自从事生产。

（4）停产整顿后验收不合格。

国务院《关于进一步加强企业安全生产工作的通知》（国发〔2010〕23号）规定，以下情况要依法予以关闭：以整合、技改名义违规组织生产，以及规定期限内未实施改造或故意拖延工期；没有对井下作业人员进行安全培训教育，或存在特种作业人员无证上岗，情节严重。

**2. 关闭煤矿的决定程序**

（1）有关部门（县级以上地方人民政府负责煤矿安全生产监督管理的部门、煤矿安全监察机构等）向有关人民政府提出关闭的建议。对提请关闭的煤矿，应当责令立即停止生产。

（2）有关人民政府应当在7日内做出关闭或者不予关闭的决定，并由其主要负责人签字存档。对决定关闭的，有关地方人民政府应当立即组织实施。

**3. 关闭煤矿应当达到的要求**

（1）吊销相关证照。

（2）停止供应并处理火工用品。

（3）停止供电，拆除矿井生产设备、供电、通信线路。

（4）封闭、填实矿井井筒，平整井口场地，恢复地貌。

（5）妥善遣散从业人员。

**4. 对存在不可抗力的重大自然灾害威胁因而无安全保障的煤矿，也应关闭**

# 模拟试题及考点

1. 依据《国务院关于预防煤矿生产安全事故的特别规定》的要求，_____对预防煤矿生产安全事故负主要责任。

A. 煤矿企业辖区政府主要负责人　　　B. 煤矿企业主要负责人

C. 煤矿企业安全生产管理人员　　　　D. 煤矿企业生产现场指挥人员

【考点】预防煤矿生产安全事故的主要责任。

★2. 下述哪些属于煤矿重大安全隐患？

A. 高瓦斯矿井瓦斯监控系统不能正常运行

B. 扩建工程已开工，尚未提交安全预评价报告

C. 通风系统不完善、不可靠

D. 煤矿实行整体承包生产经营后，未重新取得安全生产许可证就从事生产

E. 年产6万吨以上的煤矿没有双回路供电系统

【考点】"一、重大安全隐患的范围"。

3. 下述不属于煤矿重大安全隐患的是_____。

A. 超层越界开采

B. 使用明令禁止使用或者淘汰的设备、工艺

C. 虽然对严重水患采取了有效措施，但透水事故应急救援预案未评审

D. 超定员组织生产

【考点】"一、重大安全隐患的范围"。

★4. 下列哪些情况下煤矿不得从事生产活动？

A. 已具备的证照有采矿许可证、煤炭生产许可证、营业执照

B. 因有重大安全生产隐患，处于被煤矿安全监察机构责令停产整顿期间

C. 因未依照国家有关规定对井下作业人员进行安全生产教育和培训，被地方人民政府负责煤矿安全生产监督管理的部门责令限期改正

D. 合法证照被暂扣

【考点】"二、1. 煤矿行政许可"。

5. 对决定予以关闭的煤矿，颁发证照的部门应当_____煤矿四证、照和矿长两证。

A. 收回　　　　B. 吊销　　　　C. 暂停　　　　D. 暂扣

【考点】"二、2. 证照的暂扣与吊销"。

6. 煤矿有_____的，应当立即停止生产，且排除隐患。

A. 重大安全生产隐患

B. 高瓦斯矿井

C. 不可抗的重大自然灾害威胁，无安全保障

D. 有毒有害气体

【考点】"三、1. 何种情况下停产整顿"。

7. 煤矿在停产整顿期间，由_____采取有效措施对其进行监督检查。

A. 煤矿安全监察机构

B. 有关人民政府负责煤矿安全生产监督管理的部门

C. 地方工会

D. 有关人民政府

【考点】"三、4. 政府的监督检查"。

8. 被责令停产整顿的煤矿应当制定_____方案，落实整改措施和安全技术规定；整改结束后要求恢复生产，必须向地方人民政府负责煤矿安全生产监督管理的部门提出_____申请。

A. 整改，恢复　　　　　　　　　B. 整顿，审批

C. 整改，验收　　　　　　　　　D. 整顿，验收

【考点】"三、5. 复产验收"。

9. 依据《国务院关于预防煤矿生产安全事故的特别规定》，被责令停产整顿的煤矿应当制订整改方案，落实整改措施和安全技术规定；整改结束后要求恢复生产的，应当由_____自收到恢复生产申请之日起 60 日内组织验收完毕。

A. 国家煤矿安全监察机构

B. 县级以上地方人民政府负责煤矿安全生产监督管理的部门

C. 设区的市以上地方人民政府负责煤矿安全生产监督管理的部门

D. 省级人民政府安全生产监督管理部门

【考点】"三、5. 复产验收"。

★10. 下列哪些情况下应对煤矿予以关闭？

A. 停产整顿期间擅自从事生产

B. 停产整顿后尚未验收

C. 以整合名义违规组织生产

D. 被发现 3 个月内有 3 次重大安全生产隐患

E. 证照不全擅自从事生产

【考点】"四、1. 何种情况下予以关闭"。

11. 关闭煤矿要由_____提出建议，由_____做出决定。对决定关闭的，有关人民政府应当立即组织实施。

A. 有关人民政府负责煤矿安全监督管理的部门，煤矿安全监察机构

B. 有关人民政府，上级人民政府

C. 煤矿安全监督管理部门或煤矿安全监察机构，有关人民政府

D. 有关人民政府，法院

【考点】"四、2. 关闭煤矿的决定程序"。

12. 关闭煤矿应当达到的要求中不包括_____。

A. 停止供应并处理火工用品

B. 将农民工工资不克扣地发放完毕

C. 停止供电，拆除矿井生产设备、供电、通信线路

D. 封闭、填实矿井井筒，平整井口场地，恢复地貌

E. 吊销相关证照

【考点】"四、3. 关闭煤矿应当达到的要求"。

13. 按照《关于进一步加强企业安全生产工作的通知》（国发〔2010〕23号）规定，煤矿企业_____要轮流现场带班。

A. 负责人      B. 主要负责人

C. 主要负责人和领导班子成员      D. 主要负责人和生产经营管理人员

【考点】国务院关于预防煤矿生产安全事故的特别规定。

# 第四节　建设工程安全生产管理条例

## 一、建设单位的安全责任

（1）向施工单位提供施工现场及毗邻区域内供水、排水、供电、供气、供热、通信、广播电视等地下观测资料，相邻建筑物和构筑物、地下工程的有关资料，并保证资料的真实、准确、完整。

（2）不得对勘察、设计、施工、工程监理等单位提出不符合建设工程安全生产法律、法规和强制性标准规定的要求，不得要求压缩合同的工期。

（3）在编制工程概算时，应确定建设工程安全作业环境及安全施工措施所需费用。

（4）不得明示或者暗示施工单位购买、租赁、使用不符合安全施工要求的安全防护用具、机械设备、施工机具及配件、消防设施和器材。

（5）在申请领取施工许可证时，应提供建设工程有关保证安全施工措施的资料——自开工报告批准之日起15日内报送建设工程所在地的县级以上地方人民政府建设行政主管部门或者其他有关部门备案。

资料涉及：施工现场、临时设施、安全防护设施、施工进度计划、施工组织设计、拟进

入现场的起重设备等。

（6）将拆除工程发包给具有相应资质等级的施工单位。在拆除工程施工 15 日前，将有关资料报送建设工程所在地县级以上人民政府建设行政主管部门或者其他有关部门备案。

资料涉及：施工单位资质等级证明，拟拆除建筑物、构筑物及可能危及毗邻建筑的说明，拆除施工组织方案，堆放、清除废弃物的措施。

## 二、勘察、设计及工程监理等单位的安全责任

### 1. 勘察单位

（1）取得相应等级资质证书后，在许可范围内从事勘察活动。

（2）勘察必须满足工程强制性标准（涉及人民生命财产安全、人身健康、环境保护及其他公共利益）的要求。

（3）提供的勘察文件应当真实、准确，满足安全生产的要求。

（4）严格执行操作规程、采取措施保证各类管线、设施和周边建筑物、构筑物的安全。

### 2. 设计单位

（1）取得相应的等级资质证书，在许可范围内承揽设计业务。

（2）依法和标准进行设计，保证设计质量和施工安全。

（3）考虑施工安全和防护需求，对涉及施工安全的重点部位和环节，在设计文件中注明，并对防范事故提出指导意见。

（4）对采用新结构、新材料、新工艺的建设工程以及特殊结构的工程，提出保障施工作业人员安全和预防事故的措施建议。

（5）设计单位和注册建筑师等注册执业人员应当对其设计负责。

### 3. 工程监理单位

（1）审查施工组织设计中的安全技术措施或者专项施工方案是否符合工程建设强制性标准。

（2）在实施监理过程中，发现事故隐患时要求施工单位整改；情节严重的要求施工单位停止施工，并及时报告建设单位。施工单位拒不整改或者不停止施工的，工程监理单位应当及时向有关主管部门报告。

（3）工程监理单位和监理工程师应当按照法律、法规和工程建设强制性标准实施监理，对建设工程安全生产承担监理职责。

### 4. 有关单位

（1）为建设工程提供机械设备和配件的单位，按照安全施工的要求配备齐全有效的保险、限位等安全设施和装置。

（2）出租机械设备、施工机具及配件的单位，应当具有生产（制造）许可证、产品合格证，在签订租赁协议时出具设备、机具及配件安全性能检测合格的证明。

（3）现场安装、拆卸起重机械和整体提升脚手架、模板等自升式架设设施的单位，要具有相应的资质；编制拆装方案，制定安全施工措施，并由专业技术人员现场监督；安装完毕后，安装单位自检并出具自检合格证明，向施工单位进行安全使用说明，办理验收并签字。

### 三、施工单位的安全责任

#### 1. 具备相应的资质条件

具备国家规定的注册资本、专业技术人员、技术装备和安全生产等条件，依法取得相应的资质等级证书，并在其资质等级许可的范围内承揽工程。

禁止以任何形式允许其他单位或个人使用本单位的资质证书、营业执照，以本单位的名义承揽工程。

#### 2. 主要负责人和项目负责人的安全施工责任

施工单位主要负责人依法对本单位的安全生产工作全面负责。

施工单位的项目负责人（项目经理）应当由取得相应执业资格的人员担任，对建设工程项目的安全施工负责，落实安全生产责任制、安全生产规章制度和操作规程，确保安全生产费用的有效使用，并根据工程的特点组织制定安全施工措施，消除安全事故隐患，及时、如实报告生产安全事故。

#### 3. 安全管理机构和安全管理人员的配置

施工单位应当设立安全生产管理机构，配备安全生产管理人员。专职安全生产管理人员负责进行现场安全生产监督检查。

#### 4. 总承包单位与分包单位的安全管理

建筑工程实行总承包的，由总承包单位对施工现场的安全生产负总责。总承包单位应当自行完成建设工程主体结构的施工。总承包单位依法将建设工程分包给其他单位的，分包合同中应当明确各自的安全生产方面的权利、义务。总承包单位和分包单位对分包工程的安全生产承担连带责任。分包单位应当服从总承包单位的安全生产管理，分包单位不服从管理导致生产安全事故的，由分包单位承担主要责任。

#### 5. 特种作业人员的资格管理

垂直运输机械作业人员、安装拆卸工、爆破作业人员、起重信号工、登高架设作业人员等特种作业人员，必须按照国家有关规定经过专门的安全作业培训，并取得特种作业操作资格证书后，方可上岗作业。

#### 6. 安全警示标志

施工单位应当在施工现场入口、起重机械、临时用电设施、脚手架、出入通道口、楼梯口、电梯井口、孔洞口、桥梁口、隧道口、基坑边沿、爆破物，有害危险气体、液体的存放处等危险部位，设置明显的安全警示标志。

#### 7. 施工现场的安全管理

施工单位的专职安全生产管理人员负责对安全生产进行现场监督检查，发现安全事故隐患，应当及时向项目负责人和安全生产管理机构报告。

### 四、建设工程安全生产监督管理

#### 1. 建筑施工安全生产的监督管理职责划分

（1）综合监督管理。国务院负责安全生产监督管理的部门依照安全生产法的规定，对全国建设工程安全生产工作实施综合监督管理。县级以上人民政府负责安全生产监督管理的部门依照安全生产法的规定，对本行政区域内建设工程安全生产工作实施综合监督管理。

（2）建设施工的专项监督管理。

国务院建设行政主管部门对全国的建设工程安全生产实施监督管理。

国务院铁路、交通、水利等有关部门按照国务院规定的职责分工，负责有关专业建设工程安全生产的监督管理。

县级以上地方人民政府建设行政主管部门对本行政区域内的建设工程安全生产实施监督管理。

县级以上地方人民政府交通、水利等有关部门在各自的职责范围内，负责本行政区域内的专业建设工程安全生产的监督管理。

**2. 建设施工许可**

建设行政主管部门在审核发放施工许可证时，应当对建设工程是否有安全施工措施进行审查，对没有安全施工措施的，不得颁发施工许可证。

**3. 日常监督检查措施**

县级以上人民政府负有建设工程安全生产监督管理职责的部门在各自的职责范围内履行安全监督检查职责时，有权采取下列措施：

（1）要求被检查单位提供有关建设工程安全生产的文件和资料。

（2）进入被检查单位施工现场进行检查。

（3）纠正施工中违反安全生产要求的行为。

（4）对检查中发现的安全事故隐患，责令立即排除；重大安全事故隐患排除前或者排除过程中无法保证安全的，责令从危险区域内撤出作业人员或者暂时停止施工。

# 模拟试题及考点

1. ＿＿＿＿＿＿应当向施工单位提供施工现场及毗邻区域内供水、排水、供电、供气、供热、通信、广播电视等地下观测资料，相邻建筑物和构筑物、地下工程的有关资料，并保证资料的＿＿＿＿＿＿。

A. 建设单位，真实、准确、完整　　　　B. 设计单位，真实、正确、完善

C. 勘查单位，及时、准确、完整　　　　D. 工程监理单位，及时、正确、完善

【考点】"一、建设单位的安全责任"。

2. 依据《建设工程安全生产管理条例》的规定，建设单位不得对勘察、设计、施工、工程监理等单位提出不符合建设工程安全生产法律、法规和＿＿＿＿＿＿规定的要求。

A. 规章　　　　B. 产业政策　　　　C. 技术规范　　　　D. 强制性标准

【考点】"一、建设单位的安全责任"。

★3. 某建设单位的下述做法中，有哪些违反了《建设工程安全生产管理条例》所规定的安全责任？

A. 及时通知了施工单位将合同约定的工期压缩一个月的决定

B. 在编制工程概算时，确定了建设工程安全作业环境及安全施工措施所需费用

C. 将拆除工程发包给了具有相应资质等级的施工单位，并在做出翌日进行拆除工程施工的决定的当天，将有关资料报送当地人民政府建设行政主管部门

D. 建议施工单位购买价格较低廉的施工机具

【考点】"一、建设单位的安全责任"。

4. 为申请领取施工许可证，建设单位应自开工报告批准之日起_____向建设工程所在地人民政府_____报送保证安全施工措施的资料。

A. 10 日内，安全生产监督管理部门

B. 15 日内，建设行政主管部门

C. 20 日内，安全生产监督管理部门

D. 30 日内，建设行政主管部门

【考点】"一、建设单位的安全责任"。

5. 设计单位在设计文件中应注明涉及_____的重点部位和环节，并对防范事故提出指导意见。设计单位和_____等注册执业人员应当对其设计负责。

A. 设计安全，注册设计师　　　　　　B. 安装安全，注册会计师

C. 施工安全，注册建筑师　　　　　　D. 使用安全，注册安全工程师

【考点】"二、2. 设计单位"。

6. 工程监理单位在实施监理过程中，发现事故隐患时要求施工单位_____；情节严重的要求施工单位_____，并及时报告建设单位。

A. 整顿，停止施工　　　　　　　　　B. 整改，停止施工

C. 检查，整顿　　　　　　　　　　　D. 停止施工，赔款

【考点】"二、3. 工程监理单位"。

7. 《建设工程安全生产管理条例》规定：施工单位应当依法取得相应的_____证书，并禁止以任何形式允许其他单位以本单位的名义_____。

A. 资质批准，承包工程　　　　　　　B. 资质合格，承揽工程

C. 资质，承包工程　　　　　　　　　D. 资质等级，承揽工程

【考点】"三、1. 具备相应的资质条件"。

★8. 下列关于施工单位的陈述中，正确的是_____。

A. 无论总承包单位与分包单位，都应依法取得相应的资质等级证书，并在其资质等级许可的范围内承揽工程

B. 所有的施工工程都可以分包，但由总承包单位对施工现场的安全生产负总责

C. 如果总承包单位与分包单位签订的分包合同中明确了有关的安全生产权利、义务，则分包单位对分包工程的安全生产负全部责任

D. 如因分包单位不服从总承包单位的管理导致生产安全事故的，由分包单位承担主要责任

【考点】"三、4. 总承包单位与分包单位的安全管理"。

9. 施工单位不需要在何处设置明显的安全警示标志？

A. 施工项目部存放钢材的库房

B. 施工现场入口

C. 电梯井口

D. 危险液体的存放处

【考点】"三、6. 安全警示标志"。

10. 依据《建设工程安全生产管理条例》的规定，施工单位的专职安全生产管理人员负责对安全生产进行现场监督检查，发现安全事故隐患，应当及时向_____报告。

A. 单位法人和安全生产监管机构

B. 主要负责人和安全生产监管机构

C. 项目负责人和安全生产管理机构

D. 项目负责人和安全生产监管机构

【考点】"三、7. 施工现场的安全管理"。

11. 下列叙述中正确的是_____。

A. 国务院建设行政主管部门对全国的建设工程安全生产实施监督管理

B. 县级以上地方人民政府建设行政主管部门对本行政区域内的建设工程安全生产实施综合监督管理

C. 国务院铁路部门负责有关铁路建设工程安全生产的综合监督管理

D. 县级以上人民政府负责安全生产监督管理的部门对本行政区域内建设工程安全生产工作实施监督管理

【考点】"四、1. 建筑施工安全生产的监督管理职责划分"。

12. _____负责审核发放施工许可证，如果建设工程没有安全施工措施，不得颁发施工许可证。

A. 安全生产监督管理部门　　　　　　B. 工商行政管理部门

C. 建设行政主管部门　　　　　　　　D. 有关人民政府

【考点】"四、2. 建设施工许可"。

# 第五节　危险化学品安全管理条例

## 一、"总则"的部分内容

### 1. 本条例的适用范围

危险化学品生产、储存、使用、经营和运输的安全管理，适用本条例。

废弃危险化学品的处置，依照有关环境保护的法律、行政法规和国家有关规定执行。

**2. 危险化学品定义**

具有毒害、腐蚀、爆炸、燃烧、助燃等性质，对人体、设施、环境具有危害的剧毒化学品和其他化学品。

**3. 负有危险化学品安全监督管理职责的部门的职责**

（1）安全生产监督管理部门——危险化学品安全监督管理综合工作。

1）组织确定、公布、调整危险化学品目录。

2）对新建、改建、扩建生产、储存危险化学品（包括使用长输管道输送危险化学品）的建设项目进行安全条件审查。

3）核发危险化学品安全生产许可证、危险化学品安全使用许可证和危险化学品经营许可证。

4）危险化学品登记。

（2）公安机关。

1）危险化学品的公共安全管理。

2）核发剧毒化学品购买许可证、剧毒化学品道路运输通行证。

3）危险化学品运输车辆的道路交通安全管理。

（3）质量监督检验检疫部门。

1）核发危险化学品及其包装物、容器（不包括储存危险化学品的固定式大型储罐）生产企业的工业产品生产许可证，并依法对其产品质量实施监督；

2）对进出口危险化学品及其包装实施检验。

（4）环境保护主管部门。

1）废弃危险化学品处置的监督管理。

2）组织危险化学品的环境危害性鉴定和环境风险程度评估，确定实施重点环境管理的危险化学品。

3）危险化学品环境管理登记和新化学物质环境管理登记。

4）调查相关危险化学品环境污染事故和生态破坏事件。

5）危险化学品事故现场的应急环境监测。

（5）交通运输主管部门。

1）危险化学品道路运输、水路运输的许可以及运输工具的安全管理。

2）对危险化学品水路运输安全实施监督。

3）危险化学品道路运输企业、水路运输企业驾驶人员、船员、装卸管理人员、押运人员、申报人员、集装箱装箱现场检查员的资格认定。

4）铁路监管部门负责危险化学品铁路运输及其运输工具的安全管理。

5）民用航空主管部门负责危险化学品航空运输以及航空运输企业及其运输工具的安全管理。

（6）卫生主管部门。

1）危险化学品毒性鉴定的管理。

2）组织、协调危险化学品事故受伤人员的医疗卫生救援工作。

（7）工商行政管理部门。

1）依据有关部门的许可证件，核发危险化学品生产、储存、经营、运输企业营业执照。

2）查处危险化学品经营企业违法采购危险化学品的行为。

（8）邮政管理部门。

依法查处寄递危险化学品的行为。

县级以上人民政府应当建立危险化学品安全监督管理工作协调机制，支持、督促负有危险化学品安全监督管理职责的部门依法履行职责，协调、解决危险化学品安全监督管理工作中的重大问题。

## 二、生产、储存安全

### 1. 统筹规划、合理布局

国务院工业和信息化主管部门以及国务院其他有关部门依据各自职责，负责危险化学品生产、储存的行业规划和布局。

地方人民政府组织编制城乡规划，应当根据本地区的实际情况，按照确保安全的原则，规划适当区域专门用于危险化学品的生产、储存。

### 2. 建设项目安全条件审查

建设单位应当对新建、改建、扩建生产、储存危险化学品的建设项目进行安全条件论证，委托具备国家规定的资质条件的机构对建设项目进行安全评价，并将安全条件论证和安全评价的情况报告建设项目所在地设区的市级以上人民政府安全生产监督管理部门；安全生产监督管理部门应当自收到报告之日起45日内做出审查决定，并书面通知建设单位。

新建、改建、扩建储存、装卸危险化学品的港口建设项目，由港口行政管理部门按照国务院交通运输主管部门的规定进行安全条件审查。

### 3. 危险化学品管道

生产、储存危险化学品的单位，应当对其铺设的危险化学品管道设置明显标志，并对危险化学品管道定期检查、检测。

进行可能危及危险化学品管道安全的施工作业，施工单位应当在开工的7日前书面通知管道所属单位，并与管道所属单位共同制定应急预案，采取相应的安全防护措施。管道所属单位应当指派专门人员到现场进行管道安全保护指导。

### 4. 安全生产许可证和工业产品生产许可证

危险化学品生产企业进行生产前，应当依照《安全生产许可证条例》的规定，取得危险化学品安全生产许可证。

生产列入国家实行生产许可证制度的工业产品目录的危险化学品的企业，应当取得工业产品生产许可证。

### 5. 安全技术说明书

危险化学品生产企业应当提供与其生产的危险化学品相符的化学品安全技术说明书，并在危险化学品包装（包括外包装件）上粘贴或者挂挂与包装内危险化学品相符的化学品安全标签。化学品安全技术说明书和化学品安全标签所载明的内容应当符合国家标准的要求。

### 6. 环境风险控制

生产实施重点环境管理的危险化学品的企业,应当按照国务院环境保护主管部门的规定,将该危险化学品向环境中释放等相关信息向环境保护主管部门报告。环境保护主管部门可以根据情况采取相应的环境风险控制措施。

### 7. 包装

危险化学品的包装应当符合法律、行政法规、规章的规定以及国家标准、行业标准的要求。

危险化学品包装物、容器的材质以及危险化学品包装的型式、规格、方法和单件质量(重量),应当与所包装的危险化学品的性质和用途相适应。

生产列入国家实行生产许可证制度的工业产品目录的危险化学品包装物、容器的企业,应当取得工业产品生产许可证;其生产的危险化学品包装物、容器经国务院质量监督检验检疫部门认定的检验机构检验合格,方可出厂销售。

运输危险化学品的船舶及其配载的容器,应当按照国家船舶检验规范进行生产,并经海事管理机构认定的船舶检验机构检验合格,方可投入使用。

对重复使用的危险化学品包装物、容器,使用单位在重复使用前应当进行检查;发现存在安全隐患的,应当维修或者更换。使用单位应当对检查情况做出记录,记录的保存期限不得少于2年。

### 8. 生产装置和储存设施的选址

除运输工具加油站、加气站外,危险化学品生产装置或者储存数量构成重大危险源的储存设施与下列场所、设施、区域的距离应当符合国家有关规定:

(1)居住区以及商业中心、公园等人员密集场所。

(2)学校、医院、影剧院、体育场(馆)等公共设施。

(3)饮用水源、水厂以及水源保护区。

(4)车站、码头(依法经许可从事危险化学品装卸作业的除外)、机场以及通信干线、通信枢纽、铁路线路、道路交通干线、水路交通干线、地铁风亭以及地铁站出入口。

(5)基本农田保护区、基本草原、畜禽遗传资源保护区、畜禽规模化养殖场(养殖小区)、渔业水域以及种子、种畜禽、水产苗种生产基地。

(6)河流、湖泊、风景名胜区、自然保护区。

(7)军事禁区、军事管理区。

(8)法律、行政法规规定的其他场所、设施、区域。

已建的生产装置或者储存设施不符合上述规定的,由所在地设区的市级人民政府安全生产监督管理部门会同有关部门监督其所属单位在规定期限内进行整改;需要转产、停产、搬迁、关闭的,由本级人民政府决定并组织实施。

储存数量构成重大危险源的危险化学品储存设施的选址,应当避开地震活动断层和容易发生洪灾、地质灾害的区域。

### 9. 安全设施、设备

生产、储存危险化学品的单位,应当:

(1)根据其生产、储存的危险化学品的种类和危险特性,在作业场所设置相应的监测、监控、通风、防晒、调温、防火、灭火、防爆、泄压、防毒、中和、防潮、防雷、防静电、防腐、防泄漏以及防护围堤或者隔离操作等安全设施、设备，并按照国家标准、行业标准或者国家有关规定对安全设施、设备进行经常性维护、保养，保证安全设施、设备的正常使用。

（2）在其作业场所和安全设施、设备上设置明显的安全警示标志。

（3）在其作业场所设置通信、报警装置，并保证处于适用状态。

**10. 安全评价**

生产、储存危险化学品的企业，应当委托具备国家规定的资质条件的机构，对本企业的安全生产条件每 3 年进行一次安全评价，提出安全评价报告。

生产、储存危险化学品的企业，应当将安全评价报告以及整改方案的落实情况报所在地县级人民政府安全生产监督管理部门备案。在港区内储存危险化学品的企业，应当将安全评价报告以及整改方案的落实情况报港口行政管理部门备案。

**11. 剧毒化学品、易制爆危险化学品记录和防止失盗**

生产、储存剧毒化学品或者易制爆危险化学品的单位，应当：

如实记录其生产、储存的剧毒化学品、易制爆危险化学品的数量、流向，并采取必要的安全防范措施，防止丢失或者被盗；发现丢失或者被盗的，应当立即向当地公安机关报告；设置治安保卫机构，配备专职治安保卫人员。

**12. 储存要求**

危险化学品应当储存在专用仓库（含专用场地或者专用储存室）内，并由专人负责管理；剧毒化学品以及储存数量构成重大危险源的其他危险化学品，应当在专用仓库内单独存放，并实行双人收发、双人保管制度。

危险化学品的储存方式、方法以及储存数量应当符合国家标准或者国家有关规定。

储存危险化学品的单位应当建立危险化学品出入库核查、登记制度。

对剧毒化学品以及储存数量构成重大危险源的其他危险化学品，储存单位应当将其储存数量、储存地点以及管理人员的情况，报所在地县级人民政府安全生产监督管理部门（在港区内储存的，报港口行政管理部门）和公安机关备案。

危险化学品专用仓库应当符合国家标准、行业标准的要求，并设置明显的标志。储存剧毒化学品、易制爆危险化学品的专用仓库，应当按照国家有关规定设置相应的技术防范设施。

储存危险化学品的单位应当对其危险化学品专用仓库的安全设施、设备定期进行检测、检验。

## 三、使用安全

**1. 使用条件和规章制度**

使用危险化学品的单位，其使用条件（包括工艺）应当符合法律、行政法规的规定和国家标准、行业标准的要求，并根据所使用的危险化学品的种类、危险特性以及使用量和使用方式，建立、健全使用危险化学品的安全管理规章制度和安全操作规程，保证危险化学品的安全使用。

**2. 危险化学品安全使用许可证**

使用危险化学品从事生产并且使用量达到规定数量的化工企业（属于危险化学品生产企

业的除外），应当取得危险化学品安全使用许可证。

（数量标准由国务院安全生产监督管理部门会同国务院公安部门、农业主管部门确定并公布）

申请危险化学品安全使用许可证的化工企业，除应符合"1"的规定外，还应当具备下列条件：

（1）有与所使用的危险化学品相适应的专业技术人员。

（2）有安全管理机构和专职安全管理人员。

（3）有符合国家规定的危险化学品事故应急预案和必要的应急救援器材、设备。

（4）依法进行了安全评价。

申请危险化学品安全使用许可证的化工企业，应当向所在地设区的市级人民政府安全生产监督管理部门提出申请，并提交其符合规定条件的证明材料。设区的市级人民政府安全生产监督管理部门应当依法进行审查，自收到证明材料之日起 45 日内做出批准或者不予批准的决定。予以批准的，颁发危险化学品安全使用许可证；不予批准的，书面通知申请人并说明理由。

**3. 其他要求**

（1）本节"二、9. 安全设施、设备"及"二、11"中关于如实记录和防止失、盗的规定适用于危险化学品使用单位。

（2）本节"二、10. 安全评价"的规定适用于使用危险化学品从事生产的企业。

（3）本节"二、6. 环境风险控制"的规定适用于使用实施重点环境管理的危险化学品从事生产的企业。

# 四、经营安全

**1. 经营许可制度**

国家对危险化学品经营（包括仓储经营）实行许可制度。未经许可，任何单位和个人不得经营危险化学品。

**2. 从事危险化学品经营的企业应当具备的条件**

（1）有符合国家标准、行业标准的经营场所，储存危险化学品的，还应当有符合国家标准、行业标准的储存设施。

（2）从业人员经过专业技术培训并经考核合格。

（3）有健全的安全管理规章制度。

（4）有专职安全管理人员。

（5）有符合国家规定的危险化学品事故应急预案和必要的应急救援器材、设备。

（6）法律、法规规定的其他条件。

**3. 经营申请**

从事剧毒化学品、易制爆危险化学品经营的企业，应当向所在地设区的市级人民政府安全生产监督管理部门提出申请；从事其他危险化学品经营的企业，应当向所在地县级人民政府安全生产监督管理部门提出申请（有储存设施的，应当向所在地设区的市级人民政府安全生产监督管理部门提出申请）。

申请人持危险化学品经营许可证向工商行政管理部门办理登记手续后，方可从事危险化学品经营活动。

**4. 危险化学品经营企业储存危险化学品时应当遵守的要求**

危险化学品经营企业储存危险化学品的，应当遵守"二、生产、储存安全"中 2、3、8、9、10、11、12 各项中有关储存危险化学品的规定。危险化学品商店内只能存放民用小包装的危险化学品。

**5. 经营危险化学品的禁止性规定**

危险化学品经营企业：

（1）不得向未经许可从事危险化学品生产、经营活动的企业采购危险化学品。

（2）不得经营没有化学品安全技术说明书或者化学品安全标签的危险化学品。

**6. 剧毒化学品、易制爆危险化学品购买**

依法取得危险化学品安全生产许可证、危险化学品安全使用许可证、危险化学品经营许可证的企业，凭相应的许可证件购买剧毒化学品、易制爆危险化学品。

民用爆炸物品生产企业凭民用爆炸物品生产许可证购买易制爆危险化学品。

其他单位购买剧毒化学品的，应当向所在地县级人民政府公安机关申请取得剧毒化学品购买许可证（申请时提交相关材料）；购买易制爆危险化学品的，应当持本单位出具的合法用途说明。

个人不得购买剧毒化学品（属于剧毒化学品的农药除外）和易制爆危险化学品。

**7. 剧毒化学品、易制爆危险化学品销售**

（1）查验许可证件或者证明文件。

危险化学品生产企业、经营企业销售剧毒化学品、易制爆危险化学品，应当查验"6"规定的相关许可证件或者证明文件，不得向不具有相关许可证件或者证明文件的单位销售剧毒化学品、易制爆危险化学品。

对持剧毒化学品购买许可证购买剧毒化学品的，应当按照许可证载明的品种、数量销售。

禁止向个人销售剧毒化学品（属于剧毒化学品的农药除外）和易制爆危险化学品。

（2）记录。

危险化学品生产企业、经营企业销售剧毒化学品、易制爆危险化学品，应当如实记录购买单位的名称、地址、经办人的姓名、身份证号码以及所购买的剧毒化学品、易制爆危险化学品的品种、数量、用途。销售记录以及经办人的身份证明复印件、相关许可证件复印件或者证明文件的保存期限不得少于 1 年。

**8. 剧毒化学品、易制爆危险化学品买卖信息向公安机关备案**

剧毒化学品、易制爆危险化学品的销售企业、购买单位应当在销售、购买后 5 日内，将所销售、购买的剧毒化学品、易制爆危险化学品的品种、数量以及流向信息报所在地县级人民政府公安机关备案，并输入计算机系统。

## 五、运输安全

**1. 运输许可制度**

从事危险化学品道路运输、水路运输的，应当分别依照有关道路运输、水路运输的法律、行政法规的规定，取得危险货物道路运输许可、危险货物水路运输许可，并向工商行政管理部门办理登记手续。

**2. 危险化学品道路运输企业、水路运输企业应当配备专职安全管理人员**

**3. 从业资格**

危险化学品道路运输企业、水路运输企业的驾驶人员、船员、装卸管理人员、押运人员、申报人员、集装箱装箱现场检查员应当经交通运输主管部门考核合格，取得从业资格。

**4. 装卸作业**

危险化学品的装卸作业应当遵守安全作业标准、规程和制度，并在装卸管理人员的现场指挥或者监控下进行。水路运输危险化学品的集装箱装箱作业应当在集装箱装箱现场检查员的指挥或者监控下进行，并符合积载、隔离的规范和要求；装箱作业完毕后，集装箱装箱现场检查员应当签署装箱证明书。

**5. 运输要求**

根据危险化学品的危险特性采取相应的安全防护措施，并配备必要的防护用品和应急救援器材。

用于运输危险化学品的槽罐以及其他容器应当封口严密，能够防止危险化学品在运输过程中因温度、湿度或者压力的变化发生渗漏、洒漏；槽罐以及其他容器的溢流和泄压装置应当设置准确、起闭灵活。

运输危险化学品的驾驶人员、船员、装卸管理人员、押运人员、申报人员、集装箱装箱现场检查员，应当了解所运输的危险化学品的危险特性及其包装物、容器的使用要求和出现危险情况时的应急处置方法。

通过道路运输危险化学品的，托运人应当委托依法取得危险货物道路运输许可的企业承运。

通过道路运输危险化学品的，应当按照运输车辆的核定载质量装载危险化学品，不得超载。

危险化学品运输车辆应当符合国家标准要求的安全技术条件，并按照国家有关规定定期进行安全技术检验。应当悬挂或者喷涂符合国家标准要求的警示标志。

通过道路运输危险化学品的，应当配备押运人员，并保证所运输的危险化学品处于押运人员的监控之下。

运输危险化学品途中因住宿或者发生影响正常运输的情况，需要较长时间停车的，驾驶人员、押运人员应当采取相应的安全防范措施；运输剧毒化学品或者易制爆危险化学品的，还应当向当地公安机关报告。

未经公安机关批准，运输危险化学品的车辆不得进入危险化学品运输车辆限制通行的区域。危险化学品运输车辆限制通行的区域由县级人民政府公安机关划定，并设置明显的标志。

剧毒化学品、易制爆危险化学品在道路运输途中丢失、被盗、被抢或者出现流散、泄漏等情况的，驾驶人员、押运人员应当立即采取相应的警示措施和安全措施，并向当地公安机关报告。

**6. 剧毒化学品道路运输通行证**

通过道路运输剧毒化学品的，托运人应当向运输始发地或者目的地县级人民政府公安机关申请剧毒化学品道路运输通行证。

申请剧毒化学品道路运输通行证，托运人应当向县级人民政府公安机关提交相关材料。公安机关自收到材料之日起7日内，做出批准或者不予批准的决定。

**7. 水域运输**

（1）禁止性规定。

禁止通过内河封闭水域运输剧毒化学品以及国家规定禁止通过内河运输的其他危险化学品。

内河封闭水域以外的内河水域，禁止运输国家规定禁止通过内河运输的剧毒化学品以及其他危险化学品。

禁止通过内河运输的剧毒化学品以及其他危险化学品的范围，由国务院交通运输主管部门会同环境保护、工业和信息化、安全生产监督管理部门，根据危险化学品的危险特性、危险化学品对人体和水环境的危害程度以及消除危害后果的难易程度等因素规定并公布。

（2）运输许可。通过内河运输危险化学品，应当由依法取得危险货物水路运输许可的水路运输企业承运，其他单位和个人不得承运。

（3）安全管理措施。条例就与危险化学品水域运输有关的如下方面规定了安全管理措施：运输船舶，应急救援，包装物的材质、型式、强度，单船运输的危险化学品数量，用于危险化学品运输作业的内河码头、泊位，进出内河港口，内河港口内进行危险化学品的装卸、过驳作业，通过过船建筑物，悬挂专用的警示标志，引航，饮用水水源保护，托运，邮政交寄。

**8. 通过铁路、航空运输危险化学品的安全管理**

依照有关铁路、航空运输的法律、行政法规、规章的规定执行。

## 六、危险化学品登记与事故应急救援

**1. 危险化学品登记**

国家实行危险化学品登记制度，为危险化学品安全管理以及危险化学品事故预防和应急救援提供技术、信息支持。

危险化学品生产企业、进口企业，应当向国务院安全生产监督管理部门危险化学品登记机构办理危险化学品登记。

**2. 危险化学品事故应急救援**

县级以上地方人民政府安全生产监督管理部门应当会同其他相关部门，制定本地区危险化学品事故应急预案，报本级人民政府批准。

危险化学品单位应当制定本单位危险化学品事故应急预案，报所在地设区的市级人民政府安全生产监督管理部门备案。

发生危险化学品事故，事故单位主要负责人应当立即按照本单位危险化学品应急预案组织救援，并向当地安全生产监督管理部门和环境保护、公安、卫生主管部门报告；道路运输、水路运输过程中发生危险化学品事故的，驾驶人员、船员或者押运人员还应当向事故发生地交通运输主管部门报告。

## 七、"附则"的部分内容

监控化学品、属于危险化学品的药品和农药的安全管理，依照本条例的规定执行；法律、行政法规另有规定的，依照其规定。

民用爆炸物品、烟花爆竹、放射性物品、核能物质以及用于国防科研生产的危险化学品的安全管理，不适用本条例。

法律、行政法规对燃气的安全管理另有规定的，依照其规定。

## 模拟试题及考点

1. 建设单位应当对新建、改建、扩建生产、储存危险化学品的建设项目进行_____，委托具备国家规定的资质条件的机构对建设项目进行_____，并将情况报告建设项目所在地设区的市级以上人民政府安全生产监督管理部门；安全生产监督管理部门应当自收到报告之日起 45 日内做出_____决定，并书面通知建设单位。

　　A. 安全条件论证，安全评价，审查　　　B. 安全条件论证，安全评价，批准
　　C. 安全评价，安全条件论证，审查　　　D. 安全评价，安全条件论证，批准
【考点】"二、2. 建设项目安全条件审查"。

2. 危险化学品生产企业应当提供与其生产的危险化学品相符的化学品_____说明书，并在危险化学品包装（包括外包装件）上粘贴或者拴挂与包装内危险化学品相符的化学品_____。

　　A. 安全使用，安全标志　　　　　　　B. 安全技术，安全标签
　　C. 物质特性，安全标志　　　　　　　D. 危险特性，安全标签
【考点】"二、5. 安全技术说明书"。

★3.《危险化学品安全管理条例》没有要求下列哪种装置和设施与居民区的距离必须符合国家有关规定？
　　A. 运输工具的加气站
　　B. 危险化学品数量构成重大危险源的生产装置
　　C. 危险化学品数量未构成重大危险源的生产装置
　　D. 危险化学品数量构成重大危险源的储存设施
　　E. 危险化学品数量未构成重大危险源的储存设施
【考点】"二、8. 生产装置和储存设施的选址"。

★4. 生产、储存危险化学品的单位，应当在其作业场所设置_____。
　　A. 安全警示标志　　　　　　　　　　B. 登记标志
　　C. 通信装置　　　　　　　　　　　　D. 报警装置
【考点】"二、9. 安全设施、设备"。

5. 生产、储存危险化学品的企业，应当委托具备国家规定的资质条件的机构，对本企业的安全生产条件每_____年进行一次安全评价，提出安全评价报告。
　　A. 1　　　　　　B. 2　　　　　　C. 3　　　　　　D. 4
【考点】"二、10. 安全评价"。

★6. ＿＿＿＿＿应当在专用仓库内单独存放，并实行双人收发、双人保管制度。

A. 储存数量构成重大危险源的剧毒化学品

B. 储存数量未构成重大危险源的剧毒化学品

C. 储存数量构成重大危险源的其他危险化学品

D. 储存数量未构成重大危险源的其他危险化学品

【考点】"二、12. 储存要求"。

★7. 对剧毒化学品以及储存数量构成重大危险源的其他危险化学品，储存单位（不在港区）应当将其储存数量、储存地点以及管理人员的情况，报所在地县级人民政府＿＿＿＿＿＿备案。

A. 安全生产监督管理部门　　　　　　B. 环境保护部门

C. 公安机关　　　　　　　　　　　　D. 卫生行政部门

【考点】"二、12. 储存要求"。

8. ＿＿＿＿＿＿应当取得危险化学品安全使用许可证。

A. 危险化学品生产企业

B. 危险化学品储存企业

C. 使用危险化学品从事生产并且使用量达到规定数量的化工企业

D. 使用危险化学品从事生产并且使用量达到重大危险源的化工企业

【考点】"三、2. 危险化学品安全使用许可证"。

9. 申请危险化学品安全使用许可证的化工企业，应当具备的条件不包括＿＿＿＿＿＿。

A. 使用条件符合法律、行政法规的规定和国家标准、行业标准的要求

B. 有与所使用的危险化学品相适应的专业技术人员

C. 有安全管理机构和专职安全管理人员

D. 取得职业健康安全管理体系认证证书或安全生产标准化复评证书

E. 依法进行了安全评价

【考点】"三、使用安全"。

10. 下述从事危险化学品经营的企业应当具备的条件中，有＿＿＿＿＿＿项叙述得不正确或不充分。

① 有符合国家标准、行业标准的经营场所，储存危险化学品的，还应当有符合国家标准、行业标准的储存设施

② 从业人员经过专业技术培训

③ 有健全的安全管理规章制度

④ 有专职或兼职安全管理人员

⑤ 有符合国家规定的危险化学品事故应急预案和必要的应急救援器材、设备

A. 1　　　　　　B. 2　　　　　　C. 3　　　　　　D. 4

E. 5

【考点】"四、2. 从事危险化学品经营的企业应当具备的条件"。

11. 从事非剧毒化学品、非易制爆危险化学品的危险化学品经营但有储存设施的企业，应当向所在地_____人民政府安全生产监督管理部门提出申请。

　　A. 省级　　　　　　B. 设区的市级　　　　C. 县级　　　　　　D. 乡级

　　【考点】"四、3. 经营申请"。

12. 危险化学品经营企业不得向未经_____从事危险化学品生产、经营活动的企业采购危险化学品；不得经营没有_____的危险化学品。

　　A. 许可，化学品安全技术说明书

　　B. 批准，化学品安全技术说明书或者化学品安全标签

　　C. 批准，化学品安全标签

　　D. 许可，化学品安全技术说明书或者化学品安全标签

　　【考点】"四、5. 经营危险化学品的禁止性规定"。

13. 某使用危险化学品从事生产但使用量未达到规定数量的化工企业，凭_____购买易制爆危险化学品。

　　A. 危险化学品安全使用许可证　　　　B. 民用爆炸物品生产许可证

　　C. 剧毒化学品购买许可证　　　　　　D. 本单位出具的合法用途说明

　　【考点】"四、6. 剧毒化学品、易制爆危险化学品购买"。

★14. 对于从事危险化学品道路运输的企业，下述中错误的是_____。

　　A. 取得危险货物道路运输许可

　　B. 配备专职或兼职安全管理人员

　　C. 驾驶人员、装卸管理人员、押运人员、申报人员应当经安全生产监督管理部门考核合格，取得从业资格

　　D. 运输剧毒化学品时，要求托运人向运输始发地或者目的地县级人民政府交通运输主管部门申请剧毒化学品道路运输通行证

　　【考点】"五、运输安全"。

15. 下述中正确的是_____。

　　A. 禁止通过内河水域运输剧毒化学品

　　B. 禁止通过内河封闭水域运输剧毒化学品

　　C. 禁止通过内河水域运输剧毒化学品之外的其他危险化学品

　　D. 禁止通过内河封闭水域运输剧毒化学品之外的其他危险化学品

　　【考点】"五、7. 水域运输"。

★16. 危险化学品_____企业，应当向国务院安全生产监督管理部门危险化学品登记机构办理危险化学品登记。

　　A. 生产　　　　　　B. 储存　　　　　　C. 经营　　　　　　D. 进口

　　【考点】"六、1. 危险化学品登记"。

17. 危险化学品生产、储存、经营企业或使用单位发生危险化学品事故，主要负责人应

当向当地政府_____部门报告。

A. 安全生产监督管理、环境保护、公安

B. 安全生产监督管理、环境保护、公安、质量监督检验检疫

C. 安全生产监督管理、环境保护、公安、卫生

D. 安全生产监督管理、环境保护、公安、交通运输

【考点】"六、2. 危险化学品事故应急救援"。

# 第六节　烟花爆竹安全管理条例

## 一、总则

本条例所称烟花爆竹，是指烟花爆竹制品和用于生产烟花爆竹的民用黑火药、烟火药、引火线等物品。

### 1. 许可证制度

国家对烟花爆竹的生产、经营、运输和举办焰火晚会以及其他大型焰火燃放活动，实行许可证制度。未经许可，任何单位或者个人不得生产、经营、运输烟花爆竹，不得举办焰火晚会以及其他大型焰火燃放活动。

### 2. 政府部门分工

安全生产监督管理部门负责烟花爆竹的安全生产监督管理；公安部门负责烟花爆竹的公共安全管理；质量监督检验部门负责烟花爆竹的质量监督和进出口检验。

公安部门、安全生产监督管理部门、质量监督检验部门、工商行政管理部门应当按照职责分工，组织查处非法生产、经营、储存、运输、邮寄烟花爆竹以及非法燃放烟花爆竹的行为。

中华全国供销合作总社应当加强对本系统企业烟花爆竹经营活动的管理。

### 3. 主体责任

烟花爆竹生产、经营、运输企业和焰火晚会以及其他大型焰火燃放活动主办单位的主要负责人，对本单位的烟花爆竹安全工作负责。

## 二、生产安全

### 1. 烟花爆竹生产企业应当具备的条件

（1）符合当地产业结构规划。

（2）基本建设项目经过批准。

（3）选址符合城乡规划，并与周边建筑、设施保持必要的安全距离。

（4）厂房和仓库的设计、结构和材料以及防火、防爆、防雷、防静电等安全设备、设施符合国家有关标准和规范。

（5）生产设备、工艺符合安全标准。

133

（6）产品品种、规格、质量符合国家标准。

（7）有健全的安全生产责任制。

（8）有安全生产管理机构和专职安全生产管理人员。

（9）依法进行了安全评价。

（10）有事故应急救援预案、应急救援组织和人员，并配备必要的应急救援器材、设备。

（11）法律、法规规定的其他条件。

**2. 安全审查——烟花爆竹生产企业从事烟花爆竹生产活动之前的手续**

企业应当在投入生产前向所在地设区的市人民政府安全生产监督管理部门提出安全审查申请，并提交能够证明符合企业应当具备的条件的有关材料；

设区的市人民政府安全生产监督管理部门应当自收到材料之日起 20 日内提出安全审查初步意见，报省、自治区、直辖市人民政府安全生产监督管理部门审查；

省、自治区、直辖市人民政府安全生产监督管理部门应当自受理申请之日起 45 日内进行安全审查，对符合条件的，核发《烟花爆竹安全生产许可证》；对不符合条件的，应当说明理由。

企业持《烟花爆竹安全生产许可证》到工商行政管理部门办理登记手续后，方可从事烟花爆竹生产活动。

（烟花爆竹生产企业为扩大生产能力进行基本建设或者技术改造的，应当依照本条例的规定申请办理安全生产许可证。）

**3. 生产安全要求**

（1）按照核定产品种类生产。

按照安全生产许可证核定的产品种类进行生产，生产工序和生产作业应当执行有关国家标准和行业标准。

（2）安全生产知识教育和专业技术培训。

对生产作业人员进行安全生产知识教育，对从事药物混合、造粒、筛选、装药、筑药、压药、切引、搬运等危险工序的作业人员进行专业技术培训。从事危险工序的作业人员经设区的市人民政府安全生产监督管理部门考核合格，方可上岗作业。

（3）对生产原料的要求。

使用的原料应当符合国家标准的规定，国家标准有用量限制的，不得超过规定的用量。不得使用国家标准规定禁止使用或者禁忌配伍的物质生产烟花爆竹。

（4）燃放说明和标志。

按照国家标准的规定，在烟花爆竹产品上标注燃放说明，并在烟花爆竹包装物上印制易燃易爆危险物品警示标志。

（5）黑火药、烟火药、引火线的保管。

对黑火药、烟火药、引火线的保管采取必要的安全技术措施，建立购买、领用、销售登记制度，防止其丢失。如丢失，立即向当地安全生产监督管理部门和公安部门报告。

### 三、经营安全

**1. 经营布点**

从事烟花爆竹批发的企业和零售经营者的经营布点,应当经安全生产监督管理部门审批。

禁止在城市市区布设烟花爆竹批发场所;城市市区的烟花爆竹零售网点,应当按照严格控制的原则合理布设。

**2. 从事烟花爆竹批发的企业应当具备的条件**

(1)具有企业法人条件。

(2)经营场所与周边建筑、设施保持必要的安全距离。

(3)有符合国家标准的经营场所和储存仓库。

(4)有保管员、仓库守护员。

(5)依法进行了安全评价。

(6)有事故应急救援预案、应急救援组织和人员,并配备必要的应急救援器材、设备。

(7)法律、法规规定的其他条件。

**3. 烟花爆竹零售经营者应当具备的条件**

(1)主要负责人经过安全知识教育。

(2)实行专店或者专柜销售,设专人负责安全管理。

(3)经营场所配备必要的消防器材,张贴明显的安全警示标志。

(4)法律、法规规定的其他条件。

**4. 手续**

申请从事烟花爆竹批发的企业和零售的经营者,应当分别向所在地设区的市人民政府安全生产监督管理部门和县级人民政府安全生产监督管理部门提出申请,并提供能够证明其符合规定条件的有关材料。受理申请的安全生产监督管理部门应当分别自受理申请之日起 30 日内和 20 日内对提交的有关材料和经营场所进行审查,对符合条件的,分别核发《烟花爆竹经营(批发)许可证》和《烟花爆竹经营(零售)许可证》;对不符合条件的,应当说明理由。

《烟花爆竹经营(零售)许可证》,应当载明经营负责人、经营场所地址、经营期限、烟花爆竹种类和限制存放量。

**5. 采购和销售**

从事烟花爆竹批发的企业,应当向生产烟花爆竹的企业采购烟花爆竹,向从事烟花爆竹零售的经营者供应烟花爆竹。从事烟花爆竹零售的经营者,应当向从事烟花爆竹批发的企业采购烟花爆竹。

从事烟花爆竹批发的企业、零售经营者不得采购和销售非法生产、经营的烟花爆竹。

从事烟花爆竹批发的企业,不得向从事烟花爆竹零售的经营者供应按照国家标准规定应由专业燃放人员燃放的烟花爆竹。从事烟花爆竹零售的经营者,不得销售按照国家标准规定应由专业燃放人员燃放的烟花爆竹。

**6. 生产、经营黑火药、烟火药、引火线的企业,不得向未取得烟花爆竹安全生产许可的任何单位或者个人销售黑火药、烟火药和引火线**

### 四、运输安全

**1. 道路运输行政许可**

经由道路运输烟花爆竹的，应当经公安部门许可。

托运人应当向运达地县级人民政府公安部门提出申请，并提交下列有关材料：

（1）承运人从事危险货物运输的资质证明。

（2）驾驶员、押运员从事危险货物运输的资格证明。

（3）危险货物运输车辆的道路运输证明。

（4）托运人从事烟花爆竹生产、经营的资质证明。

（5）烟花爆竹的购销合同及运输烟花爆竹的种类、规格、数量。

（6）烟花爆竹的产品质量和包装合格证明。

（7）运输车辆牌号、运输时间、起始地点、行驶路线、经停地点。

受理申请的公安部门应当自受理申请之日起 3 日内对提交的有关材料进行审查，对符合条件的，核发《烟花爆竹道路运输许可证》；对不符合条件的，应当说明理由。《烟花爆竹道路运输许可证》应当载明托运人、承运人、一次性运输有效期限、起始地点、行驶路线、经停地点、烟花爆竹的种类、规格和数量。

**2. 道路运输应当遵守的规定**

除应当遵守《中华人民共和国道路交通安全法》外，还应遵守下列规定：

（1）随车携带《烟花爆竹道路运输许可证》。

（2）不得违反运输许可事项。

（3）运输车辆悬挂或者安装符合国家标准的易燃易爆危险物品警示标志。

（4）烟花爆竹的装载符合国家有关标准和规范。

（5）装载烟花爆竹的车厢不得载人。

（6）运输车辆限速行驶，途中经停必须有专人看守。

（7）出现危险情况立即采取必要的措施，并报告当地公安部门。

**3. 核销**

烟花爆竹运达目的地后，收货人应当在 3 日内将《烟花爆竹道路运输许可证》交回发证机关核销。

**4. 其他**

经由铁路、水路、航空运输烟花爆竹的，依照铁路、水路、航空运输安全管理的有关法律、法规、规章的规定执行。

禁止携带烟花爆竹搭乘公共交通工具。

禁止邮寄烟花爆竹，禁止在托运的行李、包裹、邮件中夹带烟花爆竹。

### 五、燃放安全

**1. 限制或者禁止燃放的时间、地点和种类**

县级以上地方人民政府可以根据本行政区域的实际情况，确定限制或者禁止燃放的时间、地点和种类。

**2. 禁止燃放的地点**

（1）文物保护单位。

（2）车站、码头、飞机场等交通枢纽以及铁路线路安全保护区内。

（3）易燃易爆物品生产、储存单位。

（4）输变电设施安全保护区内。

（5）医疗机构、幼儿园、中小学校、敬老院。

（6）山林、草原等重点防火区。

（7）县级以上地方人民政府规定的禁止燃放烟花爆竹的其他地点。

**3. 燃放方式**

燃放烟花爆竹，应当按照燃放说明燃放，不得以危害公共安全和人身、财产安全的方式燃放烟花爆竹。

未成年人的监护人应当对未成年人进行安全燃放烟花爆竹的教育。

**4. 焰火晚会及其他大型焰火燃放活动的安全管理**

（1）分级管理。

按照举办的时间、地点、环境、活动性质、规模以及燃放烟花爆竹的种类、规格和数量，确定危险等级，实行分级管理。

（2）申请及许可。

主办单位应按照分级管理的规定，向有关人民政府公安部门提出申请，并提交下列材料：

1）举办焰火晚会以及其他大型焰火燃放活动的时间、地点、环境、活动性质、规模。

2）燃放烟花爆竹的种类、规格、数量。

3）燃放作业方案。

4）燃放作业单位、作业人员符合行业标准规定条件的证明。

受理申请的公安部门自受理申请之日起20日内对提交的有关材料进行审查，对符合条件的，核发《焰火燃放许可证》；对不符合条件的，应当说明理由。

（3）安全规程和作业方案。

燃放作业单位和作业人员，应当按照焰火燃放安全规程和经许可的燃放作业方案进行燃放作业。

（4）监督检查。

公安部门应当加强对危险等级较高的焰火晚会以及其他大型焰火燃放活动的监督检查。

## 模 拟 试 题 及 考 点

★1. 国家对烟花爆竹的_____，实行许可证制度。

A. 生产　　　　　B. 经营　　　　　C. 购买

D. 运输　　　　　E. 燃放

F. 举办焰火晚会以及其他大型焰火燃放活动

【考点】"一、总则"。

★2. 关于烟花爆竹生产企业在哪些方面应当符合国家有关标准和规范，下列叙述不完善的是_____。

A. 厂房和仓库的设计和结构

B. 厂房和仓库的防火、防爆、防雷的安全设备和设施

C. 生产设备和工艺

D. 产品品种和规格

【考点】"二、生产安全"。

3. 未列入烟花爆竹生产企业应当具备的条件的是_____。

A. 通过了质量或职业健康安全管理体系认证

B. 符合当地产业结构规划

C. 基本建设项目经过批准，选址符合城乡规划，并与周边建筑、设施保持必要的安全距离

D. 有健全的安全生产责任制、有安全生产管理机构和专职安全生产管理人员

E. 依法进行了安全评价，有关于事故应急救援的预案、组织和人员及必要的器材、设备

【考点】"一、1. 烟花爆竹生产企业应当具备的条件"。

4. 依据《烟花爆竹安全管理条例》的规定，烟花爆竹生产企业在投入生产前办理《烟花爆竹安全生产许可证》的，由所在地_____对企业提交的申请材料提出安全审查的初步意见。

A. 县级人民政府公安部门

B. 县级人民政府安监部门

C. 设区的市级人民政府安全生产监督管理部门

D. 设区的市级人民政府公安部门

【考点】"二、生产安全"。

★5. 关于企业在从事烟花爆竹生产活动之前的手续，下述不正确的是_____。

A. 投入生产前向所在地县、区或市人民政府安全生产监督管理部门提出安全审查申请

B. 设区的市人民政府安全生产监督管理部门应当自收到材料之日起 30 日内提出安全审查初步意见，报省级人民政府安全生产监督管理部门审查

C. 省级人民政府安全生产监督管理部门应当自受理申请之日起 45 日内进行安全审查

D. 企业持《烟花爆竹安全生产许可证》到工商行政管理部门办理登记手续

【考点】"二、生产安全"。

6. 烟花爆竹生产企业应当按照安全生产许可证核定的_____进行生产，在烟花爆竹产品上标注_____。

A. 产品产量，易燃易爆危险物品警示标志

B. 产品种类，燃放说明

C. 产品产量，燃放说明

D. 产品种类，易燃易爆危险物品警示标志

【考点】"二、生产安全"。

7. 烟花爆竹生产企业的生产_____、生产作业、生产_____应当符合有关国家标准和（或）行业标准的规定。

A. 工序，原料 　　　　　　　　　　B. 规模，时间

C. 种类，产量 　　　　　　　　　　D. 方式，设备

【考点】"二、生产安全"。

★8. 烟花爆竹生产企业应当做到_____。

A. 生产工序和生产作业应当执行有关国家标准和行业标准

B. 从事危险工序的作业人员经设区的市人民政府公安部门考核合格，方可上岗作业

C. 不得使用国家标准规定禁止使用或者禁忌配伍的物质生产烟花爆竹

D. 对黑火药、烟火药、引火线的保管采取必要的安全技术措施，防止其丢失

【考点】"二、生产安全"。

9. 从事烟花爆竹批发的企业和零售经营者的经营布点，应当经_____审批。禁止在_____布设烟花爆竹批发场所。

A. 公安部门，城市市区 　　　　　　B. 安全生产监督管理部门，城市市区

C. 公安部门，城市 　　　　　　　　D. 安全生产监督管理部门，城市

【考点】"三、经营安全"。

10. 下述_____不是从事烟花爆竹批发的企业应当具备的条件。

A. 经营场所与周边建筑、设施保持必要的安全距离

B. 有符合国家标准的经营场所和储存仓库

C. 实行专店或者专柜销售

D. 有保管员、仓库守护员

【考点】"三、经营安全"。

11. 从事烟花爆竹批发的企业，应当向_____采购烟花爆竹，从事烟花爆竹零售的经营者，应当向_____采购烟花爆竹。

A. 生产烟花爆竹的企业，从事烟花爆竹批发的企业

B. 其他从事烟花爆竹批发的企业，生产烟花爆竹的企业

C. 生产烟花爆竹的企业，生产烟花爆竹的企业

D. 其他从事烟花爆竹批发的企业，其他从事烟花爆竹零售的经营者

【考点】"三、经营安全"。

★12. 托运人向公安部门提出道路运输烟花爆竹申请时提交的有关证明和材料，涉及_____。

A. 托运人 　　　　　　　　　　　　B. 承运人

C. 驾驶员、押运员 　　　　　　　　D. 危险货物运输车辆

E. 运输的烟花爆竹

【考点】"四、运输安全"。

13. 依据《烟花爆竹安全管理条例》的规定，烟花爆竹道路运输的托运人，应当向_____提出申请，提交有关证明材料，办理《烟花爆竹道路运输许可证》。

A. 所在地的县级人民政府安全生产监督管理部门

B. 所在地的县级人民政府公安部门

C. 运达地的县级人民政府安全生产监督管理部门

D. 运达地的县级人民政府公安部门

【考点】"四、运输安全"。

14. 下述关于道路运输烟花爆竹的说法中，_____不是《烟花爆竹安全管理条例》的规定。

A. 运输车辆悬挂或者安装符合国家标准的易燃易爆危险物品警示标志

B. 烟花爆竹的装载符合国家有关标准和规范

C. 装载烟花爆竹的车厢不得载人

D. 途中经停需向公安部门报告

E. 运输车辆限速行驶

【考点】"四、运输安全"。

15. 不在禁放烟花爆竹之列的地点是_____。

A. 幼儿园、中小学校　　　　　　　B. 村镇的街道

C. 临近山林处　　　　　　　　　　D. 码头

E. 文物保护单位

【考点】"五、燃放安全"。

16. 依据《烟花爆竹安全管理条例》的规定，举办焰火晚会和其他大型焰火燃放活动的，主办单位应当按照分级管理的规定，向有关人民政府的_____部门提出申请，提交有关证明材料，办理《烟花燃放许可证》。

A. 公安　　　　　　　　　　　　　B. 安全生产监管

C. 卫生行政　　　　　　　　　　　D. 环境保护

【考点】"五、燃放安全"。

17. 下述申请举办焰火晚会以及其他大型焰火燃放活动的手续中正确的是_____。

A. 主办单位向有关人民政府安全生产监督管理部门提出申请

B. 主办单位提出申请时需要提交的全部材料包括：活动的时间、地点，燃放烟花爆竹的种类、规格、数量，燃放作业单位、作业人员符合行业标准规定条件的证明

C. 受理申请的政府主管部门自受理申请之日起 30 日内对提交的有关材料进行审查，对符合条件的，核发《焰火燃放许可证》

D. 受理申请的政府主管部门对不符合条件的主办单位，应当说明理由

【考点】"五、燃放安全"。

# 第七节　民用爆炸物品安全管理条例

## 一、本条例的适用范围

民用爆炸物品的生产、销售、购买、进出口、运输、爆破作业和储存以及硝酸铵的销售、购买，适用本条例。

本条例所称民用爆炸物品，是指用于非军事目的、列入民用爆炸物品品名表（由国务院民用爆炸物品行业主管部门会同国务院公安部门制订、公布）的各类火药、炸药及其制品和雷管、导火索等点火、起爆器材。

国家对民用爆炸物品的生产、销售、购买、运输和爆破作业实行许可证制度。未经许可，任何单位或者个人不得生产、销售、购买、运输民用爆炸物品，不得从事爆破作业。严禁转让、出借、转借、抵押、赠送、私藏或者非法持有民用爆炸物品。

## 二、政府部门关于民用爆炸物品安全监督管理的职责分工

民用爆炸物品行业主管部门负责民用爆炸物品生产、销售的安全监督管理。

公安机关负责民用爆炸物品公共安全管理和民用爆炸物品购买、运输、爆破作业的安全监督管理，监控民用爆炸物品流向。

安全生产监督管理及铁路、交通、民用航空主管部门依照法律、行政法规的规定，负责做好民用爆炸物品的有关安全监督管理工作。

民用爆炸物品行业主管部门、公安机关、工商行政管理部门按照职责分工，负责组织查处非法生产、销售、购买、储存、运输、邮寄、使用民用爆炸物品的行为。

## 三、生产安全

**1. 申请从事民用爆炸物品生产的企业应当具备的条件**

（1）符合国家产业结构规划和产业技术标准。

（2）厂房和专用仓库的设计、结构、建筑材料、安全距离以及防火、防爆、防雷、防静电等安全设备、设施符合国家有关标准和规范。

（3）生产设备、工艺符合有关安全生产的技术标准和规程。

（4）有具备相应资格的专业技术人员、安全生产管理人员和生产岗位人员。

（5）有健全的安全管理制度、岗位安全责任制度。

（6）法律、行政法规规定的其他条件。

**2. 取得生产许可、安全许可、工商登记的程序**

申请从事民用爆炸物品生产的企业，应当向民用爆炸物品行业主管部门提交申请书、可行性研究报告以及能够证明其符合"三、1"规定条件的有关材料。工业和信息化部国防科技工业局应当自受理申请之日起45日内进行审查，对符合条件的，核发《民用爆炸物品生产许

可证》；对不符合条件的，不予核发，并书面向申请人说明理由。

民用爆炸物品生产企业为调整生产能力及品种进行改建、扩建的，应当依照前款规定申请办理《民用爆炸物品生产许可证》。

民用爆炸物品生产企业持《民用爆炸物品生产许可证》到工商行政管理部门办理工商登记，并在办理工商登记后 3 日内，向所在地县级人民政府公安机关备案。

取得《民用爆炸物品生产许可证》的企业应当在基本建设完成后，向省级政府民用爆炸物品行业主管部门申请安全生产许可。省级政府民用爆炸物品行业主管部门应当依照《安全生产许可证条例》的规定对其进行查验，对符合条件的，核发《民用爆炸物品安全生产许可证》。取得《民用爆炸物品安全生产许可证》后，方可生产民用爆炸物品。

### 3. 生产安全要求

民用爆炸物品生产企业应当做到以下要求。

（1）严格按照《民用爆炸物品生产许可证》核定的品种和产量进行生产，生产作业应当严格执行安全技术规程的规定。

（2）对民用爆炸物品做出警示标识、登记标识，对雷管编码打号。（民用爆炸物品警示标识、登记标识和雷管编码规则，由国务院公安部门会同国务院民用爆炸物品行业主管部门规定。）

（3）建立健全产品检验制度，保证民用爆炸物品的质量符合相关标准。民用爆炸物品的包装，应当符合法律、行政法规的规定以及相关标准。

（4）试验或者试制民用爆炸物品，必须在专门场地或者专门的试验室进行。严禁在生产车间或者仓库内试验或者试制民用爆炸物品。

## 四、销售和购买安全

### 1. 申请从事民用爆炸物品销售的企业应当具备的条件

（1）符合对民用爆炸物品销售企业规划的要求。

（2）销售场所和专用仓库符合国家有关标准和规范。

（3）有具备相应资格的安全管理人员、仓库管理人员。

（4）有健全的安全管理制度、岗位安全责任制度。

（5）法律、行政法规规定的其他条件。

### 2. 申请从事民用爆炸物品销售的程序

申请从事民用爆炸物品销售的企业，应当向所在地省级政府民用爆炸物品行业主管部门提交申请书、可行性研究报告以及能够证明其符合"四、1."规定条件的有关材料。省级政府民用爆炸物品行业主管部门应当自受理申请之日起 30 日内进行审查，并对申请单位的销售场所和专用仓库等经营设施进行查验，对符合条件的，核发《民用爆炸物品销售许可证》；对不符合条件的，不予核发，并书面向申请人说明理由。

民用爆炸物品销售企业持《民用爆炸物品销售许可证》到工商行政管理部门办理工商登记后，方可销售民用爆炸物品。

民用爆炸物品销售企业应当在办理工商登记后 3 日内，向所在地县级人民政府公安机关备案。

### 3. 销售和购买安全要求

（1）民用爆炸物品生产企业凭《民用爆炸物品生产许可证》销售本企业生产的民用爆炸物品，并不得超出核定的品种、产量。

（2）民用爆炸物品使用单位申请购买民用爆炸物品的，应当向所在地县级人民政府公安机关提出购买申请，并提交下列有关材料：

1）工商营业执照或者事业单位法人证书。

2）《爆破作业单位许可证》或者其他合法使用的证明。

3）购买单位的名称、地址、银行账户。

4）购买的品种、数量和用途说明。

受理申请的公安机关应当自受理申请之日起5日内对提交的有关材料进行审查，对符合条件的，核发《民用爆炸物品购买许可证》；对不符合条件的，不予核发，并书面向申请人说明理由。

《民用爆炸物品购买许可证》应当载明许可购买的品种、数量、购买单位以及许可的有效期限。

民用爆炸物品生产企业凭《民用爆炸物品生产许可证》购买属于民用爆炸物品的原料，民用爆炸物品销售企业凭《民用爆炸物品销售许可证》向民用爆炸物品生产企业购买民用爆炸物品，民用爆炸物品使用单位凭《民用爆炸物品购买许可证》购买民用爆炸物品，还应当提供经办人的身份证明。

销售民用爆炸物品的企业，应当查验许可证和经办人的身份证明；对持《民用爆炸物品购买许可证》购买的，应当按照许可的品种、数量销售。

（3）销售、购买民用爆炸物品，应当通过银行账户进行交易，不得使用现金或者实物进行交易。销售民用爆炸物品的企业，应当将购买单位的许可证、银行账户转账凭证、经办人的身份证明复印件保存2年备查。

（4）销售民用爆炸物品的企业，应当自民用爆炸物品买卖成交之日起3日内，将销售的品种、数量和购买单位向所在地省级政府民用爆炸物品行业主管部门和所在地县级人民政府公安机关备案。

购买民用爆炸物品的单位，应当自民用爆炸物品买卖成交之日起3日内，将购买的品种、数量向所在地县级人民政府公安机关备案。

## 五、运输安全

运输民用爆炸物品，收货单位应当向运达地县级人民政府公安机关提出申请，并提交相关材料。受理申请的公安机关对符合条件的，核发《民用爆炸物品运输许可证》。

《民用爆炸物品运输许可证》应当载明收货单位、销售企业、承运人，一次性运输有效期限、起始地点、运输路线、经停地点，民用爆炸物品的品种、数量。

运输民用爆炸物品的，应当凭《民用爆炸物品运输许可证》，按照许可的品种、数量运输。

经由道路运输民用爆炸物品，应当在以下方面遵守相关规定：装载，车辆安全技术状况，悬挂或者安装符合国家标准的易燃易爆危险物品警示标志，保持安全车速，按照规定的路线行驶，途中经停，装卸。出现危险情况立即采取必要的应急处置措施，并报告当地公安机关。

民用爆炸物品运达目的地，收货单位应当进行验收后在《民用爆炸物品运输许可证》上签注，并在3日内将《民用爆炸物品运输许可证》交回发证机关核销。

## 六、爆破作业安全

（1）爆破作业单位应当对本单位的爆破作业人员、安全管理人员、仓库管理人员进行专业技术培训。爆破作业人员应当经设区的市级人民政府公安机关考核合格，取得《爆破作业人员许可证》后，方可从事爆破作业。

（2）爆破作业单位应当按照其资质等级承接爆破作业项目，爆破作业人员应当按照其资格等级从事爆破作业。爆破作业的分级管理办法由国务院公安部门规定。

（3）爆破作业单位应当如实记载领取、发放民用爆炸物品的品种、数量、编号以及领取、发放人员姓名。领取民用爆炸物品的数量不得超过当班用量，作业后剩余的民用爆炸物品必须当班清退回库。

爆破作业单位应当将领取、发放民用爆炸物品的原始记录保存2年备查。

（4）实施爆破作业，应当遵守国家有关标准和规范，在安全距离以外设置警示标志并安排警戒人员，防止无关人员进入；爆破作业结束后应当及时检查，排除未引爆的民用爆炸物品。

（5）在城市、风景名胜区和重要工程设施附近实施爆破作业的，应当向爆破作业所在地设区的市级人民政府公安机关提出申请，提交《爆破作业单位许可证》和具有相应资质的安全评估企业出具的爆破设计、施工方案评估报告。受理申请的公安机关应当自受理申请之日起20日内对提交的有关材料进行审查，对符合条件的，做出批准的决定；对不符合条件的，做出不予批准的决定，并书面向申请人说明理由。

在城市、风景名胜区和重要工程设施附近实施爆破作业，应当由具有相应资质的安全监理企业进行监理，由爆破作业所在地县级人民政府公安机关负责组织实施安全警戒。

（6）爆破作业单位跨省、自治区、直辖市行政区域从事爆破作业的，应当事先将爆破作业项目的有关情况向爆破作业所在地县级人民政府公安机关报告。

（7）爆破作业单位不再使用民用爆炸物品时，应当将剩余的民用爆炸物品登记造册，报所在地县级人民政府公安机关组织监督销毁。发现、拣拾无主民用爆炸物品的，应当立即报告当地公安机关。

## 七、储存安全

（1）民用爆炸物品应当储存在专用仓库内，并按照国家规定设置技术防范设施。

（2）储存民用爆炸物品应当遵守下列规定：

1）建立出入库检查、登记制度，收存和发放民用爆炸物品必须进行登记，做到账目清楚，账物相符；

2）储存的民用爆炸物品数量不得超过储存设计容量，对性质相抵触的民用爆炸物品必须分库储存，严禁在库房内存放其他物品；

3）专用仓库应当指定专人管理、看护，严禁无关人员进入仓库区内，严禁在仓库区内吸烟和用火，严禁把其他容易引起燃烧、爆炸的物品带入仓库区内，严禁在库房内住宿和进行其他活动；

4）民用爆炸物品丢失、被盗、被抢，应当立即报告当地公安机关。

（3）在爆破作业现场临时存放民用爆炸物品的,应当具备临时存放民用爆炸物品的条件,并设专人管理、看护,不得在不具备安全存放条件的场所存放民用爆炸物品。

（4）民用爆炸物品变质和过期失效的,应当及时清理出库,并予以销毁。销毁前应当登记造册,提出销毁实施方案,报省级政府民用爆炸物品行业主管部门、所在地县级人民政府公安机关组织监督销毁。

# 模拟试题及考点

1. 民用爆炸物品不包括_____。
A. 火药及其制品　　　　　　　　　B. 炸药及其制品
C. 烟花爆竹　　　　　　　　　　　D. 雷管
E. 导火索
【考点】"一、本条例的适用范围"。

★2. 国家对民用爆炸物品的生产、销售_____和_____实行许可证制度。
A. 购买　　　　B. 运输　　　　C. 储存　　　　D. 爆破作业
【考点】"一、本条例的适用范围"。

3. _____负责民用爆炸物品生产、销售的安全监督管理。_____负责民用爆炸物品公共安全管理和民用爆炸物品购买、运输、爆破作业的安全监督管理,监控民用爆炸物品流向。
A. 安全生产监督管理部门，公安机关
B. 公安机关，民用爆炸物品行业主管部门
C. 民用爆炸物品行业主管部门，公安机关
D. 公安机关，工商行政管理部门
【考点】"二、政府部门关于民用爆炸物品安全监督管理的职责分工"。

4. 申请从事民用爆炸物品生产的企业,其厂房和专用仓库的_____安全设备、设施应当符合国家有关标准和规范的规定。
A. 防晒、防毒、防雷、防洪　　　　B. 防漏、防尘、防潮、防静电
C. 防火、防爆、防雷、防静电　　　D. 防潮、防毒、防尘、防洪
【考点】"三、1. 申请从事民用爆炸物品生产的企业应当具备的条件"。

5. 民用爆炸物品生产企业应当严格按照《民用爆炸物品生产许可证》核定的_____和产量进行生产,严禁在生产车间或者_____试验或者试制民用爆炸物品。
A. 型号，专门场地内　　　　　　　B. 品种，仓库内
C. 类别，专门的试验室　　　　　　D. 规模，露天场地内
【考点】"三、3. 生产安全要求"。

6. 下述与民用爆炸物品有关的申办手续中,不是申请从事生产的企业和申请从事销售的

企业都需要办理的是_____。

A. 向民用爆炸物品行业主管部门申请许可（生产或销售许可）

B. 向民用爆炸物品行业主管部门申请安全生产许可

C. 凭许可证书办理工商登记

D. 向所在地县级人民政府公安机关备案

【考点】申请成立从事民用爆炸物品生产或销售的企业的程序。

★7. 民用爆炸物品的销售和购买涉及_____的使用。

A.《民用爆炸物品生产许可证》　　　　　B.《民用爆炸物品经营许可证》

C.《民用爆炸物品销售许可证》　　　　　D.《民用爆炸物品购买许可证》

【考点】"三、生产安全"和"四、销售和购买安全"。

8. 运输民用爆炸物品，收货单位应当向_____地县级人民政府公安机关提出申请，办理《民用爆炸物品运输许可证》。民用爆炸物品运达目的地，收货单位应当进行验收后在许可证上_____，并在 3 日内将许可证交回发证机关核销。

A. 运达，签字　　　　　　　　　　　B. 运达，签注

C. 始发，签收　　　　　　　　　　　D. 始发，签批

【考点】"五、运输安全"。

★9. 关于爆破作业人员和爆破作业，下述中不正确或不严谨的有_____。

A. 应当经设区的市级人民政府安全生产监管部门考核合格，取得《爆破作业人员许可证》

B. 领取民用爆炸物品的数量不得超过当天用量

C. 在足够距离以外设置警示标志并安排警戒人员，防止无关人员进入

D. 爆破作业结束后要及时检查，排除未引爆的民用爆炸物品

【考点】"六、爆破作业安全"。

10. 在城市、风景名胜区和重要工程设施附近实施爆破作业，应当向爆破作业所在地_____提出申请，批准后实施爆破作业时，由具有相应资质的安全监理企业进行_____，由爆破作业所在地县级人民政府公安机关负责组织实施安全警戒。

A. 设区的市级人民政府国防科技工业主管部门，监督

B. 所在地县级人民政府公安机关，监察

C. 所在地县级人民政府安全生产监管部门，监管

D. 设区的市级人民政府公安机关，监理

【考点】"六、爆破作业安全"。

11. 关于民用爆炸物品的储存，下述中不正确的是_____。

A. 储存在专用仓库内，并按照国家规定设置技术防范设施

B. 建立出入库检查、登记制度，做到账目清楚，账物相符

C. 储存的民用爆炸物品数量不得超过储存设计容量

D. 对性质相抵触的民用爆炸物品必须隔离储存

E. 专用仓库应当指定专人管理、看护，严禁无关人员进入仓库区内，严禁在仓库区内吸烟和用火

【考点】"七、储存安全"。

# 第八节　特种设备安全监察条例

## 一、总则

### 1. 特种设备的种类和范围

涉及生命安全、危险性较大的锅炉、压力容器（含气瓶，下同）、压力管道、电梯、起重机械、客运索道、大型游乐设施和场（厂）内专用机动车辆。

几种特种设备的种类和条件见表6-3。

表6-3　　　　　　　　　几种特种设备的种类和条件

| 特种设备 | 种类 | | 条　件 |
|---|---|---|---|
| 锅炉 | 承压蒸汽锅炉 | | 容积≥30L |
| | 承压热水锅炉 | | 出口水压≥0.1MPa（表压），且额定功率≥0.1MW |
| | 有机热载体锅炉 | | / |
| 压力容器 | 固定式和移动式容器 | 气体、液化气体 | 最高工作压力≥0.1MPa（表压），且压力与容积的乘积≥2.5MPa·L |
| | | 液体 | 最高工作温度≥标准沸点 |
| | 气瓶 | 气体、液化气体 | 公称工作压力≥0.2MPa（表压），且压力与容积的乘积≥1.0MPa·L |
| | | 液体 | 标准沸点≤60℃ |
| | 氧舱等 | | / |
| 压力管道 | 气体、液化气体、蒸汽介质 | | 最高工作压力≥0.1MPa（表压），且管道公称直径>25mm |
| | 液体介质 | | 可燃、易爆、有毒、有腐蚀性、最高工作温度≥标准沸点，且管道公称直径>25mm |
| 起重机械 | 升降机 | | 额定起重量≥0.5t |
| | 起重机和承重形式固定的电动葫芦等 | | 额定起重量≥1t，且提升高度≥2m |
| 大型游乐设施 | / | | 设计最大运行线速度≥2m/s，或者运行高度距地面≥2m |

说明：1. 电梯包括载人（货）电梯、自动扶梯、自动人行道等。

2. 客运索道包括客运架空索道、客运缆车、客运拖牵索道等。

3. 场（厂）内专用机动车辆，是指除道路交通、农用车辆以外仅在工厂厂区、旅游景区、游乐场所等特定区域使用的专用机动车辆。

4. 特种设备包括其所用的材料、附属的安全附件、安全保护装置和与安全保护装置相关的设施。

**2. 安全、节能制度**

特种设备生产、使用单位要建立健全特种设备安全、节能管理制度和岗位安全、节能责任制度。单位的主要负责人对本单位特种设备的安全和节能全面负责。

**3. 特种设备安全监察**

特种设备安全监督管理部门对特种设备实施安全监察。特种设备生产、使用单位和特种设备检验检测机构，应当接受特种设备安全监督管理部门依法进行的特种设备安全监察。

## 二、特种设备的生产

**1. 总要求**

特种设备生产单位，应当依照安全技术规范的要求，进行生产活动。

特种设备生产单位不得生产不符合安全性能要求和能效指标的特种设备，不得生产国家产业政策明令淘汰的特种设备。

特种设备出厂时，应当附有安全技术规范要求的设计文件、产品质量合格证明、安装及使用维修说明、监督检验证明等文件。

**2. 设计**

压力容器的设计单位应当经国务院特种设备安全监督管理部门许可，方可从事压力容器的设计活动。

压力容器的设计单位应当具备下列条件：

（1）有与压力容器设计相适应的设计人员、设计审核人员。

（2）有与压力容器设计相适应的场所和设备。

（3）有与压力容器设计相适应的健全的管理制度和责任制度。

锅炉、压力容器中的气瓶、氧舱和客运索道、大型游乐设施以及高耗能特种设备的设计文件，应当经国务院特种设备安全监督管理部门核准的检验检测机构鉴定，方可用于制造。

**3. 从事制造、安装、改造的许可及应当具备的条件**

锅炉、压力容器、电梯、起重机械、客运索道、大型游乐设施及其安全附件、安全保护装置的制造、安装、改造单位，以及压力管道元件的制造单位和场（厂）内专用机动车辆的制造、改造单位，应当经国务院特种设备安全监督管理部门许可，方可从事相应的活动。

特种设备的制造、安装、改造单位应当具备下列条件：

（1）有与特种设备制造、安装、改造相适应的专业技术人员和技术工人。

（2）有与特种设备制造、安装、改造相适应的生产条件和检测手段。

（3）有健全的质量管理制度和责任制度。

**4. 压力管道之外的特种设备维修的许可**

压力管道之外的特种设备的维修单位，应当有与特种设备维修相适应的专业技术人员和技术工人以及必要的检测手段，并经省级特种设备安全监督管理部门许可，方可从事相应的维修活动。

**5. 对安装、改造、维修的要求**

锅炉、压力容器、起重机械、客运索道、大型游乐设施的安装、改造、维修以及场（厂）内专用机动车辆的改造、维修，必须由依照本条例取得许可的单位进行。

电梯的安装、改造、维修，必须由电梯制造单位或者其通过合同委托、同意的依照本条例取得许可的单位进行。安装、改造、维修活动结束后，电梯制造单位应当按照安全技术规范的要求对电梯进行校验和调试，并对校验和调试的结果负责。

特种设备安装、改造、维修的施工单位应当在施工前将拟进行的特种设备安装、改造、维修情况书面告知直辖市或者设区的市的特种设备安全监督管理部门。

锅炉、压力容器、电梯、起重机械、客运索道、大型游乐设施的安装、改造、维修以及场（厂）内专用机动车辆的改造、维修竣工后，安装、改造、维修的施工单位应当在验收后30日内将有关技术资料移交使用单位，高耗能特种设备还应当按照安全技术规范的要求提交能效测试报告。使用单位应当将其存入该特种设备的安全技术档案。

**6. 过程的监督检验**

锅炉、压力容器、压力管道元件、起重机械、大型游乐设施的制造过程和锅炉、压力容器、电梯、起重机械、客运索道、大型游乐设施的安装、改造、重大维修过程，必须经国务院特种设备安全监督管理部门核准的检验检测机构按照安全技术规范的要求进行监督检验；未经监督检验合格的不得出厂或者交付使用。

**7. 压力容器充装的许可**

移动式压力容器、气瓶充装单位应当经省级特种设备安全监督管理部门许可，方可从事充装活动。

## 三、特种设备的使用

**1. 基本要求、使用登记、安全技术档案**

（1）基本要求。使用符合安全技术规范要求的特种设备，使用前核对其是否附有设计文件、产品质量合格证明、安装及使用维修说明、监督检验证明等文件。

（2）使用登记。在投入使用前或者投入使用后30日内，向直辖市或者设区的市的特种设备安全监督管理部门登记。登记标志应当置于或者附着于该特种设备的显著位置。

（3）建立特种设备安全技术档案。

**2. 维护保养和定期检验**

（1）维护保养。对在用特种设备应当至少每月进行一次自行检查，并做出记录。发现异常情况及时处理。对在用特种设备的安全附件、安全保护装置、测量调控装置及有关附属仪器仪表进行定期校验、检修，并做出记录。

（2）定期检验检测。在安全检验合格有效期届满前1个月向特种设备检验检测机构提出定期检验要求。检验检测机构接到定期检验要求后，应当按照安全技术规范的要求及时进行安全性能检验和能效测试。未经定期检验或者检验不合格的特种设备，不得继续使用。

**3. 故障消除和报废注销**

（1）故障消除。出现故障或者发生异常情况，使用单位应当对其进行全面检查，消除故障后方可重新投入使用。

（2）报废注销。特种设备存在严重事故隐患，无改造、维修价值，或者超过安全技术规范规定使用年限，使用单位应当及时予以报废，向原登记的特种设备安全监督管理部门办理注销。

**4. 公共服务特种设备的安全管理**

（1）电梯维护保养和运行安全。

电梯应当至少每 15 日进行一次清洁、润滑、调整和检查。

日常维护保养单位必须是依照本条例取得许可的安装、改造、维修单位或者电梯制造单位，维护保养单位应当在维护保养中严格执行国家安全技术规范的要求，保证其维护保养的电梯的安全技术性能；并负责落实现场安全防护措施，保证施工安全。

（2）安全管理机构和安全管理人员。电梯、客运索道、大型游乐设施等为公众提供服务的特种设备运营使用单位，应当设置特种设备安全管理机构或者配备专职的安全管理人员；其他特种设备使用单位，应当根据情况设置特种设备安全管理机构或者配备专职、兼职的安全管理人员。

（3）客运索道、大型游乐设施使用前的试运行和例行安全检查。运营使用单位在客运索道、大型游乐设施每日投入使用前，应当进行试运行和例行安全检查，并对安全装置进行检查确认。

（4）客运索道、大型游乐设施的运营安全。运营使用单位的主要负责人应当熟悉相关安全知识，并全面负责设施的安全使用，至少每月召开一次会议，督促、检查安全使用工作。运营使用单位，应当结合本单位的实际情况，配备相应数量的营救装备和急救物品。

**5. 特种设备作业人员管理**

（1）特种设备作业人员的资格。压力管道之外的特种设备作业人员（包括作业人员及其相关管理人员），应当按照国家有关规定经特种设备安全监督管理部门考核合格，取得国家统一格式的特种作业人员证书，方可从事相应的作业或者管理工作。

（2）作业人员的安全教育和培训。使用单位应当对特种设备作业人员进行特种设备安全、节能教育和培训，保证特种设备作业人员具备必要的特种设备安全、节能知识，在作业中严格执行特种设备的操作规程和有关的规章制度。

（3）事故隐患报告。作业人员在作业过程中发现事故隐患或者其他不安全因素，应当立即向现场安全管理人员和单位有关负责人报告。

## 四、特种设备检验检测

### 1. 检验检测机构资质核准及应当具备的条件

从事特种设备监督检验、定期检验、型式试验以及专门为特种设备生产、使用、检验检测提供无损检测服务的特种设备检验检测机构，应当经国务院特种设备安全监督管理部门核准。

特种设备使用单位设立的特种设备检验检测机构，应当经国务院特种设备安全监督管理部门核准，负责本单位核准范围内的特种设备定期检验工作。

特种设备检验检测机构应当具备的条件：

有与所从事的检验检测工作相适应的检验检测人员；

有与所从事的检验检测工作相适应的检验检测仪器和设备；

有健全的检验检测管理制度、检验检测责任制度。

**2. 检验检测人员资格**

从事监督检验、定期检验、型式试验和无损检测的特种设备检验检测人员应当经国务院特种设备安全监督管理部门组织考核合格，取得检验检测人员证书，方可从事检验检测工作。

**3. 检验检测活动的规范**

（1）检验检测机构和检验检测人员职业守则。

检验检测工作应当符合安全技术规范的要求，遵循诚信原则和方便企业的原则，提供可靠、便捷的检验检测服务。对涉及的被检验检测单位的商业秘密，负有保密义务。检验检测人员必须在特种设备检验检测机构执业，但不得同时在两个以上检验检测机构中执业。

不得从事特种设备的生产、销售，不得以其名义推荐或者监制、监销特种设备。

发现严重事故隐患或者能耗严重超标的，应当及时告知特种设备使用单位，并立即向特种设备安全监督管理部门报告。

（2）检验检测结果、鉴定结论。客观、公正、及时地出具检验检测结果、鉴定结论，经检验检测人员签字后，由检验检测机构负责人签署。检验检测机构和检验检测人员对检验检测结果、鉴定结论负责。特种设备安全监督管理部门组织对检测结果、鉴定结论进行监督抽查，监督抽查结果向社会公布。

# 模拟试题及考点

1. 下述哪项不是特种设备？

A. 大型精密机床　　B. 客运索道　　　　C. 大型游乐设施　　D. 厂内机动车

E. 压力管道

【考点】"一、总则"。

2. 特种设备生产、使用单位应当建立健全特种设备＿＿＿＿＿＿＿管理制度和相应的岗位责任制度。＿＿＿＿＿＿＿对特种设备检验检测结果、鉴定结论承担法律责任。

A. 安全、卫生，特种设备安全监督管理部门

B. 安全、节能，特种设备检验检测机构

C. 安全、健康，安全生产监督管理部门

D. 安全、环保，特种设备生产单位

【考点】"一、总则"。

3. 特种设备生产单位，应当依照特种设备安全监察条例的规定以及国务院特种设备安全监督管理部门制订并公布的＿＿＿＿＿＿＿的要求，进行生产活动。

A. 规章　　　　　　B. 安全技术标准　　C. 安全技术规范　　D. 安全规程

【考点】"二、1. 总要求"。

4. 特种设备生产单位不得生产不符合_____的特种设备。

A. 安全性能要求和能效指标　　　　　B. 安全要求和职业卫生要求

C. 安全要求和资源消耗指标　　　　　D. 安全性能要求和能耗指标

【考点】"二、1. 总要求"。

★5. 特种设备的制造、安装、改造单位应当具备的条件有_____。

A. 有与特种设备制造、安装、改造相适应的专业技术人员和技术工人

B. 有与特种设备制造、安装、改造相适应的生产条件和检测手段

C. 取得安全生产许可证

D. 有健全的质量管理制度和责任制度

【考点】"二、3. 从事制造、安装、改造的许可及应当具备的条件"。

6. 电梯的安装活动结束后，电梯制造单位应当按照安全技术规范的要求对电梯进行_____。

A. 试验和调整　　　　B. 校验和调试　　　　C. 检验和试运　　　　D. 校核和测试

【考点】"二、5. 对安装、改造、维修的要求"。

7. 锅炉、压力容器、压力管道元件、起重机械、大型游乐设施的制造过程和锅炉、压力容器、电梯、起重机械、客运索道、大型游乐设施的安装、改造、重大维修过程，必须经_____按照安全技术规范的要求进行监督检验，合格后方可出厂或者交付使用。

A. 国务院特种设备安全监督管理部门

B. 省级特种设备安全监督管理部门

C. 省级特种设备安全监督管理部门核准的检验检测机构

D. 国务院特种设备安全监督管理部门核准的检验检测机构

【考点】"二、6. 过程的监督检验"。

★8. 以下哪些活动需获得国务院特种设备安全监督管理部门的许可？

A. 压力容器的设计

B. 锅炉、压力容器、电梯、起重机械、客运索道、大型游乐设施、场（厂）内专用机动车辆的维修

C. 锅炉、压力容器、电梯、起重机械、客运索道、大型游乐设施及其安全附件、安全保护装置的制造、安装、改造，以及压力管道元件的制造和场（厂）内专用机动车辆的制造、改造

D. 移动式压力容器、气瓶的充装

【考点】"二、特种设备的生产"。

9. 以下哪种活动不需获得特种设备安全监督管理部门的许可？

A. 压力容器的设计

B. 锅炉、压力容器、电梯、起重机械、客运索道、大型游乐设施、场（厂）内专用机动车辆的维修

C. 压力管道元件的更换

D. 移动式压力容器、气瓶的充装

【考点】"二、特种设备的生产"。

10. 特种设备在投入使用前或者投入使用后 30 日内，使用单位应向直辖市或者设区的市的特种设备安全监督管理部门_____。登记标志应当置于或者附着于该特种设备的_____。

A. 报告，上部位置

B. 登记，显著位置

C. 报告，醒目位置

D. 登记，可见位置

【考点】"三、1. 基本要求、使用登记、安全技术档案"。

★11. 关于特种设备的使用，下述哪项是错误的？

A. 使用符合安全技术规范要求的特种设备，建立特种设备安全技术档案

B. 使用单位对在用特种设备应当至少每 3 个月进行一次自行检查，发现异常情况及时处理

C. 在安全检验合格有效期届满前 3 个月向特种设备检验检测机构提出定期检验要求

D. 出现故障或者发生异常情况，应当对其进行全面检查，消除故障后方可重新投入使用

【考点】"三、特种设备的使用"。

12. 特种设备存在严重事故隐患，无改造、维修价值，或者超过安全技术规范规定使用年限，使用单位应当及时予以_____，向原登记的特种设备安全监督管理部门办理_____。

A. 处置，登记

B. 注销，登记

C. 封存，注销

D. 报废，注销

【考点】"三、3. 故障消除和报废注销"。

13. 电梯的日常维护保养单位必须是依照《特种设备安全监察条例》得到_____的安装、改造、维修单位或者电梯制造单位。

A. 许可

B. 批准

C. 认可

D. 任命

【考点】"三、4. 公共服务特种设备的安全管理"。

14. 以下哪种特种设备的运营使用单位，必须设置特种设备安全管理机构或者配备专职的安全管理人员？

A. 压力管道

B. 气瓶

C. 客运索道

D. 起重机械

【考点】"三、4. 公共服务特种设备的安全管理"。

15. 客运索道、大型游乐设施的运营使用单位在客运索道、大型游乐设施_____投入使用前，应当进行试运行和例行安全检查；应当结合本单位实际情况，配备相应数量的_____装备和急救物品。

A. 每次，急救

B. 每日，营救

C. 每周，辅助

D. 每月，备用

【考点】"三、4. 公共服务特种设备的安全管理"。

16. _____不须经过特种设备安全监督管理部门专门考核并取得特种作业人员证书。

A. 锅炉水质化验员
B. 厂内专用机动车司机
C. 压力容器专职管理人员
D. 压力管道作业人员
E. 起重信号工

【考点】"三、5. 特种设备作业人员管理"。

17. 从事特种设备监督检验、定期检验、型式试验以及专门为特种设备生产、使用、检验检测提供无损检测服务的特种设备检验检测机构，应当经_____特种设备安全监督管理部门_____。

A. 省、自治区、直辖市，批准
B. 国务院，认可
C. 省、自治区、直辖市，认证
D. 国务院，核准

【考点】"四、1. 检验检测机构资质核准及应当具备的条件"。

18. 特种设备检验检测机构应当具备的条件不包括_____。

A. 有与所从事的检验检测工作相适应的检验检测仪器和设备
B. 有与所从事的检验检测工作相适应的检验检测人员
C. 有从事检验检测工作的经验
D. 有健全的检验检测管理制度、检验检测责任制度

【考点】"四、1. 检验检测机构资质核准及应当具备的条件"。

★19. 为做好特种设备检验检测工作，_____。

A. 从事特种设备检验检测的人员应当经国务院特种设备安全监督管理部门组织考核合格，取得检验检测人员证书
B. 检验检测结果、鉴定结论经检验检测人员签字后，由特种设备安全监督管理部门签署
C. 特种设备安全监督管理部门对检测结果、鉴定结论进行监督抽查的结果要向社会公布
D. 检验检测机构和检验检测人员可以向使用单位推荐他们认为质量可靠的特种设备
E. 进行检验检测时发现严重事故隐患，应当及时告知特种设备使用单位，并立即向安全生产监督管理部门报告

【考点】"四、特种设备检验检测"。

# 第九节  生产安全事故应急条例

## 一、总则

### 1. 政府领导

国务院统一领导全国的生产安全事故应急工作，县级以上地方人民政府统一领导本行政

区域内的生产安全事故应急工作。生产安全事故应急工作涉及两个以上行政区域的，由有关行政区域共同的上一级人民政府负责，或者由各有关行政区域的上一级人民政府共同负责。

**2. 负责的政府部门**

县级以上人民政府应急管理部门和其他对有关行业、领域的安全生产工作实施监督管理的部门（以下统称负有安全生产监督管理职责的部门）在各自职责范围内，做好有关行业、领域的生产安全事故应急工作。

县级以上人民政府应急管理部门指导、协调本级人民政府其他负有安全生产监督管理职责的部门和下级人民政府的生产安全事故应急工作。

**3. 单位负责**

生产经营单位应当加强生产安全事故应急工作，建立、健全生产安全事故应急工作责任制，其主要负责人对本单位的生产安全事故应急工作全面负责。

重点生产经营单位：易燃易爆物品、危险化学品等危险物品的生产、经营、储存、运输单位，矿山、金属冶炼、城市轨道交通运营、建筑施工单位，以及宾馆、商场、娱乐场所、旅游景区等人员密集场所经营单位。

## 二、应急准备

**1. 预案制定、修订及备案**

县级以上人民政府及其负有安全生产监督管理职责的部门和乡、镇人民政府以及街道办事处等地方人民政府派出机关，应当针对可能发生的生产安全事故的特点和危害，进行风险辨识和评估，制定相应的生产安全事故应急救援预案，并依法向社会公布。

生产经营单位应当针对本单位可能发生的生产安全事故的特点和危害，进行风险辨识和评估，制定相应的生产安全事故应急救援预案，并向本单位从业人员公布。

预案应当符合有关法律、法规、规章和标准的规定，具有科学性、针对性和可操作性，明确规定应急组织体系、职责分工以及应急救援程序和措施。

有下列情形之一的，预案制定单位应当及时修订相关预案：制定预案所依据的法律、法规、规章、标准发生重大变化；应急指挥机构及其职责发生调整；安全生产面临的风险发生重大变化；重要应急资源发生重大变化；在预案演练或者应急救援中发现需要修订预案的重大问题；其他应当修订的情形。

县级以上人民政府负有安全生产监督管理职责的部门应当将其制定的预案报送本级人民政府备案；重点生产经营单位应当将其制定的预案按照国家有关规定报送县级以上人民政府负有安全生产监督管理职责的部门备案，并依法向社会公布。

**2. 预案演练**

县级以上地方人民政府以及县级以上人民政府负有安全生产监督管理职责的部门，乡、镇人民政府以及街道办事处等地方人民政府派出机关，应当至少每2年组织1次预案演练。

重点生产经营单位应当至少每半年组织1次生产安全事故应急救援预案演练，并将演练情况报送所在地县级以上地方人民政府负有安全生产监督管理职责的部门。

县级以上地方人民政府负有安全生产监督管理职责的部门应当对本行政区域内重点生产经营单位的预案演练进行抽查；发现演练不符合要求的，应当责令限期改正。

**3. 应急救援队伍**

（1）县级以上人民政府应当加强对生产安全事故应急救援队伍建设的统一规划、组织和指导。

（2）县级以上人民政府负有安全生产监督管理职责的部门根据生产安全事故应急工作的实际需要，在重点行业、领域单独建立或者依托有条件的生产经营单位、社会组织共同建立应急救援队伍。

（3）国家鼓励和支持生产经营单位和其他社会力量建立提供社会化应急救援服务的应急救援队伍。

（4）重点生产经营单位应当建立应急救援队伍；其中，小型企业或者微型企业等规模较小的生产经营单位，可以不建立应急救援队伍，但应当指定兼职的应急救援人员，并且可以与邻近的应急救援队伍签订应急救援协议。

（5）工业园区、开发区等产业聚集区域内的生产经营单位，可以联合建立应急救援队伍。

（6）应急救援队伍的应急救援人员应当具备必要的专业知识、技能、身体素质和心理素质。

（7）应急救援队伍建立单位或者兼职应急救援人员所在单位应当按照国家有关规定对应急救援人员进行培训；应急救援人员经培训合格后，方可参加应急救援工作。

（8）应急救援队伍应当配备必要的应急救援装备和物资，并定期组织训练。

（9）生产经营单位应当及时将本单位应急救援队伍建立情况按照国家有关规定报送县级以上人民政府负有安全生产监督管理职责的部门，并依法向社会公布。

（10）县级以上人民政府负有安全生产监督管理职责的部门应当定期将本行业、本领域的应急救援队伍建立情况报送本级人民政府，并依法向社会公布。

**4. 应急救援装备和物资**

县级以上地方人民政府应当根据本行政区域内可能发生的生产安全事故的特点和危害，储备必要的应急救援装备和物资，并及时更新和补充。

重点生产经营单位应当根据本单位可能发生的生产安全事故的特点和危害，配备必要的灭火、排水、通风以及危险物品稀释、掩埋、收集等应急救援器材、设备和物资，并进行经常性维护、保养，保证正常运转。

**5. 应急值班**

下列单位应当建立应急值班制度，配备应急值班人员：

（1）县级以上人民政府及其负有安全生产监督管理职责的部门。

（2）危险物品的生产、经营、储存、运输单位以及矿山、金属冶炼、城市轨道交通运营、建筑施工单位。

（3）应急救援队伍。

规模较大、危险性较高的易燃易爆物品、危险化学品等危险物品的生产、经营、储存、运输单位应当成立应急处置技术组，实行 24h 应急值班。

**6. 应急教育和培训**

生产经营单位应当对从业人员进行应急教育和培训，保证从业人员具备必要的应急知识，掌握风险防范技能和事故应急措施。

**7. 应急救援信息系统**

国务院负有安全生产监督管理职责的部门应当按照国家有关规定建立生产安全事故应急救援信息系统，并采取有效措施，实现数据互联互通、信息共享。

生产经营单位可以通过生产安全事故应急救援信息系统办理生产安全事故应急救援预案备案手续，报送应急救援预案演练情况和应急救援队伍建设情况；但依法需要保密的除外。

### 三、应急救援

**1. 生产经营单位应急救援措施**

发生生产安全事故后，生产经营单位应当立即启动生产安全事故应急救援预案，采取下列一项或者多项应急救援措施，并按照国家有关规定报告事故情况：

（1）迅速控制危险源，组织抢救遇险人员。

（2）根据事故危害程度，组织现场人员撤离或者采取可能的应急措施后撤离。

（3）及时通知可能受到事故影响的单位和人员。

（4）采取必要措施，防止事故危害扩大和次生、衍生灾害发生。

（5）根据需要请求邻近的应急救援队伍参加救援，并向参加救援的应急救援队伍提供相关技术资料、信息和处置方法。

（6）维护事故现场秩序，保护事故现场和相关证据。

（7）法律、法规规定的其他应急救援措施。

**2. 有关地方人民政府及其部门的应急救援措施**

有关地方人民政府及其部门接到生产安全事故报告后，应当按照国家有关规定上报事故情况，启动相应的生产安全事故应急救援预案，并按照应急救援预案的规定采取下列一项或者多项应急救援措施：

（1）组织抢救遇险人员，救治受伤人员，研判事故发展趋势以及可能造成的危害。

（2）通知可能受到事故影响的单位和人员，隔离事故现场，划定警戒区域，疏散受到威胁的人员，实施交通管制。

（3）采取必要措施，防止事故危害扩大和次生、衍生灾害发生，避免或者减少事故对环境造成的危害。

（4）依法发布调用和征用应急资源的决定。

（5）依法向应急救援队伍下达救援命令。

（6）维护事故现场秩序，组织安抚遇险人员和遇险遇难人员亲属。

（7）依法发布有关事故情况和应急救援工作的信息。

（8）法律、法规规定的其他应急救援措施。

有关地方人民政府不能有效控制生产安全事故的，应当及时向上级人民政府报告。上级人民政府应当及时采取措施，统一指挥应急救援。

**3. 应急救援队伍**

应急救援队伍接到有关人民政府及其部门的救援命令或者签有应急救援协议的生产经营单位的救援请求后，应当立即参加生产安全事故应急救援。

应急救援队伍根据救援命令参加生产安全事故应急救援所耗费用,由事故责任单位承担;事故责任单位无力承担的,由有关人民政府协调解决。

**4. 应急救援现场指挥部**

发生生产安全事故后,有关人民政府认为有必要的,可以设立由本级人民政府及其有关部门负责人、应急救援专家、应急救援队伍负责人、事故发生单位负责人等人员组成的应急救援现场指挥部,并指定现场指挥部总指挥。

现场指挥部实行总指挥负责制,按照本级人民政府的授权组织制定并实施生产安全事故现场应急救援方案,协调、指挥有关单位和个人参加现场应急救援。

参加生产安全事故现场应急救援的单位和个人应当服从现场指挥部的统一指挥。

在应急救援过程中,发现可能直接危及应急救援人员生命安全的紧急情况时,现场指挥部或者统一指挥应急救援的人民政府应当立即采取相应措施消除隐患,降低或者化解风险,必要时可以暂时撤离应急救援人员。

**5. 政府后勤保障**

生产安全事故发生地人民政府应当为应急救援人员提供必需的后勤保障,并组织通信、交通运输、医疗卫生、气象、水文、地质、电力、供水等单位协助应急救援。

**6. 重要事项记录**

现场指挥部或者统一指挥生产安全事故应急救援的人民政府及其有关部门应当完整、准确地记录应急救援的重要事项,妥善保存相关原始资料和证据。

**7. 应急救援措施停止的决定**

生产安全事故的威胁和危害得到控制或者消除后,有关人民政府应当决定停止执行依照本条例和有关法律、法规采取的全部或者部分应急救援措施。

**8. 调用和征用的财产**

有关人民政府及其部门根据生产安全事故应急救援需要依法调用和征用的财产,在使用完毕或者应急救援结束后,应当及时归还。财产被调用、征用或者调用、征用后毁损、灭失的,有关人民政府及其部门应当按照国家有关规定给予补偿。

**9. 调查组对应急救援工作进行评估**

按照国家有关规定成立的生产安全事故调查组应当对应急救援工作进行评估,并在事故调查报告中作出评估结论。

**10. 伤亡人员救治、抚恤和烈士评定**

县级以上地方人民政府应当按照国家有关规定,对在生产安全事故应急救援中伤亡的人员及时给予救治和抚恤;符合烈士评定条件的,按照国家有关规定评定为烈士。

# 模 拟 试 题 及 考 点

1. 县级以上人民政府负有安全生产监督管理职责的部门在各自职责范围内,做好有关行业、领域的生产安全事故应急工作。"负有安全生产监督管理职责的部门"指_____。

A. 应急管理部门

B. 对有关行业、领域的安全生产工作实施监督管理的部门

C. 应急管理部门和其他对有关行业、领域的安全生产工作实施监督管理的部门

D. 应急管理部门和公安、环保部门

【考点】"一、总则"。

★2. 下列关于"重点生产经营单位"的陈述，不充分的是_____。

A. 易燃易爆物品、危险化学品等危险物品的生产、经营、储存单位

B. 矿山、金属冶炼单位

C. 城市轨道交通运营、建筑施工单位

D. 宾馆、商场、旅游景区经营单位

【考点】"一、总则"。

3.《生产安全事故应急条例》规定：生产经营单位应当针对本单位可能发生的生产安全事故的特点和危害，进行_____，制定相应的生产安全事故应急救援预案，并向_____公布。

A. 风险辨识和评估，本单位

B. 风险辨识和评估，本单位从业人员

C. 风险辨识，政府

D. 风险评估，社会

【考点】"二、应急准备"。

4. 下述中，情形_____不是预案制定单位必须修订相关预案的条件。

A. 应急指挥机构及其职责发生调整

B. 安全生产面临的风险发生重大变化

C. 重要应急资源发生重大变化

D. 在预案演练中发现不符合项

E. 制定预案所依据的标准发生重大变化

【考点】"二、应急准备"。

★5.《生产安全事故应急条例》中所明确的重点生产经营单位，应当_____。

A. 将其制定的生产安全事故应急救援预案报送乡、镇以上人民政府负有安全生产监督管理职责的部门备案

B. 至少每年组织 1 次生产安全事故应急救援预案演练

C. 建立应急救援队伍（规模较小的单位，可指定兼职的应急救援人员）

D. 根据本单位事故特点和危害，配备必要的应急救援器材、设备和物资

E. 依法向社会公布本单位应急救援队伍建立情况

【考点】"二、应急准备"。

6.《生产安全事故应急条例》要求至少每 2 年组织 1 次预案演练的，不包括_____。

A. 重点生产经营单位

B. 街道办事处等地方人民政府派出机关

C. 乡、镇人民政府

D. 县级以上人民政府负有安全生产监督管理职责的部门

【考点】"二、应急准备"。

★7.《生产安全事故应急条例》规定，_____应当建立应急值班制度，配备应急值班人员。

A. 危险物品的生产、经营、储存、运输单位

B. 矿山、金属冶炼、城市轨道交通运营、建筑施工单位

C. 宾馆、旅游景区等场所经营单位

D. 应急救援队伍

E. 乡、镇人民政府

F. 县级以上人民政府及其负有安全生产监督管理职责的部门

【考点】"二、应急准备"。

8.《生产安全事故应急条例》规定，_____应当成立应急处置技术组，实行24小时应急值班。

A. 危险物品的生产、经营、储存、运输单位

B. 规模较大、危险性较高的危险物品的生产、经营、储存、运输单位

C. 矿山、金属冶炼、城市轨道交通运营、建筑施工单位

D. 规模较大、危险性较高的矿山、金属冶炼、城市轨道交通运营、建筑施工单位

【考点】"二、应急准备"。

9. 发生生产安全事故后，生产经营单位应当采取的应急救援措施，不包括_____。

A. 迅速控制危险源，组织抢救遇险人员

B. 根据事故危害程度，组织现场人员撤离或者采取可能的应急措施后撤离

C. 采取必要措施，防止事故危害扩大和次生、衍生灾害发生

D. 必要时实施交通管制

E. 及时通知可能受到事故影响的单位和人员

【考点】"三、应急救援"。

10. 发生生产安全事故后，有关人民政府认为有必要的，可以设立应急救援现场指挥部并指定总指挥。现场指挥部的组成人员一般不包括_____。

A. 本级人民政府及其有关部门负责人

B. 应急救援专家

C. 应急救援队伍负责人

D. 安全评价机构负责人

E. 事故发生单位负责人

【考点】"三、应急救援"。

# 第十节　生产安全事故报告和调查处理条例

说明：按照修订的《中华人民共和国安全生产法》，国务院第 493 号令《生产安全事故报告和调查处理条例》中的"安全生产监督管理部门和负有安全生产监督管理职责的有关部门"统称为"负有安全生产监督管理职责的部门"。

## 一、"总则"的部分内容

### 1. 本条例的适用范围

生产经营活动中发生的造成人身伤亡或者直接经济损失的生产安全事故的报告和调查处理，适用本条例；环境污染事故、核设施事故、国防科研生产事故的报告和调查处理不适用本条例。

### 2. 事故报告的原则

事故报告应当及时、准确、完整，任何单位和个人对事故不得迟报、漏报、谎报或者瞒报。

### 3. 事故调查处理的原则和目的

（参见第二章第五节"二、3.（1）"的相关内容）

### 4. 若干规定

任何单位和个人不得阻挠和干涉对事故的报告和依法调查处理。

对事故报告和调查处理中的违法行为，任何单位和个人有权向安全生产监督管理部门、监察机关或者其他有关部门举报，接到举报的部门应当依法及时处理。

## 二、生产安全事故的分级

生产安全事故的分级见表 6–4。

表 6–4　　　　　　　　　　　　　　生产安全事故的分级

| 事故等级 | 死亡人数 $m$ | 重伤人数 $n$ | 直接经济损失 $c$ |
|---|---|---|---|
| 特别重大事故 | $m \geq 30$ | $n \geq 100$ | $c \geq 1$ 亿元 |
| 重大事故 | $10 \leq m < 30$ | $50 \leq n < 100$ | 5000 万元 $\leq c < 1$ 亿元 |
| 较大事故 | $3 \leq m < 10$ | $10 \leq n < 50$ | 1000 万元 $\leq c < 5000$ 万元 |
| 一般事故 | $m < 3$ | $n < 10$ | $c < 1000$ 万元 |

注：重伤包括急性工业中毒。

## 三、事故报告

### 1. 事故现场和事故单位

事故发生后，事故现场有关人员应当立即向本单位负责人报告；单位负责人接到报告后，应当于 1 小时内向事故发生地县级以上人民政府负有安全生产监督管理职责的部门报告。

情况紧急时，事故现场有关人员可以直接向事故发生地县级以上人民政府负有安全生产监督管理职责的部门报告。

**2. 负有安全生产监督管理职责的部门**

（1）报告程序，见表 6-5。

表 6-5                                                        报 告 程 序

| 事故等级 | 逐级上报至 | 同时报告 | 通知 | 备　注 |
|---|---|---|---|---|
| 特别重大事故、重大事故 | 国务院负有安全生产监督管理职责的部门 | 本级人民政府 | 公安机关，人力资源和社会保障行政部门，工会，人民检察院 | 国务院负有安全生产监督管理职责的部门、省级人民政府接报后立即报告国务院 |
| 较大事故 | 省级人民政府负有安全生产监督管理职责的部门 | | | |
| 一般事故 | 设区的市级人民政府负有安全生产监督管理职责的部门 | | | |

注：1. 必要时，负有安全生产监督管理职责的部门可以越级上报事故情况。

2. 负有安全生产监督管理职责的部门应当建立值班制度，并向社会公布值班电话，受理事故报告和举报。

（2）上报的时间和内容。

1）时间。负有安全生产监督管理职责的部门每级上报的时间不得超过 2 小时。

2）内容。

① 事故发生单位概况。

② 事故发生的时间、地点以及事故现场情况。

③ 事故的简要经过。

④ 事故已经造成或者可能造成的伤亡人数（包括下落不明的人数）和初步估计的直接经济损失。

⑤ 已经采取的措施。

⑥ 其他应当报告的情况。

（3）补报。自事故发生之日起 30 日内，事故造成的伤亡人数发生变化的，应当及时补报。道路交通事故、火灾事故自发生之日起 7 日内，事故造成的伤亡人数发生变化的，应当及时补报。

**3. 接报后或事故发生后的作为**

事故发生单位负责人接报后，应当立即启动相应事故应急预案，或者采取有效措施，组织抢救，防止事故扩大，减少人员伤亡和财产损失。

事故发生地有关地方人民政府、负有安全生产监督管理职责的部门接报后，其负责人应当立即赶赴事故现场，组织事故救援。

事故发生后，有关单位和人员应当妥善保护事故现场以及相关证据，任何单位和个人不得破坏事故现场、毁灭相关证据。因抢救人员、防止事故扩大以及疏通交通等原因，需要移动事故现场物件的，应当做出标志，绘制现场简图并做出书面记录，妥善保存现场重要痕迹、物证。

事故发生地公安机关根据事故的情况，对涉嫌犯罪的，应当依法立案侦查，采取强制措施和侦查措施。犯罪嫌疑人逃匿的，公安机关应当迅速追捕归案。

## 四、事故调查

### 1. 调查组的级别

调查组的级别见表 6–6。

表 6–6　　　　　　　　　　　　　　　　调 查 组 的 级 别

| 事故等级 | 谁组织事故调查组进行调查 | 备　　注 |
|---|---|---|
| 特别重大事故 | 国务院或者国务院授权有关部门 | |
| 重大事故 | 事故发生地省级人民政府,也可以授权或者委托有关部门 | 1. 上级政府认为必要时,可以调查由下级政府负责调查的事故<br>2. 自事故发生之日起 30 日内(道路交通事故、火灾事故自发生之日起 7 日内),因事故伤亡人数变化导致事故等级发生变化,依照本条例规定应当由上级政府负责调查的,上级政府可以另行组织事故调查组进行调查 |
| 较大事故 | 事故发生地设区的市级人民政府,也可以授权或者委托有关部门 | |
| 一般事故 | 事故发生地县级人民政府,也可以授权或者委托有关部门 | |
| 未造成人员伤亡的一般事故 | 同上,县级政府也可委托事故发生单位 | |

注：事故发生地与事故发生单位不在同一个县级以上行政区域的，由事故发生地政府负责调查，事故发生单位所在地政府应当派人参加。

### 2. 事故调查组

（1）组成。

事故调查组的组成应当遵循精简、效能的原则。

根据事故的具体情况，事故调查组由有关人民政府、安全生产监督管理部门、负有安全生产监督管理职责的有关部门、监察机关、公安机关以及工会派人组成，并应当邀请人民检察院派人参加。

事故调查组可以聘请有关专家参与调查。

（2）事故调查组成员。

条件：具有事故调查所需要的知识和专长，并与所调查的事故没有直接利害关系。

守则：事故调查工作中应当诚信公正、恪尽职守，遵守事故调查组的纪律，保守事故调查的秘密。未经事故调查组组长允许，不得擅自发布有关事故的信息。

（3）事故调查组组长。事故调查组组长由负责事故调查的人民政府指定。事故调查组组长主持事故调查组的工作。

（4）事故调查组的职责。

1）查明事故发生的经过、原因、人员伤亡情况及直接经济损失；

2）认定事故的性质和事故责任；

3）提出对事故责任者的处理建议；

4）总结事故教训，提出防范和整改措施；

5）提交事故调查报告。

（5）事故调查组的权利。

向有关单位和个人了解与事故有关的情况，并要求其提供相关文件、资料，有关单位和个人不得拒绝。

要求事故发生单位的负责人和有关人员在事故调查期间不得擅离职守，并应当随时接受事故调查组的询问，如实提供有关情况。

（6）事故调查组对有关问题的处理。

1）事故调查中发现涉嫌犯罪的，应及时将有关材料或者其复印件移交司法机关处理。

2）事故调查中需要进行技术鉴定的，应委托具有国家规定资质的单位进行技术鉴定。必要时，可以直接组织专家进行技术鉴定。技术鉴定所需时间不计入事故调查期限。

（7）事故调查组提交事故调查报告的时间。应当自事故发生之日起 60 日内提交事故调查报告；特殊情况下，经负责事故调查的人民政府批准，提交事故调查报告的期限可以适当延长，但延长的期限最长不超过 60 日。

**3. 事故调查报告的内容**

（1）事故发生单位概况。

（2）事故发生经过和事故救援情况。

（3）事故造成的人员伤亡和直接经济损失。

（4）事故发生的原因和事故性质。

（5）事故责任的认定以及对事故责任者的处理建议。

（6）事故防范和整改措施。

事故调查报告应当附具有关证据材料。事故调查组成员应当在事故调查报告上签名。

事故调查报告报送负责事故调查的人民政府后，事故调查工作即告结束。事故调查的有关资料应当归档保存。

## 五、事故处理

**1. 批复及其执行**

（1）批复时间。重大事故、较大事故、一般事故，负责事故调查的人民政府应当自收到事故调查报告之日起 15 日内做出批复；特别重大事故，30 日内做出批复，特殊情况下，批复时间可以适当延长，但延长的时间最长不超过 30 日。

（2）批复的执行。

有关机关应当按照人民政府的批复，依照法律、行政法规规定的权限和程序，对事故发生单位和有关人员进行行政处罚，对负有事故责任的国家工作人员进行处分。

事故发生单位应当按照负责事故调查的人民政府的批复，对本单位负有事故责任的人员进行处理。

负有事故责任的人员涉嫌犯罪的，依法追究刑事责任。

**2. 防范和整改措施的落实**

事故发生单位应当认真吸取事故教训，落实防范和整改措施，防止事故再次发生。防范和整改措施的落实情况应当接受工会和职工的监督。

负有安全生产监督管理职责的部门应当对事故发生单位落实防范和整改措施的情况进行监督检查。

**3. 公布事故处理情况**

事故处理的情况由负责事故调查的人民政府或者其授权的有关部门、机构向社会公布，依法应当保密的除外。

# 模 拟 试 题 及 考 点

1. 事故报告应当及时、准确、完整，任何单位和个人对事故不得_____、漏报、_____或者瞒报。

A. 延报，不报　　　B. 不报，谎报　　　C. 迟报，谎报　　　D. 迟报，错报

【考点】"一、2. 事故报告的原则"。

2. 生产安全事故发生后，事故现场有关人员应当_____向本单位负责人报告；单位负责人接到报告后，应当于_____小时内向事故发生地县级以上人民政府负有安全生产监督管理职责的部门报告；后者并逐级上报，每级上报的时间不得超过_____小时。

A. 立即，1，2　　　B. 尽快，2，1　　　C. 立即，1，1　　　D. 尽快，2，2

【考点】"三、事故报告"。

3. 某县发生生产安全事故，死亡 9 人，该县安全生产监督管理部门应逐级上报至_____，并由_____组织事故调查组进行调查。

A. 设区的市级人民政府负有安全生产监督管理职责的部门，事故发生地设区的市级人民政府或其授权或者委托的有关部门

B. 省级人民政府负有安全生产监督管理职责的部门，事故发生地设区的市级人民政府或其授权或者委托的有关部门

C. 省级人民政府负有安全生产监督管理职责的部门，事故发生地省级人民政府或其授权或者委托的有关部门

D. 国务院负有安全生产监督管理职责的部门，事故发生地省级人民政府或其授权或者委托的有关部门

【考点】"二、生产安全事故的分级""三、事故报告"和"四、1. 调查组的级别"。

4. 某县发生生产安全事故，死亡 9 人，直接经济损失约 6000 万元，该县安全生产监督管理部门应逐级上报至_____，并由_____组织事故调查组进行调查。

A. 省级人民政府安全生产监督管理部门，事故发生地设区的市级人民政府或其授权或者委托的有关部门

B. 省级人民政府安全生产监督管理部门，事故发生地省级人民政府或其授权或者委托的有关部门

C. 国家安全生产监督管理部门，国务院或者国务院授权的有关部门

D. 国家安全生产监督管理部门，事故发生地省级人民政府或其授权或者委托的有关部门

【考点】"二、生产安全事故的分级""三、事故报告"和"四、1. 调查组的级别"。

5. 负有安全生产监督管理职责的部门逐级上报生产安全事故的内容，除了关于事故发生单位和事故发生的情况以及造成的伤亡等损失之外，还包括_____的措施。自事故发生之日起 30 日内（道路交通事故、火灾事故自发生之日起 7 日内），事故造成的_____发生变化的，应当及时补报。

A. 正在采取，直接经济损失　　　　B. 已经采取，伤亡人数
C. 准备采取，死亡人数　　　　　　D. 将要采取，受害区域

【考点】"三、事故报告"。

6. 事故发生单位负责人接报后，应当立即启动事故_____，或者采取有效措施，组织抢救。事故发生后，因抢救人员、防止事故扩大以及疏通交通等原因，需要移动事故现场物件的，应当做出_____，绘制现场简图并做出书面记录。

A. 救援预案，记号　　　　　　　　B. 抢救计划，标识
C. 应急预案，标志　　　　　　　　D. 应急措施，说明

【考点】"三、3. 接报后或事故发生后的作为"。

★7. 事故调查组的基本成员，除有关人民政府、安全生产监督管理部门、负有安全生产监督管理职责的有关部门所派之人外，还有_____部门的代表。

A. 监察机关　　　　　　　　　　　B. 公安机关
C. 人民检察院　　　　　　　　　　D. 工会

【考点】"四、2. 事故调查组"。

8. 主持事故调查工作的事故调查组组长由负责事故调查的_____指定。事故调查组成员应与所调查的事故没有_____。

A. 人民政府，直接利害关系
B. 人民政府安全生产监督管理部门，直接利害关系
C. 人民政府，利害关系
D. 人民政府安全生产监督管理部门，经济关系

【考点】"四、2. 事故调查组"。

★9. 事故调查组的职责有_____。
A. 查明事故发生的经过、原因、人员伤亡情况及直接经济损失
B. 认定事故的性质和事故责任
C. 处理事故责任者
D. 总结事故教训，提出防范和整改措施
E. 提交事故调查报告

【考点】"四、2. 事故调查组"。

10. 事故调查组提交事故调查报告的时间是自事故发生之日起_____日内；特殊情况下，经负责事故调查的人民政府批准可以适当延长，但延长的期限最长不超过_____日。

A. 30，30　　　　　B. 60，60　　　　　C. 60，30　　　　　D. 30，60

【考点】"四、2. 事故调查组"。

★11. 事故调查报告的内容，除事故发生单位概况、事故发生经过和事故救援情况之外，还应有_____。

A. 事故造成的人员伤亡和直接经济损失

B. 事故发生的原因和事故性质

C. 事故发生地县级以上人民政府对事故责任的认定以及对事故责任者的处理建议

D. 事故防范和整改措施

【考点】"四、3. 事故调查报告的内容"。

12. 以下哪种叙述是正确的？

A. 对于较大事故、一般事故，负责事故调查的人民政府应当自收到事故调查报告之日起30日内做出批复

B. 对于重大事故，负责事故调查的人民政府应当自收到事故调查报告之日起15日内做出批复；特殊情况下，批复时间可以适当延长，但延长的时间最长不超过30日

C. 对于特别重大事故，应当自收到事故调查报告之日起30日内做出批复，特殊情况下，批复时间可以适当延长，但延长的时间最长不超过30日

D. 对于特别重大事故，应当自收到事故调查报告之日起15日内做出批复，特殊情况下，批复时间可以适当延长，但延长的时间最长不超过30日

【考点】"五、1. 批复及其执行"。

13. 事故发生单位防止事故再次发生的防范和整改措施的落实情况，应当接受_____的监督。负有安全生产监督管理职责的部门应当对事故发生单位落实防范和整改措施的情况进行_____。

A. 工会和职工，监督检查　　　　　B. 工会，检查

C. 媒体，监督　　　　　D. 政府部门，监督检查

【考点】"五、2. 防范和整改措施的落实"。

# 第十一节　工伤保险条例的相关内容

## 一、制定本条例的目的

保障因工作遭受事故伤害或者患职业病的职工获得医疗救治和经济补偿，促进工伤预防和职业康复，分散用人单位的工伤风险。

## 二、工伤保险条例的适用范围

中华人民共和国境内的用人单位——企业、事业单位、社会团体、民办非企业单位、基金会、律师事务所、会计师事务所等组织和有雇工的个体工商户，应当依照本条例规定参加工伤保险，为本单位全部职工或者雇工缴纳工伤保险费。

中华人民共和国境内的用人单位的全部职工（含雇工）依法享有获得工伤保险补偿的权利。

用人单位应当将参加工伤保险的有关情况在本单位内公示。

## 三、缴纳工伤保险费的规定

### 1. 工伤保险基金

工伤保险基金由用人单位缴纳的工伤保险费、工伤保险基金的利息和依法纳入工伤保险基金的其他资金构成。

工伤保险基金存入社会保障基金财政专户。

### 2. 工伤保险费费率

工伤保险费根据以支定收、收支平衡的原则，确定费率。

根据不同行业的工伤风险程度确定行业的差别费率，并根据工伤保险费使用、工伤发生率等情况在每个行业内确定若干费率档次。

### 3. 工伤保险费的缴纳

用人单位应当按时缴纳工伤保险费。职工个人不缴纳工伤保险费。

用人单位缴纳工伤保险费的数额为本单位职工工资总额乘以单位缴费费率之积。（工资总额指用人单位直接支付给本单位全部职工的劳动报酬总额）

## 四、工伤认定

### 1. 认定为工伤或者视同工伤的情形

（1）认定为工伤。职工有下列情形之一的，应当认定为工伤：

1）在工作时间和工作场所内，因工作原因受到事故伤害。

2）工作时间前后在工作场所内，从事与工作有关的预备性或者收尾性工作受到事故伤害。

3）在工作时间和工作场所内，因履行工作职责受到暴力等意外伤害。

4）患职业病。

5）因工外出期间，由于工作原因受到伤害或者发生事故下落不明。

6）在上下班途中，受到非本人主要责任的交通事故或者城市轨道交通、客运轮渡、火车事故伤害。

7）法律、行政法规规定应当认定为工伤的其他情形。

（2）视同工伤。职工有下列情形之一的，视同工伤：

1）在工作时间和工作岗位，突发疾病死亡或者在48小时之内经抢救无效死亡。

2）在抢险救灾等维护国家利益、公共利益活动中受到伤害。

3）职工原在军队服役，因战、因公负伤致残，已取得革命伤残军人证，到用人单位后旧

168

伤复发。

对于第 3）种情形，按照本条例的有关规定享受除一次性伤残补助金以外的工伤保险待遇。

（3）不得认定为工伤或者视同工伤的情形。职工符合认定为工伤或者视同工伤的规定，但有下列情形之一：故意犯罪；醉酒或者吸毒；自残或者自杀。

**2. 工伤认定申请**

职工发生事故伤害或者按职业病防治法规定被诊断、鉴定为职业病，所在单位应当自事故伤害发生之日或者被诊断、鉴定为职业病之日起 30 日内（特殊情况可适当延长），向统筹地区社会保险行政部门提出工伤认定申请。

用人单位未按上述规定提出工伤认定申请的，工伤职工或其直系亲属、工会组织在事故伤害发生之日或者被诊断、鉴定为职业病之日起 1 年内，可以直接向用人单位所在地统筹地区社会保险行政部门提出工伤认定申请。

提出工伤认定申请应当提交下列材料：

（1）工伤认定申请表。

（2）与用人单位存在劳动关系（包括事实劳动关系）的证明材料。

（3）医疗诊断证明或者职业病诊断证明书（或者职业病诊断鉴定书）。

工伤认定申请表应当包括事故发生的时间、地点、原因以及职工伤害程度等基本情况。

## 五、劳动能力鉴定

职工发生工伤经治疗伤情相对稳定后存在残疾、影响劳动能力的，应当进行劳动能力鉴定。

劳动能力鉴定是指劳动功能障碍程度和生活自理障碍程度的等级鉴定。

劳动功能障碍分为十个伤残等级，最重的为一级，最轻的为十级。

生活自理障碍分为三个等级：生活完全不能自理、生活大部分不能自理和生活部分不能自理。

设区的市级劳动能力鉴定委员会应当自收到劳动能力鉴定申请之日起 60 日内做出劳动能力鉴定结论，必要时期限可以延长 30 日。劳动能力鉴定结论应当及时送达申请鉴定的单位和个人。

申请鉴定的单位或者个人对设区的市级劳动能力鉴定委员会做出的鉴定结论不服的，可以在收到该鉴定结论之日起 15 日内向省级劳动能力鉴定委员会提出再次鉴定申请。省级劳动能力鉴定委员会做出的劳动能力鉴定结论为最终结论。

## 六、工伤保险待遇

**1. 从工伤保险基金支付的费用**

（1）工伤医疗费用。

（2）住院治疗的伙食补助费及到统筹地区以外就医（经医疗机构出具证明、报经办机构同意）的交通食宿费用。

（3）安装辅助器具（假肢、矫形器、假眼、假牙和配置轮椅等）的费用（需经劳动能力鉴定委员会确认）。

（4）生活护理费（工伤职工已经评定伤残等级并经劳动能力鉴定委员会确认需要护理）。

（5）工伤康复的费用（工伤职工到签订服务协议的医疗机构进行康复）。

（6）一次性伤残补助金（因工致残被鉴定为一至十级，按伤残等级支付）。

（7）伤残津贴（因工致残被鉴定为一至四级，保留劳动关系，退出工作岗位）。

注：工伤职工达到退休年龄并办理退休手续后，停发伤残津贴，按照国家有关规定享受基本养老保险待遇。基本养老保险待遇低于伤残津贴的，由工伤保险基金补足差额。

（8）一次性工伤医疗补助金（因工致残被鉴定为五、六级，工伤职工本人提出并与用人单位解除或终止劳动关系时；被鉴定为七至十级，劳动、聘用合同期满终止，或者职工本人提出解除劳动、聘用合同）。

（9）丧葬补助金、供养亲属抚恤金、一次性工亡补助金（职工因工死亡，近亲属领取）。

一次性工亡补助金标准为上一年度全国城镇居民人均可支配收入的 20 倍。

**2. 由用人单位支付的费用**

（1）接受工伤医疗停工留薪期内的工资福利待遇。

（2）停工留薪期内的生活护理费（生活不能自理而需要护理）。

（3）基本医疗保险费（因工致残被鉴定为一级至四级，由用人单位和职工个人缴纳，以伤残津贴为基数）。

（4）伤残津贴（因工致残被鉴定为五、六级，保留与用人单位的劳动关系，用人单位难以安排工作时）。

（5）一次性伤残就业补助金（因工致残被鉴定为五、六级，工伤职工本人提出并与用人单位解除或终止劳动关系时；被鉴定为七至十级，劳动、聘用合同期满终止，或者职工本人提出解除劳动、聘用合同时）。

# 模拟试题及考点

★1. 制定工伤保险条例的目的是_____。

A. 保障因工作遭受事故伤害或者患职业病的职工获得医疗救治和经济补偿

B. 促进工伤预防和职业康复

C. 承担用人单位的工伤风险

D. 分散用人单位的工伤风险

【考点】"一、制定本条例的目的"。

2. 中华人民共和国境内的_____依法享有获得工伤保险补偿的权利。

A. 事业单位职工

B. 个体工商户的雇工

C. 国有企业职工

D. 外资企业的雇员

E. 用人单位的全部职工或者雇工

【考点】"二、工伤保险条例的适用范围"。

3. 关于工伤保险费，下述中正确的是_____。

A. 确定费率的原则是以收定支、收支平衡

B. 行业差别费率根据不同行业的工伤风险程度确定，行业内费率档次根据工伤保险费使用、工伤发生率等情况确定

C. 用人单位缴纳工伤保险费，但职工个人应当支付抵押金

D. 缴纳工伤保险费是用人单位和职工的义务

【考点】"三、缴纳工伤保险费的规定"。

4. 用人单位缴纳工伤保险费的数额为本单位职工_____乘以单位缴费费率之积。

A. 报酬总额

B. 医疗费总额

C. 工资总额

D. 奖金总额

【考点】"三、3. 工伤保险费的缴纳"。

★5. 职工有下列哪种情形，应当认定为工伤_____。

A. 在抢险救灾等维护国家利益、公共利益活动中受到伤害

B. 在上下班途中，受到非本人主要责任的交通事故伤害

C. 醉酒导致伤亡

D. 在工作时间和工作岗位，突发疾病而死亡或者在 48 小时之内经抢救无效而死亡

E. 在工作场所内、工作开始前，从事与工作有关的预备性工作受到事故伤害

【考点】"四、1. 认定为工伤或者视同工伤的情形"。

6. 职工有下列哪种情形，应当视同工伤？

A. 患职业病

B. 自残或者自杀

C. 职工原军队服役，因战、因公负伤致残，已取得革命伤残军人证，到用人单位后旧伤复发

D. 因工外出期间，由于工作原因受到伤害或者发生事故下落不明

E. 在工作时间和工作场所内，因履行工作职责受到暴力意外伤害

【考点】"四、1. 认定为工伤或者视同工伤的情形"。

7. 职工发生事故伤害或者按职业病防治法规定被诊断、鉴定为职业病，所在单位应当自事故伤害发生之日或者被诊断、鉴定为职业病之日起_____日内（特殊情况可适当延长），

向统筹地区社会保险行政部门提出工伤认定申请。用人单位未按上述规定提出工伤认定申请的，工伤职工或其直系亲属、工会组织在事故伤害发生之日或者被诊断、鉴定为职业病之日起_____内，可以直接向用人单位所在地统筹地区社会保险行政部门提出工伤认定申请。

A. 15，6 个月

B. 30，1 年

C. 45，18 个月

D. 60，2 年

【考点】"四、2. 工伤认定申请"。

8. 职工发生工伤经治疗伤情相对稳定后存在残疾、影响劳动能力的，应当进行_____鉴定。其中，劳动功能障碍分为_____个伤残等级，生活自理障碍分为三个等级。

A. 伤残等级，十

B. 伤害程度，五

C. 劳动功能障碍，五

D. 劳动能力，十

【考点】"五、劳动能力鉴定"。

9. 职工因工负伤，以下哪种费用由用人单位支付而不从工伤保险基金支付？

A. 工伤医疗费用

B. 经劳动能力鉴定委员会确认需安装辅助器具的费用

C. 接受工伤医疗停工留薪期内的工资福利待遇

D. 工伤康复的费用（工伤职工到签订服务协议的医疗机构进行康复）

【考点】"六、工伤保险待遇"。

10.《工伤保险条例》规定，一次性工亡补助金标准为_____。

A. 按当地 48～60 个月平均工资计算

B. 按当地 61～73 个月平均工资计算

C. 上一年度全国城镇居民人均可支配收入的 10 倍

D. 上一年度全国城镇居民人均可支配收入的 20 倍

【考点】"六、工伤保险待遇"。

# 第十二节　大型群众性活动安全管理条例

## 一、安全责任

### 1. 承办者

对其承办活动的安全负责。

承办者的主要负责人为大型群众性活动的安全责任人。

制订包括下列内容的大型群众性活动安全工作方案：

（1）活动的时间、地点、内容及组织方式。

（2）安全工作人员的数量、任务分配和识别标志。

（3）活动场所消防安全措施。

（4）活动场所可容纳的人员数量以及活动预计参加人数。

（5）治安缓冲区域的设定及其标识。

（6）入场人员的票证查验和安全检查措施。

（7）车辆停放、疏导措施。

（8）现场秩序维护、人员疏导措施。

（9）应急救援预案。

具体负责下列安全事项：

（1）落实安全工作方案和安全责任制度，明确安全措施、安全工作人员岗位职责，开展大型群众性活动安全宣传教育。

（2）保障临时搭建的设施、建筑物的安全，消除安全隐患。

（3）按照负责许可的公安机关的要求，配备必要的安全检查设备，对参加大型群众性活动的人员进行安全检查，对拒不接受安全检查的，承办者有权拒绝其进入。

（4）按照核准的活动场所容纳人员数量、划定的区域发放或者出售门票。

（5）落实医疗救护、灭火、应急疏散等应急救援措施并组织演练。

（6）对妨碍大型群众性活动安全的行为及时予以制止，发现违法犯罪行为及时向公安机关报告。

（7）配备与大型群众性活动安全工作需要相适应的专业保安人员以及其他安全工作人员。

（8）为大型群众性活动的安全工作提供必要的保障。

**2. 场所管理者**

具体负责下列安全事项：

（1）保障活动场所、设施符合国家安全标准和安全规定。

（2）保障疏散通道、安全出口、消防车通道、应急广播、应急照明、疏散指示标志符合法律、法规、技术标准的规定。

（3）保障监控设备和消防设施、器材配置齐全、完好有效。

（4）提供必要的停车场地，并维护安全秩序。

**3. 公安机关**

（1）审核承办者提交的大型群众性活动申请材料，实施安全许可。

（2）制订大型群众性活动安全监督方案和突发事件处置预案。

（3）指导对安全工作人员的教育培训。

（4）在大型群众性活动举办前，对活动场所组织安全检查，发现安全隐患及时责令改正。

（5）在大型群众性活动举办过程中，对安全工作的落实情况实施监督检查，发现安全隐患及时责令改正。

（6）依法查处大型群众性活动中的违法犯罪行为，处置危害公共安全的突发事件。

## 二、安全管理

### 1. 安全许可

公安机关对大型群众性活动实行安全许可制度。承办者应当在活动举办日的 20 日前提出安全许可申请，申请时，提交相关材料。

### 2. 举办大型群众性活动应当符合的条件

（1）承办者是依照法定程序成立的法人或者其他组织。

（2）大型群众性活动的内容不得违反宪法、法律、法规的规定，不得违反社会公德。

（3）具有符合本条例规定的安全工作方案，安全责任明确、措施有效。

（4）活动场所、设施符合安全要求。

### 3. 公安机关

对经安全许可的大型群众性活动，公安机关根据安全需要组织相应警力，维持活动现场周边的治安、交通秩序，预防和处置突发治安事件，查处违法犯罪活动。

## 模拟试题及考点

★1. _____属于大型群众性活动安全工作方案的内容。

A. 安全工作人员的数量、任务分配和识别标志

B. 活动的时间、地点、内容及组织方式

C. 大型群众性活动中的违法犯罪行为的查处方式

D. 应急救援预案

E. 活动场所消防安全措施

【考点】"一、安全责任"。

2. 大型群众性活动的下列保障措施中，_____不是场所管理者负责的安全事项。

A. 治安缓冲区域的设定及其标识

B. 活动场所、设施符合国家安全标准和安全规定

C. 疏散通道、安全出口、消防车通道符合法规和技术标准的规定

D. 监控设备和消防设施、器材配置齐全、完好有效

【考点】"一、安全责任"。

3. _____不是举办大型群众性活动中公安机关负责的安全事项。

A. 审核承办者提交的大型群众性活动申请材料，实施安全许可

B. 制订大型群众性活动安全工作方案

C. 在活动举办前，对活动场所组织安全检查

D. 在活动举办过程中，对安全工作的落实情况实施监督检查

【考点】"一、安全责任"。

4. 某承办者想举办大型群众性活动，下述中哪项不是应当符合的条件？

A. 承办者是依照法定程序成立的法人

B. 活动的内容不违反法律、法规的规定和社会公德

C. 制订了安全监督方案

D. 活动场所、设施符合安全要求

【考点】"二、安全管理"。

# 第十三节　女职工劳动保护特别规定

## 一、用人单位的义务

将本单位属于女职工禁忌从事的劳动范围的岗位书面告知女职工。

不得因女职工怀孕、生育、哺乳降低其工资、予以辞退、与其解除劳动或者聘用合同。

用人单位违反《女职工劳动保护特别规定》，侵害女职工合法权益，造成女职工损害的，依法给予赔偿。

女职工产假期间的生育津贴，对已经参加生育保险的，按照用人单位上年度职工月平均工资的标准由生育保险基金支付；对未参加生育保险的，按照女职工产假前工资的标准由用人单位支付。

女职工生育或者流产的医疗费用，按照生育保险规定的项目和标准，对已经参加生育保险的，由生育保险基金支付；对未参加生育保险的，由用人单位支付。

## 二、四期保护

### 1. 四期

遵守《女职工劳动保护特别规定》附录"女职工禁忌从事的劳动范围"的规定。

### 2. 孕期

女职工在孕期不能适应原劳动的，用人单位应当根据医疗机构的证明，予以减轻劳动量或者安排其他能够适应的劳动。

对怀孕 7 个月以上的女职工，用人单位不得延长劳动时间或者安排夜班劳动，并应当在劳动时间内安排一定的休息时间。

怀孕女职工在劳动时间内进行产前检查，所需时间计入劳动时间。

### 3. 产期

女职工怀孕未满 4 个月流产的，享受 15 天产假；怀孕满 4 个月流产的，享受 42 天产假。

女职工生育享受 98 天产假，其中产前可以休假 15 天；难产的，增加产假 15 天；生育多胞胎的，每多生育 1 个婴儿，增加产假 15 天。

**4. 哺乳期**

对哺乳未满 1 周岁婴儿的女职工，用人单位不得延长劳动时间或者安排夜班劳动。

用人单位应当在每天的劳动时间内为哺乳期女职工安排 1 小时哺乳时间。

## 三、维权

用人单位违反本规定，侵害女职工合法权益的，女职工可以依法投诉、举报、申诉，依法向劳动人事争议调解仲裁机构申请调解仲裁，对仲裁裁决不服的，依法向人民法院提起诉讼。

## 四、监督管理

县级以上人民政府人力资源社会保障行政部门、安全生产监督管理部门按照各自职责负责对用人单位遵守本规定的情况进行监督检查。

工会、妇女组织依法对用人单位遵守本规定的情况进行监督。

## 五、女职工禁忌从事的劳动范围

**1. 禁忌从事的劳动范围**

（1）矿山井下作业。

（2）体力劳动强度分级标准中规定的第四级体力劳动强度的作业。

（3）每小时负重 6 次以上、每次负重超过 20kg 的作业，或者间断负重、每次负重超过 25kg 的作业。

**2. 在经期禁忌从事的劳动范围**

（1）冷水作业分级标准中规定的第二级、第三级、第四级冷水作业。

（2）低温作业分级标准中规定的第二级、第三级、第四级低温作业。

（3）体力劳动强度分级标准中规定的第三级、第四级体力劳动强度的作业。

（4）高处作业分级标准中规定的第三级、第四级高处作业。

**3. 在孕期禁忌从事的劳动范围**

（1）作业场所空气中铅及其化合物、汞及其化合物、苯、镉、铍、砷、氰化物、氮氧化物、一氧化碳、二硫化碳、氯、己内酰胺、氯丁二烯、氯乙烯、环氧乙烷、苯胺、甲醛等有毒物质浓度超过国家职业卫生标准的作业。

（2）从事抗癌药物、己烯雌酚生产，接触麻醉剂气体等的作业。

（3）非密封源放射性物质的操作，核事故与放射事故的应急处置。

（4）高处作业分级标准中规定的高处作业。

（5）冷水作业分级标准中规定的冷水作业。

（6）低温作业分级标准中规定的低温作业。

（7）高温作业分级标准中规定的第三级、第四级的作业。

（8）噪声作业分级标准中规定的第三级、第四级的作业。

（9）体力劳动强度分级标准中规定的第三级、第四级体力劳动强度的作业。

（10）在密闭空间、高压室作业或者潜水作业，伴有强烈振动的作业，或者需要频繁弯腰、攀高、下蹲的作业。

**4. 在哺乳期禁忌从事的劳动范围**

（1）孕期禁忌从事的劳动范围的第一项、第三项、第九项。

（2）作业场所空气中锰、氟、溴、甲醇、有机磷化合物、有机氯化合物等有毒物质浓度超过国家职业卫生标准的作业。

# 模拟试题及考点

★1.《女职工劳动保护特别规定》中关于用人单位的义务，下述正确的是_____。

A. 将本单位属于女职工禁忌从事的劳动范围的岗位书面或口头告知女职工

B. 不得因女职工怀孕、生育、哺乳降低其工资、予以辞退、与其解除劳动或者聘用合同

C. 违反规定，侵害女职工合法权益，造成女职工损害的，依法给予批评

D. 女职工产假期间的生育津贴，对未参加生育保险的，由用人单位支付

【考点】"一、用人单位的义务"。

2. 关于女职工劳动保护，下述不正确的是_____。

A. 在孕期不能适应原劳动的，用人单位根据医疗机构的证明，予以减轻劳动量或者安排其他能够适应的劳动

B. 对怀孕 7 个月以上的女职工，用人单位不得延长劳动时间或者安排夜班劳动

C. 对哺乳未满 1 周岁婴儿的女职工，用人单位不得延长劳动时间或者安排夜班劳动

D. 女职工生育享受 98 天产假，怀孕但流产的，不享受产假

【考点】"二、四期保护"。

3. 用人单位应当在每天的劳动时间内为哺乳期女职工安排_____哺乳时间。

A. 半小时　　　　　　　　　　　B. 1 小时

C. 1.5 小时　　　　　　　　　　D. 2 小时

【考点】"二、四期保护"。

★4. _____对用人单位遵守《女职工劳动保护特别规定》的情况进行监督检查。

A. 安全生产监督管理部门　　　　B. 工会

C. 人力资源社会保障行政部门　　D. 妇女组织

【考点】"四、监督管理"。

5. 对女职工禁忌从事的劳动范围，表述不正确的是_____。

A. 矿山作业

B. 体力劳动强度分级标准中规定的第四级体力劳动强度的作业

C. 每小时负重 6 次以上、每次负重超过 20kg 的作业

D. 间断负重、每次负重超过 25kg 的作业

【考点】"五、女职工禁忌从事的劳动范围"。

# 第七章

## 安全生产部门规章及重要文件

### 第一节　注册安全工程师分类管理办法

#### 一、注册安全工程师

注册安全工程师是指依法取得注册安全工程师职业资格证书,并经注册的专业技术人员。

取得注册安全工程师职业资格证书并经注册的人员,表明其具备与所从事的生产经营活动相应的安全生产知识和管理能力,可视为其安全生产知识和管理能力考核合格。

注册安全工程师可在相应行业领域生产经营单位和安全评价检测等安全生产专业服务机构中执业。

中级注册安全工程师按照专业类别进行继续教育,其中专业课程学时应不少于继续教育总学时的一半。

#### 二、注册安全工程师专业类别和级别设置

注册安全工程师专业类别划分为:煤矿安全、金属非金属矿山安全、化工安全、金属冶炼安全、建筑施工安全、道路运输安全、其他安全(不包括消防安全)。

注册安全工程师级别设置为:高级、中级、初级(助理)。

#### 三、注册安全工程师注册管理

注册安全工程师按照专业类别进行注册,应急管理部门或其授权的机构为注册安全工程师职业资格的注册管理机构。

住房和城乡建设部、交通运输部或其授权的机构分别负责其职责范围内建筑施工安全、道路运输安全类别中级注册安全工程师的注册初审工作。各省、自治区、直辖市应急管理部门和经其授权的机构负责其他中级注册安全工程师的注册初审工作。

应急管理部或其授权的机构负责中级注册安全工程师的注册终审工作。

#### 四、高危行业单位注册安全工程师的配备要求

危险物品的生产、储存单位以及矿山、金属冶炼单位应当有相应专业类别的中级及以上注册安全工程师从事安全生产管理工作。

危险物品的生产、储存单位以及矿山单位安全生产管理人员中的中级及以上注册安全工程师比例应自本办法施行之日起2年内，金属冶炼单位安全生产管理人员中的中级及以上注册安全工程师比例应自本办法施行之日起5年内达到15%左右并逐步提高。

## 模拟试题及考点

1. _____负责道路运输安全类别中级注册安全工程师的注册终审工作。
A. 住房和城乡建设部或其授权的机构　　B. 交通运输部或其授权的机构
C. 应急管理部或其授权的机构　　D. 民政部或其授权的机构
【考点】"三、注册安全工程师注册管理"。

★2.《注册安全工程师分类管理办法》自2018年1月1日起施行。按该办法规定，至2019年12月31日，安全生产管理人员中的中级及以上注册安全工程师比例应达到15%左右的生产经营单位有_____。
A. 危险物品的生产单位　　B. 危险物品的储存单位
C. 金属冶炼单位　　D. 矿山单位
【考点】"四、高危行业单位注册安全工程师的配备要求"。

# 第二节　注册安全工程师职业资格制度规定

## 一、总则

国家设置注册安全工程师准入类职业资格，纳入国家职业资格目录。
注册安全工程师级别设置为：高级、中级、初级。
注册安全工程师专业类别划分为：煤矿安全、金属非金属矿山安全、化工安全、金属冶炼安全、建筑施工安全、道路运输安全、其他安全（不包括消防安全）。

## 二、考试

中级注册安全工程师职业资格考试全国统一大纲、统一命题、统一组织。
初级注册安全工程师职业资格考试全国统一大纲，各省、自治区、直辖市自主命题并组织实施，一般应按照专业类别考试。
凡遵守中华人民共和国宪法、法律、法规，具有良好的业务素质和道德品行，具备下列条件之一者，可以申请参加中级注册安全工程师职业资格考试：
（1）具有安全工程及相关专业大学专科学历，从事安全生产业务满5年；或具有其他专业大学专科学历，从事安全生产业务满7年。
（2）具有安全工程及相关专业大学本科学历，从事安全生产业务满3年；或具有其他专业大学本科学历，从事安全生产业务满 5 年。

（3）具有安全工程及相关专业第二学士学位，从事安全生产业务满 2 年；或具有其他专业第二学士学位，从事安全生产业务满 3 年。

（4）具有安全工程及相关专业硕士学位，从事安全生产业务满 1 年；或具有其他专业硕士学位，从事安全生产业务满 2 年。

（5）具有博士学位，从事安全生产业务满 1 年。

（6）取得初级注册安全工程师职业资格后，从事安全生产业务满 3 年。

凡遵守中华人民共和国宪法、法律、法规，具有良好的业务素质和道德品行，具备下列条件之一者，可以申请参加初级注册安全工程师职业资格考试：

（1）具有安全工程及相关专业中专学历，从事安全生产业务满 4 年；或具有其他专业中专学历，从事安全生产业务满 5 年。

（2）具有安全工程及相关专业大学专科学历，从事安全生产业务满 2 年；或具有其他专业大学专科学历，从事安全生产业务满 3 年。

（3）具有大学本科及以上学历，从事安全生产业务。

中级注册安全工程师职业资格考试合格者，由各省、自治区、直辖市人力资源社会保障部门颁发注册安全工程师职业资格证书（中级）。该证书由人力资源社会保障部统一印制，应急管理部、人力资源社会保障部共同用印，在全国范围有效。

初级注册安全工程师职业资格考试合格者，由各省、自治区、直辖市人力资源社会保障部门颁发注册安全工程师职业资格证书（初级）。

## 三、注册

### 1. 执业注册管理制度

国家对注册安全工程师职业资格实行执业注册管理制度，按照专业类别进行注册。取得注册安全工程师职业资格证书的人员，经注册后方可以注册安全工程师名义执业。

### 2. 注册初审和终审

住房城乡建设部、交通运输部或其授权的机构按照职责分工，分别负责相应范围内建筑施工安全、道路运输安全类别中级注册安全工程师的注册初审工作。

各省、自治区、直辖市应急管理部门和经应急管理部授权的机构，负责其他中级注册安全工程师的注册初审工作。

应急管理部负责中级注册安全工程师的注册终审工作，具体工作由中国安全生产科学研究院实施。终审通过的建筑施工安全、道路运输安全类别中级注册安全工程师名单分别抄送住房城乡建设部、交通运输部。

### 3. 申请注册的人员必须具备的条件

申请注册的人员，必须同时具备下列基本条件：

（1）取得注册安全工程师职业资格证书。

（2）遵纪守法，恪守职业道德。

（3）受聘于生产经营单位安全生产管理、安全工程技术类岗位或安全生产专业服务机构从事安全生产专业服务。

（4）具有完全民事行为能力，年龄不超过 70 周岁。

**4. 初始注册**

申请中级注册安全工程师初始注册的，应当自取得中级注册安全工程师职业资格证书之日起 5 年内由本人向注册初审机构提出。

超过规定时间申请初始注册的，按逾期初始注册办理。

准予注册的申请人，由应急管理部核发中级注册安全工程师注册证书（纸质或电子证书）。

**5. 注册有效期**

中级注册安全工程师注册有效期为 5 年。有效期满前 3 个月，需要延续注册的，应向注册初审机构提出延续注册申请。有效期满未延续注册的，可根据需要申请重新注册。

**6. 变更注册**

中级注册安全工程师在注册有效期内变更注册的，须及时向注册初审机构提出申请。

## 四、执业

**1. 守则**

注册安全工程师不得同时受聘于两个或两个以上单位执业，不得允许他人以本人名义执业，不得出租出借证书。违反上述规定的，由发证机构撤销其注册证书，5 年内不予重新注册；构成犯罪的，依法追究刑事责任。

**2. 执业范围**

（1）安全生产管理。

（2）安全生产技术。

（3）生产安全事故调查与分析。

（4）安全评估评价、咨询、论证、检测、检验、教育、培训及其他安全生产专业服务。

**3. 执业成果文件上签字**

注册安全工程师应在本人执业成果文件上签字，并承担相应责任。

**4. 权利和义务**

（1）权利。

1）按规定使用注册安全工程师称谓和本人注册证书。

2）从事规定范围内的执业活动。

3）对执业中发现的不符合相关法律、法规和技术规范要求的情形提出意见和建议，并向相关行业主管部门报告。

4）参加继续教育。

5）获得相应的劳动报酬。

6）对侵犯本人权利的行为进行申诉。

7）法律、法规规定的其他权利。

（2）义务。

1）遵守国家有关安全生产的法律、法规和标准。

2）遵守职业道德，客观、公正执业，不弄虚作假，并承担在相应报告上签署意见的法律责任。

3）维护国家、集体、公众的利益和受聘单位的合法权益。

4）严格保守在执业中知悉的单位、个人技术和商业秘密。

### 5. 职业资格与职称的对应

专业技术人员取得中级注册安全工程师、初级注册安全工程师职业资格，即视其具备工程师、助理工程师职称，并可作为申报高一级职称的条件。

## 五、注册安全工程师配备

《注册安全工程师管理规定》的规定如下：

### 1. 生产经营单位

（1）从业人员 300 人以上的煤矿、非煤矿矿山、建筑施工单位和危险物品生产、经营单位，应当按照不少于安全生产管理人员 15% 的比例配备注册安全工程师；安全生产管理人员在 7 人以下的，至少配备 1 名。

（2）其他生产经营单位，应当配备注册安全工程师或者委托安全生产中介机构选派注册安全工程师提供安全生产服务。

### 2. 安全生产中介机构

安全生产中介机构应当按照不少于安全生产专业服务人员 30% 的比例配备注册安全工程师。

# 模 拟 试 题 及 考 点

1. 注册安全工程师纳入国家_____资格目录。取得注册安全工程师职业资格证书的人员，经注册后方可以注册安全工程师名义_____。

A. 从业，从业　　　　B. 执业，执业　　　　C. 职业，执业　　　　D. 职业，就业

【考点】"一、总则"。

★2. 属于注册安全工程师专业类别的有_____。

A. 金属非金属矿山安全　　　　　　　B. 消防安全

C. 道路运输安全　　　　　　　　　　D. 电力安全

【考点】"一、总则"。

★3. 具有_____学历，可申请参加中级注册安全工程师职业资格考试。

A. 高中　　　　　B. 中专　　　　　C. 大学专科　　　　　D. 大学本科

【考点】"二、考试"。

4. 申请中级注册安全工程师初始注册的，应当自取得中级注册安全工程师职业资格证书之日起_____年内由本人向注册初审机构提出。建筑施工安全类别的注册初审，由_____负责。

A. 3，省级住房城乡建设部门

B. 3，省级应急管理部门或其授权的机构

C. 5，住房城乡建设部

D. 5，应急管理部

【考点】"三、注册"。

5. 注册安全工程师应在本人_____上签字，并承担相应责任。

A. 执业文件　　　　B. 工作文件　　　　C. 工作成果文件　　　D. 执业成果文件

【考点】"四、执业"。

★6. 下述中_____是注册安全工程师的义务。

A. 对执业中发现的不符合相关法律、法规和技术规范要求的情形提出意见和建议，并向相关行业主管部门报告

B. 承担在相应报告上签署意见的法律责任

C. 遵守国家有关安全生产的法律、法规和标准

D. 获得相应的劳动报酬

E. 维护受聘单位的合法权益

【考点】"四、执业"。

7. 专业技术人员取得中级注册安全工程师职业资格，即视其具备_____职称。

A. 助理工程师　　　B. 工程师　　　　C. 高级工程师　　　　D. 研究员

【考点】"四、执业"。

★8. 下述关于注册安全工程师的配备，符合要求的是_____。

A. 某从业人员 400 人以上的危险物品生产单位，按安全生产管理人员 10%的比例配备注册安全工程师

B. 某从业人员 200 人的非煤矿矿山，按安全生产管理人员 25%的比例配备注册安全工程师

C. 某纺织厂没有配备，而委托安全生产中介机构选派注册安全工程师为其提供安全生产服务

D. 某安全生产中介机构有安全生产专业服务人员 10 人，其中有 2 位注册安全工程师

【考点】"五、注册安全工程师配备"。

# 第三节　生产经营单位安全培训规定

## 一、培训对象

生产经营单位应当进行安全培训的从业人员包括主要负责人、安全生产管理人员、特种作业人员和其他从业人员。生产经营单位使用被派遣劳动者的，应当将被派遣劳动者纳入本单位从业人员统一管理。

生产经营单位主要负责人是指有限责任公司或者股份有限公司的董事长、总经理，其他

生产经营单位的厂长、经理、（矿务局）局长、矿长（含实际控制人）等。

生产经营单位安全生产管理人员是指生产经营单位分管安全生产的负责人、安全生产管理机构负责人及其管理人员，以及未设安全生产管理机构的生产经营单位专、兼职安全生产管理人员等。

生产经营单位其他从业人员是指除主要负责人、安全生产管理人员和特种作业人员以外，该单位从事生产经营活动的所有人员，包括其他负责人、其他管理人员、技术人员和各岗位的工人以及临时聘用的人员。

## 二、主要负责人、安全生产管理人员的安全培训

### 1. 要求

生产经营单位主要负责人和安全生产管理人员应当接受安全培训，具备与所从事的生产经营活动相适应的安全生产知识和管理能力。

煤矿、非煤矿山、危险化学品、烟花爆竹、金属冶炼等生产经营单位主要负责人和安全生产管理人员，必须接受专门的安全培训，自任职之日起 6 个月内，经安全生产监管监察部门对其安全生产知识和管理能力考核合格。

### 2. 培训内容

（1）生产经营单位主要负责人。

1）国家安全生产方针、政策和有关安全生产的法律、法规、规章及标准。

2）安全生产管理基本知识、安全生产技术、安全生产专业知识。

3）重大危险源管理、重大事故防范、应急管理和救援组织以及事故调查处理的有关规定。

4）职业危害及其预防措施。

5）国内外先进的安全生产管理经验。

6）典型事故和应急救援案例分析。

7）其他需要培训的内容。

（2）生产经营单位安全生产管理人员。

1）国家安全生产方针、政策和有关安全生产的法律、法规、规章及标准。

2）安全生产管理、安全生产技术、职业卫生等知识。

3）伤亡事故统计、报告及职业危害的调查处理方法。

4）应急管理、应急预案编制以及应急处置的内容和要求。

5）国内外先进的安全生产管理经验。

6）典型事故和应急救援案例分析。

7）其他需要培训的内容。

### 3. 培训时间

生产经营单位主要负责人和安全生产管理人员初次安全培训时间不得少于 32 学时。每年再培训时间不得少于 12 学时。

煤矿、非煤矿山、危险化学品、烟花爆竹、金属冶炼等生产经营单位主要负责人和安全生产管理人员初次安全培训时间不得少于 48 学时；每年再培训时间不得少于 16 学时。

### 三、其他从业人员的安全培训

#### 1. 强制性培训和三级安全培训

煤矿、非煤矿山、危险化学品、烟花爆竹、金属冶炼等生产经营单位必须对新上岗的临时工、合同工、劳务工、轮换工、协议工等进行强制性安全培训，保证其具备本岗位安全操作、自救互救以及应急处置所需的知识和技能后，方能安排上岗作业。

加工、制造业等生产单位的其他从业人员，在上岗前必须经过厂（矿）、车间（工段、区、队）、班组三级安全培训教育。

#### 2. 培训时间

生产经营单位新上岗的从业人员，岗前安全培训时间不得少于 24 学时。

煤矿、非煤矿山、危险化学品、烟花爆竹、金属冶炼等生产经营单位新上岗的从业人员安全培训时间不得少于 72 学时，每年再培训的时间不得少于 20 学时。

#### 3. 岗前安全培训内容

（1）厂（矿）级。

1）本单位安全生产情况及安全生产基本知识。

2）本单位安全生产规章制度和劳动纪律。

3）从业人员安全生产权利和义务。

4）有关事故案例等。

煤矿、非煤矿山、危险化学品、烟花爆竹、金属冶炼等生产经营单位厂（矿）级安全培训除包括上述内容外，应当增加事故应急救援、事故应急预案演练及防范措施等内容。

（2）车间（工段、区、队）级。

1）工作环境及危险因素。

2）所从事工种可能遭受的职业伤害和伤亡事故。

3）所从事工种的安全职责、操作技能及强制性标准。

4）自救互救、急救方法、疏散和现场紧急情况的处理。

5）安全设备设施、个人防护用品的使用和维护。

6）本车间（工段、区、队）安全生产状况及规章制度。

7）预防事故和职业危害的措施及应注意的安全事项。

8）有关事故案例。

9）其他需要培训的内容。

（3）班组级。

1）岗位安全操作规程。

2）岗位之间工作衔接配合的安全与职业卫生事项。

3）有关事故案例。

4）其他需要培训的内容。

（4）重新上岗和实施"四新"时的培训要求。

从业人员在本生产经营单位内调整工作岗位或离岗一年以上重新上岗时，应当重新接受车间（工段、区、队）和班组级的安全培训。

生产经营单位采用新工艺、新技术、新材料或者使用新设备时，应当对有关从业人员重新进行有针对性的安全培训。

### 四、特种作业人员的安全培训

生产经营单位的特种作业人员，必须按照国家有关法律、法规的规定接受专门的安全技术培训，经考核合格，取得特种作业操作资格证书后，方可上岗作业。

### 五、安全培训的组织实施

具备安全培训条件的生产经营单位，应当以自主培训为主；可以委托具备安全培训条件的机构，对从业人员进行安全培训。

不具备安全培训条件的生产经营单位，应当委托具备安全培训条件的机构，对从业人员进行安全培训。

生产经营单位委托其他机构进行安全培训的，保证安全培训的责任仍由本单位负责。

生产经营单位应当将安全培训工作纳入本单位年度工作计划。保证本单位安全培训工作所需资金。

生产经营单位应建立健全从业人员安全教育和培训档案，详细、准确记录培训的时间、内容、参加人员以及考核结果等情况。

生产经营单位安排从业人员进行安全培训期间，应当支付工资和必要的费用。

# 模 拟 试 题 及 考 点

1. 煤矿、非煤矿山、危险化学品、烟花爆竹、金属冶炼等生产经营单位主要负责人和安全生产管理人员安全资格培训时间不得少于_____学时，由安全生产监管监察部门对其安全生产知识和管理能力_____。

　A. 24，考核合格　　　　　　　　　　B. 32，发给资格证书

　C. 48，考核合格　　　　　　　　　　D. 72，发给资格证书

　【考点】"二、主要负责人、安全生产管理人员的安全培训"。

2. 非高危行业生产经营单位主要负责人和安全生产管理人员初次安全培训时间不得少于_____学时；每年再培训时间不得少于_____学时。

　A. 32，12　　　　　B. 48，12　　　　　C. 32，16　　　　　D. 48，16

　【考点】"二、主要负责人、安全生产管理人员的安全培训"。

3. 煤矿、非煤矿山、危险化学品、烟花爆竹、金属冶炼等生产经营单位必须对新上岗的临时工、合同工、劳务工、轮换工、协议工等进行_____安全培训，培训时间不得少于_____学时。

　A. 自发性，24　　　B. 普遍性，32　　　C. 常规性，48　　　D. 强制性，72

　【考点】"三、其他从业人员的安全培训"。

4. 非高危行业生产经营单位的一般从业人员，在上岗前进行三级安全培训教育的时间不

得少于_____学时。从业人员在本单位内调整工作岗位或离岗一年以上重新上岗时，应当重新接受_____的安全培训。

A. 20，车间级和班组级　　　　　B. 24，车间级和班组级

C. 32，厂级和车间级　　　　　　D. 48，厂级和车间级

【考点】"三、其他从业人员的安全培训"。

★5. 某电子制品厂厂级岗前安全培训的内容至少应有_____。

A. 本单位安全生产基本知识　　　B. 本单位安全生产规章制度

C. 岗位安全操作规程　　　　　　D. 有关事故案例

E. 事故应急救援、应急预案演练

【考点】"三、其他从业人员的安全培训"。

# 第四节　特种作业人员安全技术培训考核管理规定

## 一、特种作业和特种作业人员

特种作业，是指容易发生事故，对操作者本人、他人的安全健康及设备、设施的安全可能造成重大危害的作业。

特种作业人员，是指直接从事特种作业的从业人员。

特种作业的范围由特种作业目录规定。

特种作业目录：

1　电工作业（3种）

2　焊接与热切割作业（3种）

3　高处作业（2种）

4　制冷与空调作业（2种）

5　煤矿安全作业（10种）

6　金属非金属矿山安全作业（8种）

7　石油天然气安全作业（1种）

8　冶金（有色）生产安全作业（1种）

9　危险化学品安全作业（16种）

10　烟花爆竹安全作业（5种）

11　国家安全监督管理部门认定的其他作业

特种作业人员应当符合的条件：

（1）年满18周岁，且不超过国家法定退休年龄。

（2）经社区或者县级以上医疗机构体检健康合格，并无妨碍从事相应特种作业的器质性心脏病、癫痫病、美尼尔氏症、眩晕症、癔病、震颤麻痹症、精神病、痴呆症以及其他疾病

和生理缺陷。

（3）具有初中及以上文化程度。

（4）具备必要的安全技术知识与技能。

（5）相应特种作业规定的其他条件。

对危险化学品特种作业人员，条件（3）改为：具备高中或者相当于高中及以上文化程度。

## 二、培训

特种作业人员应当接受与其所从事的特种作业相应的安全技术理论培训和实际操作培训。

已经取得职业高中、技工学校及中专以上学历的毕业生从事与其所学专业相应的特种作业，持学历证明经考核发证机关同意，可以免予相关专业的培训。

对特种作业人员的安全技术培训，具备安全培训条件的生产经营单位应当以自主培训为主，也可以委托具备安全培训条件的机构进行培训。不具备安全培训条件的生产经营单位，应当委托具备安全培训条件的机构进行培训。

生产经营单位委托其他机构进行特种作业人员安全技术培训的，保证安全技术培训的责任仍由本单位负责。

培训机构应当制定相应的培训计划、教学安排，并按照国家安全生产监督管理部门、国家煤矿安全监察局制定的特种作业人员培训大纲和煤矿特种作业人员培训大纲进行特种作业人员的安全技术培训。

## 三、考核发证

特种作业人员的考核包括考试和审核两部分。考试由考核发证机关或其委托的单位负责；审核由考核发证机关负责。

考核发证机关或其委托的单位应当按照国家安全生产监督管理部门、国家煤矿安全监察局统一制定的考核标准进行考核。

特种作业操作资格考试包括安全技术理论考试和实际操作考试两部分。考试不及格的，允许补考1次。经补考仍不及格的，重新参加相应的安全技术培训。

符合"一"中所列特种作业人员应当符合的条件并经考试合格的特种作业人员，应当向其户籍所在地或者从业所在地的考核发证机关申请办理特种作业操作证，并提交身份证复印件、学历证书复印件、体检证明、考试合格证明等材料。

特种作业操作证有效期为6年，在全国范围内有效。

## 四、复审

特种作业操作证每3年复审1次。

特种作业人员在特种作业操作证有效期内，连续从事本工种10年以上，严格遵守有关安全生产法律法规的，经原考核发证机关或者从业所在地考核发证机关同意，特种作业操作证的复审时间可以延长至每6年1次。

特种作业操作证需要复审的，应当在期满前60日内，由申请人或者申请人的用人单位向原考核发证机关或者从业所在地考核发证机关提出申请，并提交社区或者县级以上医疗机构出具的健康证明、从事特种作业的情况、安全培训考试合格记录。

特种作业操作证有效期届满需要延期换证的，应当按照上述复审的规定申请延期复审。

特种作业操作证申请复审或者延期复审前，特种作业人员应当参加必要的安全培训并考试合格。

特种作业人员有下列情形之一的，复审或者延期复审不予通过：

（1）健康体检不合格。

（2）违章操作造成严重后果或者有 2 次以上违章行为，并经查证确实。

（3）有安全生产违法行为，并给予行政处罚。

（4）拒绝、阻碍安全生产监管监察部门监督检查。

（5）未按规定参加安全培训，或者考试不合格。

（6）考核发证机关已撤销或注销其特种作业操作证。

符合上述（2）、（3）、（4）、（5）项情形的，须经重新安全培训考试合格后，再办理复审或者延期复审手续。

再复审、延期复审仍不合格，或者未按期复审的，特种作业操作证失效。

## 五、撤销及注销特种作业操作证

### 1. 撤销

有下列情形之一的，考核发证机关应当撤销特种作业操作证：

（1）超过特种作业操作证有效期未延期复审。

（2）特种作业人员的身体条件已不适合继续从事特种作业。

（3）对发生生产安全事故负有责任。

（4）特种作业操作证记载虚假信息。

（5）以欺骗、贿赂等不正当手段取得特种作业操作证。

特种作业人员违反上述第（4）项、第（5）项规定的，3 年内不得再次申请特种作业操作证。

### 2. 注销

有下列情形之一的，考核发证机关应当注销特种作业操作证：

（1）特种作业人员死亡。

（2）特种作业人员提出注销申请。

（3）特种作业操作证被依法撤销。

## 六、离开特种作业岗位 6 个月以上的特种作业人员

离开特种作业岗位 6 个月以上的特种作业人员，应当重新进行实际操作考试，经确认合格后方可上岗作业。

## 模 拟 试 题 及 考 点

1. 下述中，不是危险化学品特种作业人员应当符合的条件的是＿＿＿＿＿。

A. 年满 18 周岁，且不超过国家法定退休年龄

B. 经社区或者县级以上医疗机构体检健康合格，无妨碍从事相应特种作业的疾病和生理缺陷

C. 具有初中及以上文化程度

D. 具备必要的安全技术知识与技能

【考点】"一、特种作业和特种作业人员"。

2. 从事煤矿特种作业人员安全技术培训的机构，应当按照_____制定的煤矿特种作业人员培训大纲进行煤矿特种作业人员的安全技术培训。

A. 煤矿安全监察局                    B. 国家安全生产监督管理部门

C. 煤矿安全管理局                    D. 人力资源和社会保障部

【考点】"二、培训"。

3. 特种作业操作证有效期为_____年，每_____年复审 1 次。

A. 8，4              B. 6，3              C. 4，2              D. 2，1

【考点】"三、考核发证"。

★4. 特种作业人员有哪种情形，复审或者延期复审不予通过？

A. 健康体检不合格

B. 有 1 次违章行为，并经查证确实

C. 有安全生产违法行为，受到行政处罚

D. 未按规定参加安全培训

E. 考核发证机关已撤销其特种作业操作证

【考点】"四、复审"。

5. 以下哪种情形，考核发证机关应当撤销特种作业操作证，且 3 年内不得再次申请特种作业操作证？

A. 超过特种作业操作证有效期未延期复审

B. 特种作业人员的身体条件已不适合继续从事特种作业

C. 对发生生产安全事故负有责任

D. 特种作业操作证记载虚假信息

【考点】"五、1. 撤销"。

★6. 以下情况_____，特种作业人员须重新或再次参加必要的安全技术培训并考试合格。

A. 特种作业操作资格考试不及格

B. 特种作业操作证申请复审或者延期复审前

C. 离开特种作业岗位 6 个月以上的特种作业人员

D. 有安全生产违法行为，受到行政处罚

E. 违章操作造成严重后果，并经查证确实

【考点】"三、考核发证""四、复审"和"六、离开特种作业岗位 6 个月以上的特种作业人员"。

190

# 第五节　安全生产培训管理办法

## 一、安全培训的职责

### 1. 安全监管部门

国家安全生产监督管理部门负责省级以上安全生产监督管理部门的安全生产监管人员、各级煤矿安全监察机构的煤矿安全监察人员的培训工作。

省级安全生产监督管理部门负责市级、县级安全生产监督管理部门的安全生产监管人员的培训工作。

### 2. 生产经营单位

对从业人员的安全培训，具备安全培训条件的生产经营单位应当以自主培训为主，也可以委托具备安全培训条件的机构进行安全培训。

不具备安全培训条件的生产经营单位，应当委托具有安全培训条件的机构对从业人员进行安全培训。

生产经营单位委托其他机构进行安全培训的，保证安全培训的责任仍由本单位负责。

生产经营单位应当建立安全培训管理制度，保障从业人员安全培训所需经费，对从业人员进行与其所从事岗位相应的安全教育培训；从业人员调整工作岗位或者采用新工艺、新技术、新设备、新材料的，应当对其进行专门的安全教育和培训。未经安全教育和培训合格的从业人员，不得上岗作业。

生产经营单位使用被派遣劳动者的，应当将被派遣劳动者纳入本单位从业人员统一管理，对被派遣劳动者进行岗位安全操作规程和安全操作技能的教育和培训。劳务派遣单位应当对被派遣劳动者进行必要的安全生产教育和培训。

矿山新招的井下作业人员和危险物品生产经营单位新招的危险工艺操作岗位人员，除按照规定进行安全培训外，还应当在有经验的职工带领下实习满 2 个月后，方可独立上岗作业。

## 二、发生人员死亡事故时两类人的重新培训

中央企业的分公司、子公司及其所属单位和其他生产经营单位，发生造成人员死亡的生产安全事故的，其主要负责人和安全生产管理人员应当重新参加安全培训。

特种作业人员对造成人员死亡的生产安全事故负有直接责任的，应当按照《特种作业人员安全技术培训考核管理规定》重新参加安全培训。

## 三、安全培训的考核

安全培训的考核，应当坚持教考分离、统一标准、统一题库、分级负责的原则，分步推行有远程视频监控的计算机考试。

国家安全生产监督管理部门负责省级以上安全生产监督管理部门的安全生产监管人员、各级煤矿安全监察机构的煤矿安全监察人员的考核；负责中央企业的总公司、总厂或者集团公司的主要负责人和安全生产管理人员的考核。

省级安全生产监督管理部门负责市级、县级安全生产监督管理部门的安全生产监管人员的考核；负责省属生产经营单位和中央企业分公司、子公司及其所属单位的主要负责人和安全生产管理人员的考核；负责特种作业人员的考核。

市级安全生产监督管理部门负责本行政区域内除中央企业、省属生产经营单位以外的其他生产经营单位的主要负责人和安全生产管理人员的考核。

省级煤矿安全培训监管机构负责所辖区域内煤矿企业的主要负责人、安全生产管理人员和特种作业人员的考核。

除主要负责人、安全生产管理人员、特种作业人员以外的生产经营单位的其他从业人员的考核，由生产经营单位按照省级安全生产监督管理部门公布的考核标准，自行组织考核。

安全生产监督管理部门、煤矿安全培训监管机构和生产经营单位应当制定安全培训的考核制度，建立考核管理档案备查。

## 四、安全培训的发证

接受安全培训人员经考核合格的，由考核部门在考核结束后 10 个工作日内颁发相应的证书。

安全生产监管人员经考核合格后，颁发安全生产监管执法证；煤矿安全监察人员经考核合格后，颁发煤矿安全监察执法证；危险物品的生产、经营、储存单位和矿山、金属冶炼单位主要负责人、安全生产管理人员经考核合格后，颁发安全合格证；特种作业人员经考核合格后，颁发《中华人民共和国特种作业操作证》（简称特种作业操作证）；危险化学品登记机构的登记人员经考核合格后，颁发上岗证；其他人员经培训合格后，颁发培训合格证。

安全生产监管执法证、煤矿安全监察执法证、安全合格证的有效期为 3 年。有效期届满需要延期的，应当于有效期届满 30 日前向原发证部门申请办理延期手续。

## 五、监督管理

### 1. 对安全培训机构的监督检查

安全生产监督管理部门和煤矿安全培训监管机构应当对安全培训机构开展安全培训活动的情况进行监督检查，检查内容包括安全培训所需要的条件、培训管理制度、教师配备、执行培训大纲、建立培训档案、培训收费等情况。

### 2. 对生产经营单位的监督检查

安全生产监督管理部门、煤矿安全培训监管机构应当对生产经营单位的安全培训情况进行监督检查，检查内容包括安全培训制度、年度培训计划、安全培训管理档案、安全培训经费投入和使用、安全培训考核、特种作业人员持证上岗、其他从业人员安全培训等情况。

# 模拟试题及考点

★1. 国家安全生产监督管理部门负责_____的培训工作。

A. 省级以上安全生产监督管理部门的安全生产监管人员

B. 市级以上安全生产监督管理部门的安全生产监管人员

C. 县级以上安全生产监督管理部门的安全生产监管人员

D. 各级煤矿安全监察机构的煤矿安全监察人员

【考点】"一、安全培训的职责"。

2. 关于生产经营单位对从业人员的安全培训，下述中正确的是_____。

A. 具备安全培训条件的生产经营单位应当以自主培训为主

B. 生产经营单位委托其他机构进行安全培训的，保证安全培训的责任由被委托机构负责

C. 生产经营单位使用被派遣劳动者的，劳务派遣单位应当对被派遣劳动者进行岗位安全操作规程的培训

D. 矿山新招的井下作业人员，除按照规定进行安全培训外，还应当在有经验的职工带领下实习满 3 个月后，方可独立上岗作业

【考点】"一、安全培训的职责"。

3. 中央企业的分公司、子公司及其所属单位和其他生产经营单位，发生造成_____的生产安全事故的，其主要负责人和安全生产管理人员应当重新参加安全培训。

A. 人员重伤                                B. 人员死亡

C. 群死群伤                                D. 重大财产损失

【考点】"二、发生人员死亡事故时两类人的重新培训"。

★4. 省级安全生产监督管理部门负责_____的考核。

A. 省级以上安全生产监督管理部门的安全生产监管人员

B. 市级安全生产监督管理部门的安全生产监管人员

C. 县级安全生产监督管理部门的安全生产监管人员

D. 省属生产经营单位的主要负责人和安全生产管理人员

E. 特种作业人员

【考点】"三、安全培训的考核"。

5. 危险物品的生产、经营、储存单位和矿山、金属冶炼单位主要负责人、安全生产管理人员经考核合格后，颁发_____，有效期为 3 年。

A. 上岗证                                  B. 培训合格证

C. 安全合格证                              D. 安全生产监管执法证

【考点】"四、安全培训的发证"。

# 第六节 安全生产事故隐患排查治理暂行规定

## 一、事故隐患

事故隐患指生产经营单位违反安全生产法律、法规、规章、标准、规程和安全生产管理制度的规定，或者因其他因素在生产经营活动中存在可能导致事故发生的物的危险状态、人的不安全行为和管理上的缺陷。

事故隐患分为一般事故隐患和重大事故隐患。一般事故隐患，是指危害和整改难度较小，发现后能够立即整改排除的隐患。重大事故隐患，是指危害和整改难度较大，应当全部或者局部停产停业，并经过一定时间整改治理方能排除的隐患，或者因外部因素影响致使生产经营单位自身难以排除的隐患。

## 二、关于生产经营单位的若干规定

建立健全事故隐患排查治理和建档监控等制度，逐级建立并落实从主要负责人到每个从业人员的隐患排查治理和监控责任制。

保证事故隐患排查治理所需的资金，建立资金使用专项制度。

定期组织安全生产管理人员、工程技术人员和其他相关人员排查本单位的事故隐患。对排查出的事故隐患，应当按照事故隐患的等级进行登记，建立事故隐患信息档案，并按照职责分工实施监控治理。

对于一般事故隐患，由单位（车间、分厂、区队等）负责人或者有关人员立即组织整改。

在事故隐患治理过程中，应当采取相应的安全防范措施，防止事故发生。

将生产经营项目、场所、设备发包、出租的，应当与承包、承租单位签订安全生产管理协议，并在协议中明确各方对事故隐患排查、治理和防控的管理职责。生产经营单位对承包、承租单位的事故隐患排查治理负有统一协调和监督管理的职责。

每季、每年对本单位事故隐患排查治理情况进行统计分析，并分别于下一季度 15 日前和下一年 1 月 31 日前向安全监管监察部门和有关部门报送书面统计分析表。统计分析表应当由单位主要负责人签字。

## 三、重大事故隐患报告和治理方案

### 1. 报告

对于重大事故隐患，生产经营单位除报送书面统计分析表外，应当及时向安全监管监察部门和有关部门报告。重大事故隐患报告内容应当包括：

（1）隐患的现状及其产生原因。

（2）隐患的危害程度和整改难易程度分析。

（3）隐患的治理方案。

**2. 治理方案**

对于重大事故隐患，由生产经营单位主要负责人组织制定并实施事故隐患治理方案。重大事故隐患治理方案应当包括以下内容：

（1）治理的目标和任务。

（2）采取的方法和措施。

（3）经费和物资的落实。

（4）负责治理的机构和人员。

（5）治理的时限和要求。

（6）安全措施和应急预案。

## 四、政府部门挂牌督办并责令全部或局部停产停业治理的重大事故隐患

**1. 治理后的评估**

治理工作结束后，有条件的生产经营单位应当组织本单位的技术人员和专家对重大事故隐患的治理情况进行评估；其他生产经营单位应当委托具备相应资质的安全评价机构对重大事故隐患的治理情况进行评估。

**2. 恢复生产的书面申请**

经治理后符合安全生产条件的，生产经营单位应当向安全监管监察部门和有关部门提出恢复生产的书面申请，申请报告应当包括治理方案的内容、项目和安全评价机构出具的评价报告等。

**3. 安全监管监察部门的现场审查**

安全监管监察部门收到生产经营单位恢复生产的申请报告后，应当在 10 日内进行现场审查。审查合格的，对事故隐患进行核销，同意恢复生产经营；审查不合格的，依法责令改正或者下达停产整改指令。对整改无望或者生产经营单位拒不执行整改指令的，依法实施行政处罚；不具备安全生产条件的，依法提请县级以上人民政府按照国务院规定的权限予以关闭。

**4. 暂扣安全生产许可证**

已经取得安全生产许可证的生产经营单位，在其被挂牌督办的重大事故隐患治理结束前，安全监管监察部门应当加强监督检查。必要时，可以提请原许可证颁发机关依法暂扣其安全生产许可证。

# 模 拟 试 题 及 考 点

★1. 事故隐患指生产经营单位违反安全生产法律、法规、规章、标准、规程和安全生产管理制度的规定，或者因其他因素在生产经营活动中存在可能导致事故发生的_____。

A. 物的危险状态　　　B. 人的不安全行为　　C. 人的心理缺陷　　　D. 管理上的缺陷

【考点】"一、事故隐患"。

2. 重大事故隐患不包括_____。

A. 危害较大，应当全部停业，并经过一定时间整改治理方能排除的隐患

B. 整改难度较大，应当局部停产，并经过一定时间整改治理方能排除的隐患

C. 因自然灾害可能导致公共卫生事件的隐患

D. 因外部因素影响致使生产经营单位自身难以排除的隐患

【考点】"一、事故隐患"。

3. 对于重大事故隐患，生产经营单位向安全监管监察部门和有关部门报告的内容不包括_____。

A. 导致其产生的责任人 　　　　　　　B. 目前控制情况

C. 治理方案 　　　　　　　　　　　　D. 整改难易程度分析

【考点】"三、1. 报告"。

4. 生产经营单位制定的重大事故隐患治理方案的内容不包括_____。

A. 治理难度分析 　　　　　　　　　　B. 治理的时限

C. 所需经费 　　　　　　　　　　　　D. 治理期间的应急预案

【考点】"三、2. 治理方案"。

5. 政府部门挂牌督办并责令全部或局部停产停业治理的重大事故隐患，治理工作结束后，生产经营单位自身或委托具备相应资质的安全评价机构对重大事故隐患的治理情况进行_____；经治理后符合安全生产条件的，向安全监管监察部门和有关部门提出恢复生产的书面申请。安全监管监察部门收到申请报告后，应当在 10 日内进行_____。

A. 评价，核准　　B. 评价，审查　　C. 评估，现场核准　　D. 评估，现场审查

【考点】"四、政府部门挂牌督办并责令全部或局部停产停业治理的重大事故隐患"。

# 第七节　生产安全事故应急预案管理办法

## 一、总则

（1）应急预案的管理实行属地为主、分级负责、分类指导、综合协调、动态管理的原则。

（2）生产经营单位主要负责人负责组织编制和实施本单位的应急预案，并对应急预案的真实性和实用性负责；各分管负责人应当按照职责分工落实应急预案规定的职责。

（3）生产经营单位应急预案分为综合应急预案、专项应急预案和现场处置方案。

综合应急预案，是指生产经营单位为应对各种生产安全事故而制定的综合性工作方案，是本单位应对生产安全事故的总体工作程序、措施和应急预案体系的总纲。

专项应急预案，是指生产经营单位为应对某一种或者多种类型生产安全事故，或者针对重要生产设施、重大危险源、重大活动防止生产安全事故而制定的专项性工作方案。

现场处置方案，是指生产经营单位根据不同生产安全事故类型，针对具体场所、装置或者设施所制定的应急处置措施。

### 二、应急预案的编制

**1. 原则和核心**

应急预案的编制应当遵循以人为本、依法依规、符合实际、注重实效的原则，以应急处置为核心，明确应急职责、规范应急程序、细化保障措施。

**2. 应急预案的编制应当符合的基本要求**

（1）符合有关法律、法规、规章和标准的规定。

（2）符合本地区、本部门、本单位的安全生产实际情况。

（3）符合本地区、本部门、本单位的危险性分析情况。

（4）应急组织和人员的职责分工明确，并有具体的落实措施。

（5）有明确、具体的应急程序和处置措施，并与其应急能力相适应。

（6）有明确的应急保障措施，满足本地区、本部门、本单位的应急工作需要。

（7）应急预案基本要素齐全、完整，应急预案附件提供的信息准确。

（8）应急预案内容与相关应急预案相互衔接。

**3. 编制工作小组**

编制应急预案应当成立编制工作小组，由本单位有关负责人任组长，吸收与应急预案有关的职能部门和单位的人员，以及有现场处置经验的人员参加。

**4. 事故风险评估和应急资源调查**

编制应急预案前，编制单位应当进行事故风险评估和应急资源调查。

事故风险评估，是指针对不同事故种类及特点，识别存在的危险危害因素，分析事故可能产生的直接后果以及次生、衍生后果，评估各种后果的危害程度和影响范围，提出防范和控制事故风险措施的过程。

应急资源调查，是指全面调查本地区、本单位第一时间可以调用的应急资源状况和合作区域内可以请求援助的应急资源状况，并结合事故风险评估结论制定应急措施的过程。

**5. 生产经营单位的应急预案体系**

生产经营单位风险种类多、可能发生多种类型事故的，应当组织编制综合应急预案。综合应急预案应当规定应急组织机构及其职责、应急预案体系、事故风险描述、预警及信息报告、应急响应、保障措施、应急预案管理等内容。

对于某一种或者多种类型的事故风险，生产经营单位可以编制相应的专项应急预案，或将专项应急预案并入综合应急预案。专项应急预案应当规定应急指挥机构与职责、处置程序和措施等内容。

对于危险性较大的场所、装置或者设施，生产经营单位应当编制现场处置方案。现场处置方案应当规定应急工作职责、应急处置措施和注意事项等内容。事故风险单一、危险性小的生产经营单位，可以只编制现场处置方案。

**6. 衔接**

生产经营单位编制的各类应急预案之间应当相互衔接，并与相关人民政府及其部门、应急救援队伍和涉及的其他单位的应急预案相衔接。

**7. 应急处置卡**

生产经营单位应当在编制应急预案的基础上，针对工作场所、岗位的特点，编制简明、实用、有效的应急处置卡。

应急处置卡应当规定重点岗位、人员的应急处置程序和措施，以及相关联络人员和联系方式，便于从业人员携带。

## 三、应急预案的评审和论证

矿山、建筑施工单位和易燃易爆物品、危险化学品、放射性物品等危险物品的生产、经营、储存、使用单位和中型规模以上的其他生产经营单位，应当组织专家对本单位编制的应急预案进行评审。评审应当形成书面纪要并附有专家名单。

其他生产经营单位应当对本单位编制的应急预案进行论证。

参加应急预案评审的人员应当包括应急预案涉及的政府部门工作人员和有关安全生产及应急管理方面的专家。评审人员与所评审预案的生产经营单位有利害关系的，应当回避。

应急预案的评审或者论证应当注重应急预案的实用性、基本要素的完整性、预防措施的针对性、组织体系的科学性、响应程序的操作性、应急保障措施的可行性、应急预案的衔接性等内容。

## 四、应急预案的发布

生产经营单位的应急预案经评审或者论证后，由生产经营单位主要负责人签署公布。

## 五、应急预案的备案

中央管理的总公司（总厂、集团公司、上市公司）的综合应急预案和专项应急预案，报国务院国有资产监督管理部门、国务院安全生产监督管理部门和国务院有关主管部门备案；其所属单位的应急预案分别抄送所在地的省、自治区、直辖市或者设区的市人民政府安全生产监督管理部门和有关主管部门备案。

其他生产经营单位中涉及实行安全生产许可的，其综合应急预案和专项应急预案，按照隶属关系报所在地县级以上地方人民政府安全生产监督管理部门和有关主管部门备案；未实行安全生产许可的，其综合应急预案和专项应急预案的备案，由省、自治区、直辖市人民政府安全生产监督管理部门确定。

煤矿企业的综合应急预案和专项应急预案除按照上述规定报安全生产监督管理部门和有关主管部门备案外，还应当抄报所在地的煤矿安全监察机构。

生产经营单位申请应急预案备案，应当提交以下材料：

（1）应急预案备案申请表。

（2）应急预案评审或者论证意见。

（3）应急预案文本及电子文档。

受理备案登记的安全生产监督管理部门应当对应急预案进行形式审查，经审查符合要求的，予以备案并出具应急预案备案登记表；不符合要求的，不予备案并说明理由。

对于实行安全生产许可的生产经营单位，已经进行应急预案备案登记的，在申请安全生产许可证时，可以不提供相应的应急预案，仅提供应急预案备案登记表。

### 六、应急预案的实施

**1. 演练**

生产经营单位应当制定本单位的应急预案演练计划，根据本单位的事故预防重点，每年至少组织一次综合应急预案演练或者专项应急预案演练，每半年至少组织一次现场处置方案演练。

应急预案演练结束后，应急预案演练组织单位应当对应急预案演练效果进行评估，撰写应急预案演练评估报告，分析存在的问题，并对应急预案提出修订意见。

**2. 修订**

生产经营单位制定的应急预案应当至少每三年修订一次，预案修订情况应有记录并归档。

有下列情形之一的，应急预案应当及时修订：

（1）生产经营单位因兼并、重组、转制等导致隶属关系、经营方式、法定代表人发生变化的。

（2）生产经营单位生产工艺和技术发生变化的。

（3）周围环境发生变化，形成新的重大危险源的。

（4）应急组织指挥体系或者职责已经调整的。

（5）依据的法律、法规、规章和标准发生变化的。

（6）应急预案演练评估报告要求修订的。

（7）应急预案管理部门要求修订的。

生产经营单位应当及时向有关部门或者单位报告应急预案的修订情况，并按照有关应急预案报备程序重新备案。

**3. 应急物资及装备**

生产经营单位应当按照应急预案的要求配备相应的应急物资及装备，建立使用状况档案，定期检测和维护，使其处于良好状态。

**4. 应急预案启动**

生产经营单位发生事故后，应当及时启动应急预案，组织有关力量进行救援，并按照规定将事故信息及应急预案启动情况报告安全生产监督管理部门和其他负有安全生产监督管理职责的部门。

## 模 拟 试 题 及 考 点

1. 对于某一种类的风险，生产经营单位应当根据存在的重大危险源和可能发生的事故类型，制定相应的_____。对于危险性较大的重点岗位，应当制定_____。

A. 综合应急预案，专项应急预案　　　B. 综合应急预案，现场处置方案

C. 专项应急预案，综合应急预案　　　D. 专项应急预案，现场处置方案

【考点】"二、应急预案的编制"。

2. 下列应当对本单位编制的应急预案进行论证的生产经营单位是_____。

A. 某小型建筑施工队

B. 某中型规模、有丙酮仓库的物资公司

C. 某小型规模、不使用危险物品的物业公司

D. 某中型规模、不使用危险物品的纺织厂

【考点】"三、应急预案的评审和论证"。

3. 参加应急预案评审的人员应当包括_____和有关安全生产及应急管理方面的专家。评审人员与所评审预案的生产经营单位有_____关系的，应当回避。

A. 政府安全生产监督管理部门工作人员，利害

B. 应急预案涉及的政府部门工作人员，利害

C. 政府安全生产监督管理部门工作人员，业务主管

D. 政府安全生产监督管理、环保、公安部门工作人员，业务主管

【考点】"三、应急预案的评审和论证"。

4. 生产经营单位的应急预案经评审或者论证后，由_____签署公布。

A. 生产经营单位主要负责人

B. 生产经营单位主管安全生产的负责人

C. 生产经营单位隶属的上级公司主要负责人

D. 生产经营单位隶属的上级公司主管安全生产的负责人

【考点】"四、应急预案的发布"。

5. 某企业不属中央管理，涉及实行安全生产许可，其_____按照隶属关系报所在地_____以上地方人民政府安全生产监督管理部门和有关主管部门备案。

A. 综合应急预案和专项应急预案，设区的市级

B. 综合应急预案、专项应急预案和现场处置方案，县级

C. 综合应急预案和专项应急预案，县级

D. 综合应急预案、专项应急预案和现场处置方案，设区的市级

【考点】"五、应急预案的备案"。

6. 生产经营单位应当根据本单位的事故预防重点，至少_____组织一次综合应急预案演练或者专项应急预案演练，至少_____组织一次现场处置方案演练。

A. 每季度，每月　　　B. 每半年，每季度　C. 每年，每半年　　　D. 每两年，每年

【考点】"六、1. 演练"。

7. 生产经营单位制定的应急预案应当至少每_____年修订一次。

A. 半　　　　　　　B. 一　　　　　　　C. 二　　　　　　　D. 三

【考点】"六、2. 修订"。

★8. 生产经营单位_____发生变化，应当及时修订应急预案。

A. 生产工艺　　　B. 经营方式　　　C. 产值　　　　　D. 应急组织指挥体系

【考点】"六、2. 修订"。

# 第八节　生产安全事故信息报告和处置办法

事故信息的报告应当及时、准确和完整，信息的处置应当遵循快速高效、协同配合、分级负责的原则。

## 一、事故信息

事故信息指已经发生的生产安全事故和较大涉险事故的信息。

较大涉险事故是指：

（1）涉险 10 人以上的事故。

（2）造成 3 人以上被困或者下落不明的事故。

（3）紧急疏散人员 500 人以上的事故。

（4）因生产安全事故对环境造成严重污染（人员密集场所、生活水源、农田、河流、水库、湖泊等）的事故。

（5）危及重要场所和设施安全（电站、重要水利设施、危化品库、油气站和车站、码头、港口、机场及其他人员密集场所等）的事故。

（6）其他较大涉险事故。

## 二、生产经营单位事故信息报告

### 1. 报告时间

生产经营单位发生生产安全事故或者较大涉险事故，其单位负责人接到事故信息报告后应当于 1 小时内报告事故发生地县级安全生产监督管理部门、煤矿安全监察分局。

发生较大以上生产安全事故的，事故发生单位在依照上段规定报告的同时，应当在 1 小时内报告省级安全生产监督管理部门、省级煤矿安全监察机构。

发生重大、特别重大生产安全事故的，事故发生单位在依照上两段规定报告的同时，可以立即报告国家安全生产监督管理部门、国家煤矿安全监察局。

### 2. 事故信息报告的内容

（1）事故发生单位的名称、地址、性质、产能等基本情况。

（2）事故发生的时间、地点以及事故现场情况。

（3）事故的简要经过（包括应急救援情况）。

（4）事故已经造成或者可能造成的伤亡人数（包括下落不明、涉险的人数）和初步估计的直接经济损失。

（5）已经采取的措施。

（6）其他应当报告的情况。

使用电话快报，应当包括下列内容：

（1）事故发生单位的名称、地址、性质。

（2）事故发生的时间、地点。

（3）事故已经造成或者可能造成的伤亡人数（包括下落不明、涉险的人数）。

事故具体情况暂时不清楚的，负责事故报告的单位可以先报事故概况，随后补报事故全面情况。

**3. 续报**

事故信息报告后出现新情况的，负责事故报告的单位应当及时续报。较大涉险事故、一般事故、较大事故每日至少续报 1 次；重大事故、特别重大事故每日至少续报 2 次。

自事故发生之日起 30 日内（道路交通、火灾事故自发生之日起 7 日内），事故造成的伤亡人数发生变化的，应于当日续报。

### 三、接到事故报告后，安监部门、煤监机构派员赶赴事故现场

安全生产监督管理部门、煤矿安全监察机构接到生产安全事故报告后，应当按照下列规定派员立即赶赴事故现场：

（1）发生一般事故的，县级安全生产监督管理部门、煤矿安全监察分局负责人立即赶赴事故现场。

（2）发生较大事故的，设区的市级安全生产监督管理部门、省级煤矿安全监察局负责人应当立即赶赴事故现场。

（3）发生重大事故的，省级安全生产监督管理部门、省级煤矿安全监察局负责人立即赶赴事故现场。

（4）发生特别重大事故的，国家安全生产监督管理部门、国家煤矿安全监察局负责人立即赶赴事故现场。

前三种情况下，上级安全生产监督管理部门、煤矿安全监察机构认为必要的，可以派员赶赴事故现场。

## 模 拟 试 题 及 考 点

★1. 事故信息指_____的信息。

A. 可能发生的生产安全事故　　　　　B. 已经发生的生产安全事故

C. 已经发生的涉险事故　　　　　　　D. 已经发生的较大涉险事故

【考点】"一、事故信息"。

2. 非矿山生产经营单位发生较大生产安全事故，单位负责人接到事故信息报告后，应当在 1 小时内报告事故发生地_____安全生产监督管理部门。

A. 县级　　　　　　　　　　　　　　B. 设区的市级

C. 县级和设区的市级　　　　　　　　D. 县级和省级

【考点】"二、1. 报告时间"。

3. 事故信息报告的内容，除了关于事故发生单位和事故发生的情况以及造成的伤亡等损失之外，还包括_____的措施。自事故发生之日起 30 日内（道路交通事故、火灾事故自发生之日起 7 日内），事故造成的_____发生变化的，应于当日续报。

A. 正在采取，直接经济损失　　　B. 已经采取，伤亡人数

C. 准备采取，死亡人数　　　　　D. 将要采取，受害区域

【考点】"二、生产经营单位事故信息报告"。

4. 事故信息报告后出现新情况的，负责事故报告的单位应当及时续报。较大涉险事故、一般事故、较大事故每日至少续报_____次；重大事故、特别重大事故每日至少续报_____次。

A. 1，2　　　　　B. 1，3　　　　　C. 2，3　　　　　D. 2，4

【考点】"二、3. 续报"。

5. 煤矿企业发生较大事故，_____负责人应当立即赶赴事故现场；非煤矿企业发生较大事故，_____负责人应当立即赶赴事故现场。

A. 煤矿安全监察分局，县级安全生产监督管理部门

B. 国家煤矿安全监察局，国家安全生产监督管理部门

C. 省级煤矿安全监察局，省级安全生产监督管理部门

D. 省级煤矿安全监察局，设区的市级安全生产监督管理部门

【考点】"三、接到事故报告后，安监部门、煤监机构派员赶赴事故现场"。

# 第九节　建设工程消防监督管理规定

本规定适用于新建、扩建、改建（含室内外装修、建筑保温、用途变更）等建设工程的消防监督管理。不适用住宅室内装修、村民自建住宅、救灾和其他非人员密集场所的临时性建筑的建设活动。

公安机关消防机构对建设工程进行消防设计审核、消防验收和备案抽查，应当由二名以上执法人员实施。

## 一、消防设计审核

### 1. 人员密集场所（《建设工程消防监督管理规定》第十三条）

对具有下列情形之一的人员密集场所，建设单位应当向公安机关消防机构申请消防设计审核，并在建设工程竣工后向出具消防设计审核意见的公安机关消防机构申请消防验收：

（1）建筑总面积大于二万平方米的体育场馆、会堂，公共展览馆、博物馆的展示厅。

（2）建筑总面积大于一万五千平方米的民用机场航站楼、客运车站候车室、客运码头候船厅。

（3）建筑总面积大于一万平方米的宾馆、饭店、商场、市场。

（4）建筑总面积大于二千五百平方米的影剧院，公共图书馆的阅览室，营业性室内健身、休闲场馆，医院的门诊楼，大学的教学楼、图书馆、食堂，劳动密集型企业的生产加工车间，寺庙、教堂。

（5）建筑总面积大于一千平方米的托儿所、幼儿园的儿童用房，儿童游乐厅等室内儿童活动场所，养老院、福利院，医院、疗养院的病房楼，中小学校的教学楼、图书馆、食堂，学校的集体宿舍，劳动密集型企业的员工集体宿舍。

（6）建筑总面积大于五百平方米的歌舞厅、录像厅、放映厅、卡拉 OK 厅、夜总会、游艺厅、桑拿浴室、网吧、酒吧，具有娱乐功能的餐馆、茶馆、咖啡厅。

**2. 特殊建设工程**

对具有下列情形之一的特殊建设工程，建设单位应当向公安机关消防机构申请消防设计审核，并在建设工程竣工后向出具消防设计审核意见的公安机关消防机构申请消防验收：

（1）"1"中所列的人员密集场所的建设工程。

（2）国家机关办公楼、电力调度楼、电信楼、邮政楼、防灾指挥调度楼、广播电视楼、档案楼。

（3）本条第一项、第二项规定以外的单体建筑面积大于四万平方米或者建筑高度超过五十米的其他公共建筑。

（4）城市轨道交通、隧道工程，大型发电、变配电工程。

（5）生产、储存、装卸易燃易爆危险物品的工厂、仓库和专用车站、码头，易燃易爆气体和液体的充装站、供应站、调压站。

**3. 建设单位申请消防设计审核应当提供的材料**

（1）建设工程消防设计审核申报表。

（2）建设单位的工商营业执照等合法身份证明文件。

（3）设计单位资质证明文件。

（4）消防设计文件。

（5）法律、行政法规规定的其他材料。

具有下列情形之一的，建设单位除提供上述材料外，应当同时提供特殊消防设计文件，或者设计采用的国际标准、境外消防技术标准的中文文本，以及其他有关消防设计的应用实例、产品说明等技术资料：

（1）国家工程建设消防技术标准没有规定的。

（2）消防设计文件拟采用的新技术、新工艺、新材料可能影响建设工程消防安全，不符合国家标准规定的。

（3）拟采用国际标准或者境外消防技术标准的。

**4. 消防设计文件审核合格的条件**

公安机关消防机构应当依照消防法规和国家工程建设消防技术标准对申报的消防设计文件进行审核。对符合下列条件的，公安机关消防机构应当出具消防设计审核合格意见；对不符合条件的，应当出具消防设计审核不合格意见，并说明理由：

（1）设计单位具备相应的资质。

（2）消防设计文件的编制符合公安部规定的消防设计文件申报要求。

（3）建筑的总平面布局和平面布置、耐火等级、建筑构造、安全疏散、消防给水、消防电源及配电、消防设施等的消防设计符合国家工程建设消防技术标准。

（4）选用的消防产品和有防火性能要求的建筑材料符合国家工程建设消防技术标准和有

关管理规定。

**5. 对特殊消防设计文件的评审**

对需提供特殊消防设计文件的建设工程，公安机关消防机构应当在受理消防设计审核申请之日起五日内将申请材料报送省级人民政府公安机关消防机构组织专家评审。

省级人民政府公安机关消防机构应当在专家评审会后五日内将专家评审意见书面通知报送申请材料的公安机关消防机构，同时报公安部消防局备案。

对三分之二以上评审专家同意的特殊消防设计文件，可以作为消防设计审核的依据。

**6. 不得擅自修改审核合格的建设工程消防设计**

建设、设计、施工单位不得擅自修改经公安机关消防机构审核合格的建设工程消防设计。确需修改的，建设单位应当向出具消防设计审核意见的公安机关消防机构重新申请消防设计审核。

## 二、消防验收

**1. 建设单位申请消防验收应当提供的材料**

（1）建设工程消防验收申报表。

（2）工程竣工验收报告和有关消防设施的工程竣工图纸。

（3）消防产品质量合格证明文件。

（4）具有防火性能要求的建筑构件、建筑材料、装修材料符合国家标准或者行业标准的证明文件、出厂合格证。

（5）消防设施检测合格证明文件。

（6）施工、工程监理、检测单位的合法身份证明和资质等级证明文件。

（7）建设单位的工商营业执照等合法身份证明文件。

（8）法律、行政法规规定的其他材料。

**2. 组织消防验收**

公安机关消防机构应当自受理消防验收申请之日起二十日内组织消防验收，并出具消防验收意见。

**3. 消防验收的依据**

公安机关消防机构对申报消防验收的建设工程，应当依照建设工程消防验收评定标准对已经消防设计审核合格的内容组织消防验收。

对综合评定结论为合格的建设工程，公安机关消防机构应当出具消防验收合格意见；对综合评定结论为不合格的，应当出具消防验收不合格意见，并说明理由。

## 三、消防设计、竣工验收的备案

**1. 备案**

对人员密集场所、特殊建设工程以外的建设工程，建设单位应当在取得施工许可、工程竣工验收合格之日起七日内，进行消防设计、竣工验收消防备案。

公安机关消防机构收到消防设计、竣工验收消防备案后，对备案材料齐全的，应当出具备案凭证；备案材料不齐全或者不符合法定形式的，应当当场或者在五日内一次告知需要补正的全部内容。

**2. 不备案的处理**

建设工程的消防设计、竣工验收未依法报公安机关消防机构备案的，公安机关消防机构应当依法处罚，责令建设单位在五日内备案，并确定为检查对象；对逾期不备案的，公安机关消防机构应当在备案期限届满之日起五日内通知建设单位停止施工或者停止使用。

# 模 拟 试 题 及 考 点

★1. 下列哪些属于特殊建设工程，建设单位应当向公安机关消防机构申请消防设计审核，并在建设工程竣工后向出具消防设计审核意见的公安机关消防机构申请消防验收？

A. 《建设工程消防监督管理规定》第十三条所列的人员密集场所的建设工程

B. 建筑高度超过四十米的公共建筑

C. 大型发电工程

D. 有毒气体和液体的充装站

E. 储存易燃易爆危险物品的仓库

【考点】"一、2. 特殊建设工程"。

2. 如果建设工程采用的消防设计在国家工程建设消防技术标准中没有规定，建设单位申请消防设计审核时，除了提供其他相关材料外，还应同时提供_____。

A. 特殊消防设计文件　　　　　　　　B. 特殊消防工艺文件

C. 特殊消防技术文件　　　　　　　　D. 特殊消防工艺依据

【考点】"一、3. 建设单位申请消防设计审核应当提供的材料"。

3. 作为公安机关消防机构对建设单位申报的消防设计文件出具消防设计审核合格意见的条件之一，要求建筑构造、耐火等级、安全疏散、消防设施等的设计符合_____。

A. 消防法规　　　　　　　　　　　　B. 有关消防管理规定

C. 国家工程建设标准　　　　　　　　D. 国家工程建设消防技术标准

【考点】"一、4. 消防设计文件审核合格的条件"。

4. 对需提供特殊消防设计文件的建设工程的消防设计审核，公安机关消防机构应当将申请材料报送_____人民政府公安机关消防机构组织专家评审。对_____以上评审专家同意的特殊消防设计文件，可以作为消防设计审核的依据。

A. 设区的市级，三分之二　　　　　　B. 设区的市级，四分之三

C. 省级，三分之二　　　　　　　　　D. 省级，四分之三

【考点】"一、5. 对特殊消防设计文件的评审"。

5. 公安机关消防机构对申报消防验收的建设工程，应当依照建设工程消防验收_____对已经消防设计审核合格的内容组织消防验收。

A. 合格标准　　　　B. 评定标准　　　　C. 合格准则　　　　D. 评定准则

【考点】"二、3. 消防验收的依据"。

6. 建设工程的消防设计、竣工验收未依法报公安机关消防机构备案的，公安机关消防机

构应当责令建设单位在＿＿＿＿＿＿日内备案，并＿＿＿＿＿＿。

A. 三，纳入抽查范围　　　　　　　　B. 五，确定为检查对象

C. 七，纳入抽查范围　　　　　　　　D. 九，确定为检查对象

【考点】"三、2. 不备案的处理"。

# 第十节　建设项目安全设施"三同时"监督管理办法

经县级以上人民政府及其有关主管部门依法审批、核准或者备案的生产经营单位新建、改建、扩建工程项目（建设项目）安全设施的建设及其监督管理，适用本办法。

建设项目安全设施，是指生产经营单位在生产经营活动中用于预防生产安全事故的设备、设施、装置、构（建）筑物和其他技术措施的总称。

建设项目安全设施必须与主体工程同时设计、同时施工、同时投入生产和使用。安全设施投资应当纳入建设项目概算。

## 一、安全预评价

下列建设项目，在进行可行性研究时，生产经营单位应当按照国家规定进行安全预评价：

（1）非煤矿矿山建设项目。

（2）生产、储存危险化学品（包括使用长输管道输送危险化学品）的建设项目。

（3）生产、储存烟花爆竹的建设项目。

（4）金属冶炼建设项目。

（5）使用危险化学品从事生产并且使用量达到规定数量的化工建设项目（属于危险化学品生产的除外）。

（6）法律、行政法规和国务院规定的其他建设项目。

生产经营单位应当委托具有相应资质的安全评价机构，对其建设项目进行安全预评价，并编制安全预评价报告。

其他建设项目，生产经营单位应当对其安全生产条件和设施进行综合分析，形成书面报告备查。

## 二、安全设施设计审查

### 1. 安全设施设计

生产经营单位在建设项目初步设计时，应当委托有相应资质的初步设计单位对建设项目安全设施同时进行设计，编制安全设施设计。

安全设施设计单位、设计人应当对其编制的设计文件负责。

建设项目安全设施设计应当包括下列内容：

（1）设计依据。

（2）建设项目概述。

（3）建设项目潜在的危险、有害因素和危险、有害程度及周边环境安全分析。

（4）建筑及场地布置。

（5）重大危险源分析及检测监控。

（6）安全设施设计采取的防范措施。

（7）安全生产管理机构设置或者安全生产管理人员配备要求。

（8）从业人员教育培训要求。

（9）工艺、技术和设备、设施的先进性和可靠性分析。

（10）安全设施专项投资概算。

（11）安全预评价报告中的安全对策及建议采纳情况。

（12）预期效果以及存在的问题与建议。

（13）可能出现的事故的预防及应急救援措施。

（14）法律、法规、规章、标准规定需要说明的其他事项。

**2. 前四项建设项目安全设施设计审查申请**

"一、"所列前四项建设项目安全设施设计完成后，生产经营单位向安全生产监督管理部门提出审查申请，并提交下列文件资料：

（1）建设项目审批、核准或者备案的文件。

（2）建设项目安全设施设计审查申请。

（3）设计单位的设计资质证明文件。

（4）建设项目安全设施设计。

（5）建设项目安全预评价报告及相关文件资料。

（6）法律、行政法规、规章规定的其他文件资料。

其他建设项目安全设施设计，由生产经营单位组织审查，形成书面报告备查。

**3. 不予批准、不得开工建设的情形**

建设项目安全设施设计有下列情形之一的，不予批准，并不得开工建设：

（1）无建设项目审批、核准或者备案文件的。

（2）未委托具有相应资质的设计单位进行设计的。

（3）安全预评价报告由未取得相应资质的安全评价机构编制的。

（4）设计内容不符合有关安全生产的法律、法规、规章和国家标准或者行业标准、技术规范的规定的。

（5）未采纳安全预评价报告中的安全对策和建议，且未作充分论证说明的。

（6）不符合法律、行政法规规定的其他条件的。

**4. 已经批准的建设项目及其安全设施设计需经再审的情形**

已经批准的建设项目及其安全设施设计有下列情形之一的，生产经营单位应当报原批准部门审查同意；未经审查同意的，不得开工建设：

（1）建设项目的规模、生产工艺、原料、设备发生重大变更的。

（2）改变安全设施设计且可能降低安全性能的。

（3）在施工期间重新设计的。

### 三、安全设施施工和试运行

**1. 安全设施的施工**

建设项目安全设施的施工应当由取得相应资质的施工单位进行，并与建设项目主体工程同时施工。

施工单位应当在施工组织设计中编制安全技术措施和施工现场临时用电方案，同时对危险性较大的分部分项工程依法编制专项施工方案，并附具安全验算结果，经施工单位技术负责人、总监理工程师签字后实施。

施工单位应当严格按照安全设施设计和相关施工技术标准、规范施工，并对安全设施的工程质量负责。

**2. 试运行**

"一、"所列的建设项目竣工后，根据规定建设项目需要试运行（包括试生产、试使用）的，应当在正式投入生产或者使用前进行试运行。

试运行时间应当不少于30日，最长不得超过180日，国家有关部门有规定或者特殊要求的行业除外。

生产、储存危险化学品的建设项目和化工建设项目，应当在建设项目试运行前将试运行方案报负责建设项目安全许可的安全生产监督管理部门备案。

### 四、安全验收评价

建设项目安全设施竣工或者试运行完成后，生产经营单位应当委托具有相应资质的安全评价机构对安全设施进行验收评价，并编制建设项目安全验收评价报告。

### 五、安全设施竣工验收

**1. 生产经营单位的竣工验收书面报告**

建设项目竣工投入生产或者使用前，生产经营单位应当组织对安全设施进行竣工验收，并形成书面报告备查。安全设施竣工验收合格后，方可投入生产和使用。

**2. 安全监管部门的监督核查**

安全监管部门应当按照下列方式之一对"一、"所列前四项建设项目的竣工验收活动和验收结果进行监督核查：

（1）对安全设施竣工验收报告按照不少于总数10%的比例进行随机抽查。

（2）在实施有关安全许可时，对建设项目安全设施竣工验收报告进行审查。

**3. 竣工验收不合格的情形**

建设项目的安全设施有下列情形之一的，建设单位不得通过竣工验收，并不得投入生产或者使用：

（1）未选择具有相应资质的施工单位施工的。

（2）未按照建设项目安全设施设计文件施工或者施工质量未达到建设项目安全设施设计文件要求的。

（3）建设项目安全设施的施工不符合国家有关施工技术标准的。

（4）未选择具有相应资质的安全评价机构进行安全验收评价或者安全验收评价不合格的。

（5）安全设施和安全生产条件不符合有关安全生产法律、法规、规章和国家标准或者行业标准、技术规范规定的。

（6）发现建设项目试运行期间存在事故隐患未整改的。

（7）未依法设置安全生产管理机构或者配备安全生产管理人员的。

（8）从业人员未经过安全教育和培训或者不具备相应资格的。

（9）不符合法律、行政法规规定的其他条件的。

# 模拟试题及考点

★1. 按《建设项目安全设施"三同时"监督管理办法》规定，下列哪些建设项目，在进行可行性研究时，生产经营单位应当对其安全生产条件进行论证和安全预评价？

A. 某煤矿　　　　　　　　　　　　B. 某烟花爆竹生产厂

C. 某天然气化工公司甲醇储存设施　　D. 某钢铁厂

E. 某水泥厂

【考点】"一、安全预评价"。

2. 生产经营单位应当委托具有相应资质的安全评价机构，在初步设计前对其建设项目进行安全_____；在建设项目安全设施竣工或者试运行完成后，对安全设施进行_____。

A. 预评价，验收评价　　　　　　　B. 预评价，控制效果评价

C. 专项评价，验收评价　　　　　　D. 专项评价，现状评价

【考点】"一、安全预评价"和"四、安全验收评价"。

3. 生产经营单位在建设项目初步设计时，应当委托有相应资质的初步设计单位对建设项目安全设施进行设计，编制_____。_____应当对编制的设计文件负责。

A. 安全专篇，生产经营单位

B. 安全专篇，安全设施设计单位、设计人

C. 安全设施设计，生产经营单位

D. 安全设施设计，安全设施设计单位、设计人

【考点】"二、安全设施设计审查"。

★4. 下列哪项建设项目，生产经营单位在安全设施设计完成后，应当向安全生产监督管理部门提出审查申请？

A. 某纺织厂　　　　　　　　　　　B. 钨矿矿山

C. 某化工厂　　　　　　　　　　　D. 烟花爆竹储存设施

【考点】"二、安全设施设计审查"。

5. 某建设项目安全设施设计未采纳安全预评价报告中的部分安全对策和建议，就此，安全设施设计单位、设计人做了充分论证说明。安全生产监督管理部门审查时，_____不予

批准的理由。

A. 应作为　　　　　B. 不应作为　　　　　C. 可作为　　　　　D. 必须作为

【考点】"二、安全设施设计审查"。

6. 施工单位应当在施工组织设计中对危险性较大的分部分项工程编制_____，并附具安全验算结果，经施工单位技术负责人、总监理工程师签字后实施。

A. 安全技术措施　　　　　　　　　B. 施工现场临时用电方案

C. 专项施工方案　　　　　　　　　D. 专项安全方案

【考点】"三、安全设施施工和试运行"。

7. 安全监管部门应当对下列哪项建设项目的竣工验收活动和验收结果进行监督核查？

A. 某纺织厂　　　　　B. 某化工厂　　　　　C. 某钢铁厂　　　　　D. 某水泥厂

【考点】"五、安全设施竣工验收"。

8. 某金属矿山建设项目的安全设施，会因建设单位_____，未能通过竣工验收，不能投入使用。

A. 选择了具有相应资质的施工单位施工

B. 选择了具有相应资质的安全评价机构进行安全验收评价

C. 从业人员经过安全教育和培训，具备相应资格

D. 配备了兼职安全生产管理人员

【考点】"五、安全设施竣工验收"。

# 第十一节　安全生产许可证实施办法

《安全生产许可证条例》（本书第六章第一节）规定了国家对矿山企业、建筑施工企业和危险化学品、烟花爆竹、民用爆炸物品生产企业实行安全生产许可制度的要求，适用于所有这些领域的企业。这些领域的安全生产许可证实施办法或管理规定中又有一些具体或特殊的规定，这就是本节的内容。

## 一、煤矿企业一矿一证

除本企业申请办理安全生产许可证外，其所属矿（井、露天坑）也应当申请办理安全生产许可证，一矿（井、露天坑）一证。

煤矿企业实行多级管理的，其上级煤矿企业也应当申请办理安全生产许可证。

## 二、颁发管理机关

（1）非煤矿矿山企业。

国家安全生产监督管理部门负责海洋石油天然气企业安全生产许可证的颁发和管理。

省级安全生产许可证颁发管理机关可以委托设区的市级安全生产监督管理部门实施。

（2）烟花爆竹生产企业。

一级发证：省级政府安全生产监督管理部门负责本行政区域内安全生产许可证的颁发和管理工作。

（3）危险化学品生产企业。

省级安全生产监督管理部门可以将其负责的安全生产许可证颁发工作，委托企业所在地设区的市级或者县级安全生产监督管理部门实施。涉及剧毒化学品生产的企业安全生产许可证颁发工作，不得委托实施。国家安全生产监督管理部门公布的涉及危险化工工艺和重点监管危险化学品的企业安全生产许可证颁发工作，不得委托县级安全生产监督管理部门实施。

### 三、为取得安全生产许可证应当具备的个性安全生产条件

（《安全生产许可证条例》规定的 13 项条件之外的条件）

**1. 煤矿企业和煤矿**

（1）煤矿企业。

1）煤与瓦斯突出矿井、水文地质类型复杂矿井还应设置专门的防治煤与瓦斯突出管理机构和防治水管理机构。

2）制定应急救援预案，并按照规定设立矿山救护队，配备救护装备；不具备单独设立矿山救护队条件的煤矿企业，所属煤矿应当设立兼职救护队，并与邻近的救护队签订救护协议。

3）个性规章制度：地质灾害普查、井下劳动组织定员、矿领导带班下井、井工煤矿入井检身与出入井人员清点制度。

（2）煤矿。

除符合煤矿企业的条件外，还必须符合下列条件：

1）制定综合防尘措施，建立粉尘检测制度；

2）制定矿井灾害预防和处理计划；

3）依法取得采矿许可证，并在有效期内。

（3）井工煤矿。

除符合煤矿企业和煤矿的条件外，还设立了其安全设施、设备、工艺必须符合的 13 个条件。

（4）露天煤矿。

除符合煤矿企业和煤矿的条件外，还设立了其安全设施、设备、工艺必须符合的 8 个条件。

**2. 非煤矿山企业**

危险性较大的设备、设施按照国家有关规定进行定期检测检验。

**3. 烟花爆竹生产企业**

（1）设立应当符合国家产业政策和当地产业结构规划，选址应当符合当地城乡规划。

（2）与周边建筑、设施的安全距离必须符合国家标准、行业标准的规定。

（3）基本建设项目设计单位的资质要求。

（4）厂房和仓库等基础设施、生产设备、生产工艺以及防火、防爆、防雷、防静电等安

全设备设施应符合的国家标准。

（5）药物和成品总仓库、药物和半成品中转库、机械混药和装药工房、晾晒场、烘干房等重点部位应当根据 AQ 4101《烟花爆竹企业安全监控系统通用技术条件》的规定安装视频监控和异常情况报警装置，并设置明显的安全警示标志。

（6）生产厂房数量和储存仓库面积应当与其生产品种及规模相适应。

（7）生产的产品品种、类别、级别、规格、质量、包装、标志应当符合 GB 10631《烟花爆竹安全与质量》等国家标准、行业标准的规定。

（8）专职安全生产管理人员配备：确定安全生产主管人员；配备占本企业从业人员总数1%以上且至少有 2 名专职安全生产管理人员；配备占本企业从业人员总数 5%以上的兼职安全员。

（9）个性安全生产制度：药物存储管理、领取管理和余（废）药处理制度；企业负责人及涉裸药生产线负责人值（带）班制度；产品购销合同和销售流向登记管理制度；原材料购买、检验、储存及使用管理制度；职工出入厂（库）区登记制度；厂（库）区门卫值班（守卫）制度。

（10）从事药物混合、造粒、筛选、装药、筑药、压药、切引、搬运等危险工序和烟花爆竹仓库保管、守护的特种作业人员，应当接受专业知识培训，并经考核合格取得特种作业操作证。

（11）根据 AQ 4102《烟花爆竹流向登记通用规范》和国家有关烟花爆竹流向信息化管理的规定，建立并应用烟花爆竹流向管理信息系统。

**4. 危险化学品生产企业**

（1）选址布局、规划设计以及与重要场所、设施、区域的距离应当符合以下要求：国家产业政策；当地县级以上人民政府的规划和布局；新设立企业应建在的区域；《危险化学品安全管理条例》第十九条第一款规定的距离；相关国家标准。

（2）企业的厂房、作业场所、储存设施和安全设施、设备、工艺应当符合以下方面的要求：建设项目设计、制造和施工建设的资质要求；涉及危险化工工艺、重点监管危险化学品的装置的设计资质；工艺、设备的要求；自动化控制系统、紧急停车系统、易燃易爆、有毒有害介质泄漏报警等安全设施的装设要求；生产区与非生产区分开设置，并符合标准规定的距离要求；生产装置和储存设施之间及其与建（构）筑物之间的距离要求；同一厂区内的设备、设施及建（构）筑物的布置必须适用同一标准的规定。

（3）个性安全生产规章制度：领导干部轮流现场带班制度；变更管理制度；防火、防爆、防中毒、防泄漏管理制度；工艺、设备、电气仪表、公用工程安全管理制度；动火、进入受限空间、吊装、高处、盲板抽堵、动土、断路、设备检维修等作业安全管理制度。

（4）企业分管安全负责人、分管生产负责人、专职安全生产管理人员依法参加安全生产培训，并经考核合格，取得安全合格证书。办法还规定了这三种人及分管技术负责人的学历或职称要求。此外，应当有危险物品安全类注册安全工程师从事安全生产管理工作。

（5）企业应当依法进行危险化学品登记，为用户提供化学品安全技术说明书和安全标签。

（6）特殊的应急管理要求。生产、储存和使用氯气、氨气、光气、硫化氢等吸入性有毒有害气体的企业，应当配备至少两套以上全封闭防化服；构成重大危险源的，还应当设立气体防护站（组）。

**5. 建筑施工企业**

施工现场的办公、生活区及作业场所和安全防护用具、机械设备、施工机具及配件符合有关安全生产法律、法规、标准和规程的要求；

有对危险性较大的分部分项工程及施工现场易发生重大事故的部位、环节的预防、监控措施和应急预案。

## 四、免审延期的条件（企业在安全生产许可证有效期内）

**1. 煤矿企业**

（1）严格遵守有关安全生产的法律法规和《煤矿企业安全生产许可证实施办法》。

（2）接受安全生产许可证颁发管理机关及煤矿安全监察机构的监督检查。

（3）未因存在严重违法行为纳入安全生产不良记录"黑名单"管理。

（4）未发生生产安全死亡事故。

（5）煤矿安全质量标准化等级达到二级及以上。

**2. 非煤矿矿山企业**

（1）严格遵守有关安全生产的法律法规。

（2）取得安全生产许可证后，加强日常安全生产管理，未降低安全生产条件，并达到安全标准化等级二级以上。

（3）接受安全生产许可证颁发管理机关及所在地人民政府安全生产监督管理部门的监督检查。

（4）未发生死亡事故。

**3. 烟花爆竹生产企业**

（1）严格遵守有关安全生产法律、法规和本办法。

（2）取得安全生产许可证后，加强日常安全生产管理，不断提升安全生产条件，达到安全生产标准化二级以上。

（3）接受发证机关及所在地人民政府安全生产监督管理部门的监督检查。

（4）未发生生产安全死亡事故。

**4. 危险化学品生产企业**

（1）严格遵守有关安全生产的法律、法规和安全生产许可证实施办法。

（2）取得安全生产许可证后，加强日常安全生产管理，未降低安全生产条件，并达到安全生产标准化等级二级以上。

（3）未发生死亡事故。

**5. 建筑施工企业**

（1）严格遵守有关安全生产的法律法规。

（2）未发生死亡事故。

## 五、需要申请变更安全生产许可证的情形

共同情形：变更主要负责人（法定代表人）、企业名称。

**1. 煤矿企业**

（1）变更隶属关系。

（2）变更经济类型。

（3）煤矿改建、扩建工程经验收合格。

**2. 非煤矿矿山企业**

（1）变更单位地址。

（2）变更经济类型。

（3）变更许可范围。

**3. 烟花爆竹生产企业**

（1）改建、扩建烟花爆竹生产（含储存）设施。

（2）变更产品类别、级别范围。

**4. 危险化学品生产企业**

（1）变更注册地址。

（2）原生产装置新增产品或者改变工艺技术对企业的安全生产产生重大影响时，应当对该生产装置或者工艺技术进行专项安全评价，并对安全评价报告中提出的问题进行整改；在整改完成后，提出变更申请，提交安全评价报告。

（3）有危险化学品建设项目。

**5. 建筑施工企业**

变更地址等。

## 六、颁发管理机关的监督管理

**1. 撤销已经颁发的安全生产许可证的情形**

（1）煤矿、非煤矿矿山企业：

1）超越职权颁发安全生产许可证。

2）违反安全生产许可证实施办法规定的程序颁发安全生产许可证。

3）不具备安全生产许可证实施办法规定的安全生产条件颁发安全生产许可证。

4）以欺骗、贿赂等不正当手段取得安全生产许可证。

（2）危险化学品生产企业：上述第1）、2）、4）条。

（3）烟花爆竹生产企业：上述第4）条。

（4）建筑施工企业：上述第1）、2）、3）条，再加一条：安全生产许可证颁发管理机关工作人员滥用职权、玩忽职守颁发安全生产许可证。

**2. 注销安全生产许可证的情形**

（1）煤矿企业、烟花爆竹生产企业、危险化学品生产企业：

1）终止生产活动。

2）安全生产许可证被依法撤销。

3）安全生产许可证被依法吊销。

4）安全生产许可证有效期满未被批准延期（煤矿：未申请办理延期手续）。

（2）非煤矿矿山企业：上述前三条。

### 3. 其他规定

煤矿企业、非煤矿矿山企业：隐瞒有关情况或者提供虚假材料申请安全生产许可证的，安全生产许可证颁发管理机关不予受理，且在一年内不得再次申请安全生产许可证。

非煤矿矿山企业以欺骗、贿赂等不正当手段取得安全生产许可证后被依法予以撤销的，该企业3年内不得再次申请安全生产许可证。

建筑施工企业：安全生产许可证颁发管理机关发现企业不再具备安全生产条件的，应当暂扣或者吊销安全生产许可证。建设主管部门在审核发放施工许可证时，对没有取得安全生产许可证的，不得颁发施工许可证。

## 模 拟 试 题 及 考 点

1. 某煤矿企业有三个矿井，需要取得_____个安全生产许可证。

A. 1　　　　　　　B. 2　　　　　　　C. 3　　　　　　　D. 4

【考点】"一、煤矿企业一矿一证"。

2. 某省某市（设区）某县内有一剧毒化学品生产企业，其安全生产许可证颁发工作，由_____实施。

A. 省级安全生产监督管理部门

B. 设区的市级安全生产监督管理部门

C. 县级安全生产监督管理部门

D. 省级安全生产监督管理部门委托设区的市级安全生产监督管理部门

【考点】"二、颁发管理机关"。

★3. 某煤矿，为取得安全生产许可证，除了满足《安全生产许可证条例》规定的13项条件之外，还应当具备的必备条件有_____。

A. 设立矿山救护队（不具备条件的设立兼职救护队）

B. 制定综合防尘措施，建立粉尘检测制度

C. 依法取得采矿许可证，并在有效期内

D. 煤矿安全质量标准化等级达到二级

【考点】"三、为取得安全生产许可证应当具备的个性安全生产条件"。

4. _____不是烟花爆竹生产企业取得安全生产许可证应当具备的必要条件。

A. 与周边建筑、设施的安全距离必须符合国家标准、行业标准的规定

B. 防火、防爆等安全设备设施应符合相关国家标准的规定

C. 生产的产品品种、类别、包装等应当符合相关国家标准、行业标准的规定

D. 配备占本企业从业人员总数1%以上且至少有3名专职安全生产管理人员

E. 根据有关标准和规定建立烟花爆竹流向管理信息系统

【考点】"三、为取得安全生产许可证应当具备的个性安全生产条件"。

5. 某储存和使用氨气的危险化学品生产企业，应配备至少_____套全封闭防化服，才

不影响其取得安全生产许可证？

　　A. 二　　　　　　B. 三　　　　　　C. 四　　　　　　D. 五

【考点】"三、为取得安全生产许可证应当具备的个性安全生产条件"。

　　6. _____安全生产许可证实施办法或管理规定中，没有把"达到安全标准化等级二级以上"规定为安全生产许可证免审延期的条件。

　　A. 煤矿企业　　　　　　　　　　B. 非煤矿矿山企业

　　C. 建筑施工企业　　　　　　　　D. 烟花爆竹生产企业

　　E. 危险化学品生产企业

【考点】"四、免审延期的条件（企业在安全生产许可证有效期内）"。

　　7. 某危险化学品生产企业，因工艺技术改变对安全生产产生重大影响，需要向安全生产许可证颁发管理机关提出变更申请。申请时应当提交对工艺技术进行_____的报告。

　　A. 安全预评价　　B. 安全验收评价　　C. 现状安全评价　　D. 专项安全评价

【考点】"五、需要申请变更安全生产许可证的情形"。

　　8. 对以欺骗、贿赂等不正当手段取得安全生产许可证，颁发管理机关应当予以_____。

　　A. 暂扣　　　　　　B. 收回　　　　　　C. 撤销　　　　　　D. 注销

【考点】"六、颁发管理机关的监督管理"。

# 第十二节　煤矿建设项目安全设施监察规定

## 一、安全设施的设计

　　煤矿建设项目的安全设施设计，应由具有相应资质的设计单位承担。设计单位对安全设施设计负责。

## 二、安全设施设计审查

　　煤矿建设项目的安全设施设计应经煤矿安全监察机构审查同意；未经审查同意的，不得施工。

　　煤矿建设项目安全设施的设计审查，由煤矿安全监察机构按照设计或者新增的生产能力，实行分级负责。

　　（1）设计或者新增的生产能力在300万吨/年及以上的井工煤矿建设项目和1000万吨/年及以上的露天煤矿建设项目，由国家煤矿安全监察局负责设计审查。

　　（2）设计或者新增的生产能力在300万吨/年以下的井工煤矿建设项目和1000万吨/年以下的露天煤矿建设项目，由省级煤矿安全监察局负责设计审查。未设立煤矿安全监察机构的省、自治区，由省、自治区人民政府指定的负责煤矿安全监察工作的部门负责设计审查。

申请煤矿建设项目的安全设施设计审查，应当提交安全预评价报告书、初步设计及安全专篇、相关文件、设计审查申请报告及申请表。

煤矿安全监察机构接到审查申请后，应当对上报资料进行审查。有下列情形之一的，为设计审查不合格：

（1）安全设施设计未由具备相应资质的设计单位承担的。

（2）煤矿水、火、瓦斯、煤尘、顶板等主要灾害防治措施不符合规定的。

（3）安全设施设计不符合工程建设强制性标准、煤矿安全规程和行业技术规范的。

（4）所确定的设施、设备、器材不符合国家标准和行业标准的。

（5）不符合国家煤矿安全监察局规定的其他条件的。

煤矿企业对已批准的煤矿建设项目安全设施设计需作重大变更的，应经原审查机构审查同意。

### 三、施工和联合试运转

煤矿建设项目的安全设施应由具有相应资质的施工单位承担。施工单位应当按照批准的安全设施设计施工，并对安全设施的工程质量负责。施工单位在施工期间，发现煤矿建设项目的安全设施设计不合理或者存在重大事故隐患时，应当立即停止施工，并报告煤矿企业。

煤矿安全监察机构对煤矿建设工程安全设施的施工情况进行监察。

煤矿建设项目在竣工完成后，应当在正式投入生产或使用前进行联合试运转。联合试运转的时间一般为1～6个月，有特殊情况需要延长的，总时长不得超过12个月。

### 四、竣工验收

煤矿建设项目的安全设施和安全条件验收应当由煤矿建设单位负责组织；未经验收合格的，不得投入生产和使用。煤矿安全监察机构应当加强对建设单位验收活动和验收结果的监督核查。

煤矿建设单位或者其上一级具有法人资格的公司（单位）组织验收时，应当对有关资料进行审查并组织现场验收。有下列情形之一的，为验收不合格：

（1）安全设施和安全条件不符合设计要求，或未通过工程质量认证的。

（2）安全设施和安全条件不能满足正常生产和使用的。

（3）未按规定建立安全生产管理机构和配备安全生产管理人员的。

（4）矿长和特种作业人员不具备相应资格的。

（5）不符合国家煤矿安全监察局规定的其他条件的。

### 五、安全评价

煤矿建设项目的安全评价包括安全预评价和安全验收评价。

煤矿建设项目在可行性研究阶段，应当进行安全预评价；在联合试运转正常后、投入生产或者使用前，应当进行安全验收评价。

煤矿建设项目的安全评价应由具有国家规定资质的安全中介机构承担。承担煤矿建设项目安全评价的安全中介机构对其做出的安全评价结果负责。

## 模 拟 试 题 及 考 点

1. _____对安全设施的设计负责。

A. 建设单位        B. 设计单位

C. 安全生产监督管理部门      D. 煤矿安全监察部门

【考点】"一、安全设施的设计"。

2. 设计生产能力为 200 万吨/年的井工煤矿建设项目,由_____负责安全设施的设计审查。

A. 国家安全生产监督管理部门

B. 国家煤矿安全监察局

C. 省级安全生产监督管理部门

D. 省级煤矿安全监察局或由省级政府指定的负责煤矿安全监察工作的部门

【考点】"二、安全设施设计审查"。

3. 煤矿建设项目在竣工完成后,应当在正式投入生产或使用前进行_____。

A. 试运行         B. 试运转

C. 联合试运行       D. 联合试运转

【考点】"三、施工和联合试运转"。

4. 煤矿建设项目的安全设施和安全条件验收由_____负责组织。

A. 建设单位        B. 施工单位

C. 安全生产监督管理部门      D. 煤矿安全监察部门

【考点】"四、竣工验收"。

# 第十三节 煤 矿 安 全 规 程

## 一、总则

《煤矿安全规程》是保障煤矿职工的生命健康、煤炭企业安全生产、煤炭资源科学利用的技术规章。在中华人民共和国领域内从事煤炭生产和煤矿建设活动的个人、企业必须遵守本规程。

## 二、地质保障

煤矿地质工作是煤矿建设和生产过程中的一项重要基础性工作,煤矿设计、建设、生产都必须以可靠的地质资料为依据。煤矿企业应当按照《煤矿安全规程》第二十二条～第三十三条的规定开展相应工作。

### 三、井工煤矿

井工煤矿部分主要从矿井建设，煤矿开采，通风、瓦斯煤尘爆炸防治，煤（岩）与瓦斯（二氧化碳）突出防治，冲击地压防治，防灭火，防治水，爆炸物品和井下爆破，运输、提升，电气，监控通信等方面规范煤矿企业和个人行为。井工煤矿的一切采掘活动必须遵照本规程第三十四条～第五百零九条的规定。

### 四、露天煤矿

露天煤矿部分包括一般规定及露天开采的钻孔、爆破、采装、运输、排土、边坡治理、电气、防治水、防灭火、设备检修过程中的详细规定。从事露天开采作业必须遵照本规程第五百一十条～六百三十六条的规定。

### 五、职业病危害防治

煤矿井下作业条件恶劣，职业危害因素较多，主要有粉尘、噪声、震动、有害气体、生产性化学毒物、高温高湿、不良体位劳动等，职业病主要有粉尘病、噪声聋、局部振动病、职业中毒（如一氧化碳中毒）以及滑束炎等。《煤矿安全规程》职业病危害防治部分从职业病危害管理、粉尘防治、热害防治、噪声防治、有害气体防治、职业健康监护等部分规范从事煤炭采掘活动的企业和个人行为。具体规范遵照《煤矿安全规程》第六百三十七条～六百七十一条的规定。

### 六、应急救援

煤矿必须对潜在的重大事故制订应急救援预案，包括重大瓦斯爆炸事故，重大煤尘爆炸事故，冲击地压、煤与瓦斯突出事故，重大水灾事故，重大火灾事故，重大电气事故以及其他灾害事故。《煤矿安全规程》应急救援部分从一般规程、安全避险、救援队伍、救援装备与设施、救援指挥、灾变处理六个方面规范了煤矿企业应当落实的主体责任，主要负责人是应急救援工作的第一责任人。相关工作遵照《煤矿安全规程》第六百七十二条～七百一十九条的规定。

说明：

1.《煤矿安全规程》适用于全国的煤炭生产和煤矿建设活动。对于一个特定的企业，应首先识别出适用本企业的条款。

2. 对《煤矿安全规程》较为详细的内容介绍，见本套书《安全生产专业实务（煤矿、金属非金属矿山、金属冶炼和其他安全技术）》第一章。

# 第十四节　煤矿安全培训规定

## 一、总则

本规定所称煤矿企业从业人员，是指煤矿企业主要负责人、安全生产管理人员、特种作业人员和其他从业人员。

国家和省级煤矿安全监察局分别负责指导和监督管理全国和各省煤矿企业从业人员安全培训工作。省级及以下煤矿安全监察机构对辖区内煤矿企业从业人员安全培训工作依法实施监察。

煤矿企业主要负责人对本企业从业人员安全培训工作全面负责。

## 二、安全培训的组织与管理

煤矿企业应当建立完善安全培训管理制度，制定年度安全培训计划，明确负责安全培训工作的机构，配备专职或者兼职安全培训管理人员，按照国家规定的比例提取教育培训经费。其中，用于安全培训的资金不得低于教育培训经费总额的百分之四十。

具备《安全培训机构基本条件》（AQ/T 8011）规定的安全培训条件的煤矿企业应当以自主培训为主，也可以委托具备安全培训条件的机构进行安全培训。不具备安全培训条件的煤矿企业应当委托具备安全培训条件的机构进行安全培训。

从事煤矿安全培训的机构，应当将教师、教学和实习与实训设施等情况书面报告所在地省级煤矿安全培训主管部门。

煤矿企业应当建立健全从业人员安全培训档案，实行一人一档，内容包括历次接受安全培训、考核的情况和安全生产违规违章行为记录，以及被追究责任，受到处分、处理的情况；档案应当按照《企业文件材料归档范围和档案保管期限规定》（国家档案局令第 10 号）保存。

煤矿企业除建立从业人员安全培训档案外，还应当建立企业安全培训档案，实行一期一档。内容包括培训计划、时间、地点、课时、教师、讲义、学员考核、综合考评报告等情况。

煤矿企业安全培训档案保存期限：主要负责人和安全生产管理人员的应当三年以上，特种作业人员的应当六年以上，其他从业人员的应当三年以上。

## 三、主要负责人和安全生产管理人员的安全培训及考核

### 1. 主要负责人和安全生产管理人员及其学历、经历要求

煤矿企业主要负责人指煤矿企业的董事长、总经理，矿务局局长，煤矿矿长等人员。

安全生产管理人员指煤矿企业分管安全、采煤、掘进、通风、机电、运输、地测、防治水、调度等工作的副董事长、副总经理、副局长、副矿长，总工程师、副总工程师和技术负责人，安全生产管理机构负责人及其管理人员，采煤、掘进、通风、机电、运输、地测、防治水、调度等职能部门（含煤矿井、区、科、队）负责人。

煤矿矿长、副矿长、总工程师、副总工程师应当具备煤矿相关专业大专及以上学历，具有三年以上煤矿相关工作经历。

煤矿安全生产管理机构负责人应当具备煤矿相关专业中专及以上学历，具有二年以上煤矿安全生产相关工作经历。

**2. 考核标准和考试题库**

国家煤矿安全监察局组织制定煤矿企业主要负责人和安全生产管理人员安全生产知识和管理能力考核的标准，建立国家级考试题库。省级煤矿安全培训主管部门应当根据此考核标准，建立省级考试题库，并报国家煤矿安全监察局备案。

**3. 考试内容**

煤矿企业主要负责人考试应当包括的内容：

（1）国家安全生产方针、政策和有关安全生产的法律、法规、规章及标准。

（2）安全生产管理、安全生产技术和职业健康基本知识。

（3）重大危险源管理、重大事故防范、应急管理和事故调查处理的有关规定。

（4）国内外先进的安全生产管理经验。

（5）典型事故和应急救援案例分析。

（6）其他需要考试的内容。

煤矿企业安全生产管理人员考试应当包括的内容：

（1）国家安全生产方针、政策和有关安全生产的法律、法规、规章及标准。

（2）安全生产管理、安全生产技术、职业健康等知识。

（3）伤亡事故报告、统计及职业危害的调查处理方法。

（4）应急管理的内容及其要求。

（5）国内外先进的安全生产管理经验。

（6）典型事故和应急救援案例分析。

（7）其他需要考试的内容。

**4. 考核部门的工作**

国家煤矿安全监察局负责中央管理的煤矿企业总部主要负责人和安全生产管理人员的考核工作，省级煤矿安全培训主管部门负责本行政区域内煤矿企业主要负责人和安全生产管理人员考核工作，定期组织考核。

煤矿企业主要负责人和安全生产管理人员应当自任职之日起 6 个月内通过考核部门组织的安全生产知识和管理能力考核，并持续保持相应水平和能力。

煤矿企业主要负责人和安全生产管理人员应当自任职之日起 30 日内，向考核部门提出考核申请，并提交其任职文件、学历、工作经历等相关材料。

考核部门接到煤矿企业主要负责人和安全生产管理人员申请及其材料后，经审核符合条件的，应当及时组织相应的考试；发现申请人学历、工作经历不符合规定的，不得对申请人进行安全生产知识和管理能力考试，并书面告知申请人及其所在煤矿企业或其任免机关调整其工作岗位。

煤矿企业主要负责人和安全生产管理人员的考试应当在规定的考点采用计算机方式进行。考试试题从国家级考试题库和省级考试题库随机抽取，其中抽取国家级考试题库试题比例占 80%。考试满分为 100 分，80 分以上为合格。

考核部门应当自考试结束之日起五个工作日内公布考试成绩。

考试合格后，考核部门应当在公布考试成绩之日起 10 个工作日内颁发考核合格证明，在全国范围内有效。

考试不合格的，可以补考一次；经补考仍不合格的，一年内不得再次申请考核。考核部门应当告知其所在煤矿企业或其任免机关调整其工作岗位。

考核部门对煤矿企业主要负责人和安全生产管理人员的安全生产知识和管理能力每三年考核一次。

## 四、特种作业人员的安全培训和考核发证

### 1. 特种作业人员的工种

煤矿特种作业人员及其工种由国家安全生产监督管理总局（今应急管理部）会同国家煤矿安全监察局确定，并适时调整；其他任何单位或者个人不得擅自变更其范围。

### 2. 特种作业人员的学历、经历要求

煤矿特种作业人员应当具备初中及以上文化程度（自 2018 年 6 月 1 日起新上岗的煤矿特种作业人员应当具备高中及以上文化程度），具有煤矿相关工作经历，或者职业高中、技工学校及中专以上相关专业学历。

### 3. 考核、发证工作

国家煤矿安全监察局组织制定煤矿特种作业人员培训大纲和考核标准，建立统一的考试题库。

省级煤矿安全培训主管部门负责或委托设区的市级人民政府煤矿安全培训主管部门实施煤矿特种作业人员的考核、发证工作。

煤矿特种作业人员必须经专门的安全技术培训和考核合格，由省级煤矿安全培训主管部门颁发特种作业操作证后，方可上岗作业。

参加煤矿特种作业操作资格考试的人员，应当向其工作地或者户籍所在地考核发证部门提出申请。

### 4. 培训、考试

煤矿特种作业人员在参加资格考试前应当按照规定的培训大纲进行安全生产知识和实际操作能力的专门培训。其中，初次培训的时间不得少于 90 学时。

已经取得职业高中、技工学校及中专以上学历的毕业生从事与其所学专业相应的特种作业，持学历证明经考核发证部门审核属实的，免予初次培训，直接参加资格考试。

安全生产知识考试合格后，进行实际操作能力考试。

安全生产知识考试应当使用统一的考试题库，使用计算机考试，实际操作能力考试采用国家统一考试标准进行考试。考试满分均为 100 分，80 分以上为合格。

申请人考试不合格的，可以补考一次；经补考仍不合格的，重新参加相应的安全技术培训。

### 5. 特种作业操作证

特种作业操作证有效期六年，全国范围内有效。

特种作业操作证有效期届满需要延期换证的，持证人应当在有效期届满 60 日前参加不少

于 24 学时的专门培训，持培训合格证明向当地考核发证部门或者原考核发证部门提出考试申请。经安全生产知识和实际操作能力考试合格的，考核发证部门应当在 20 个工作日内予以换发新的特种作业操作证。

离开特种作业岗位 6 个月以上、但特种作业操作证仍在有效期内的特种作业人员，需要重新从事原特种作业的，应当重新进行实际操作能力考试，经考试合格后方可上岗作业。

## 五、其他从业人员的安全培训和考核

省级煤矿安全培训主管部门负责制定煤矿企业其他从业人员安全培训大纲和考核标准。

煤矿企业或者具备安全培训条件的机构应当按照培训大纲对其他从业人员进行安全培训。其中，对从事采煤、掘进、机电、运输、通风、防治水等工作的班组长的安全培训，应当由其所在煤矿的上一级煤矿企业组织实施；没有上一级煤矿企业的，由本单位组织实施。

煤矿企业其他从业人员的初次安全培训时间不得少于 72 学时，每年再培训的时间不得少于 20 学时。

煤矿企业或者具备安全培训条件的机构对其他从业人员安全培训合格后，应当颁发安全培训合格证明；未经培训并取得培训合格证明的，不得上岗作业。

煤矿企业新上岗的井下作业人员安全培训合格后，应当在有经验的工人师傅带领下，实习满四个月，并取得工人师傅签名的实习合格证明后，方可独立工作。

工人师傅一般应当具备中级工以上技能等级、三年以上相应工作经历和没有发生过违章指挥、违章作业、违反劳动纪律等条件。

企业井下作业人员调整工作岗位或者离开本岗位一年以上重新上岗前，以及煤矿企业采用新工艺、新技术、新材料或者使用新设备的，应当对其进行相应的安全培训，经培训合格后，方可上岗作业。

## 六、监督管理

煤矿安全培训主管部门和煤矿安全监察机构应当对煤矿企业安全培训的下列情况进行监督检查，发现违法行为的，依法给予行政处罚：安全培训管理制度、年度培训计划、负责安全培训管理工作的机构、配备专职或者兼职安全培训管理人员，投入和使用安全培训资金、安全培训条件，安全培训档案，主要负责人、安全生产管理人员考核，特种作业人员持证上岗，应用新工艺、新技术、新材料、新设备以及离岗、转岗时对从业人员安全培训等。

考核部门应当建立煤矿企业安全培训随机抽查制度，制定现场抽考办法，加强对煤矿安全培训的监督检查。

考核部门对煤矿企业主要负责人和安全生产管理人员现场抽考不合格的，应当责令其重新参加安全生产知识和管理能力考核；经考核仍不合格的，考核部门应当书面告知其所在煤矿企业或其任免机关调整其工作岗位。

省级煤矿安全培训主管部门发现特种作业人员对发生生产安全事故负有直接责任或特种作业操作证记载信息虚假的，应当撤销特种作业操作证。

特种作业人员违反上述规定被撤销特种作业操作证的，三年内不得再次申请特种作业操作证。

煤矿企业从业人员在劳动合同期满变更工作单位或者依法解除劳动合同的，原工作单位不得以任何理由扣押其考核合格证明或者特种作业操作证。

# 模拟试题及考点

1. 煤矿企业应当按照国家规定的比例提取教育培训经费。其中，用于安全培训的资金不得低于教育培训经费总额的_____。

A. 20%　　　　　　B. 30%　　　　　　C. 40%　　　　　　D. 50%

【考点】"二、安全培训的组织与管理"。

★2. 煤矿企业应当建立健全从业人员安全培训档案，实行一人一档，档案内容包括学员_____。

A. 历次接受安全培训、考核的情况　　　B. 安全生产违规违章行为记录

C. 受到处分、处理的情况　　　　　　　D. 工作经历

【考点】"二、安全培训的组织与管理"。

3. 煤矿企业安全培训档案，实行一_____一档。

A. 矿　　　　　　B. 区队　　　　　　C. 年　　　　　　D. 期

【考点】"二、安全培训的组织与管理"。

4. 煤矿矿长、副矿长、总工程师、副总工程师应当具备煤矿相关专业_____及以上学历，具有_____年以上煤矿相关工作经历。

A. 初中，四　　　　B. 中专，二　　　　C. 大专，三　　　　D. 大本，一

【考点】"三、主要负责人和安全生产管理人员的安全培训及考核"。

5. 按照《煤矿安全培训规定》，_____不是煤矿企业主要负责人考试应当包括的内容。

A. 安全生产管理、安全生产技术和职业健康基本知识

B. 伤亡事故报告、统计及职业危害的调查处理方法

C. 国家安全生产方针、政策和有关安全生产的法律、法规、规章及标准

D. 典型事故和应急救援案例分析

【考点】"三、主要负责人和安全生产管理人员的安全培训及考核"。

6. 考核部门对煤矿企业主要负责人和安全生产管理人员的安全生产知识和管理能力每_____年考核一次。考试不合格的，可以补考一次；经补考仍不合格的，考核部门应当告知其所在煤矿企业或其任免机关_____。

A. 三，一年内再次申请考核　　　　　　B. 三，调整其工作岗位

C. 四，调整其工作岗位　　　　　　　　D. 四，对其予以免职

【考点】"三、主要负责人和安全生产管理人员的安全培训及考核"。

7. 关于煤矿特种作业人员及其安全培训和考核发证的要求，下述中无误的是_____。

A. 具有高中及以上文化程度

B. 在参加资格考试前应当按照规定的培训大纲进行专门培训, 初次培训的时间不得少于六十学时

C. 实际操作能力考试合格后, 进行安全生产知识考试

D. 考试不合格的, 可以补考一次; 经补考仍不合格的, 重新参加相应的安全技术培训

E. 特种作业操作证有效期五年

【考点】"四、特种作业人员的安全培训和考核发证"。

8. 煤矿企业其他从业人员的初次安全培训时间不得少于_____学时, 每年再培训的时间不得少于_____学时。未经培训并取得培训合格证明的, 不得上岗作业。

A. 72, 20　　　　　B. 72, 15　　　　　C. 60, 20　　　　　D. 60, 15

【考点】"五、其他从业人员的安全培训和考核"。

9. 煤矿企业新上岗的井下作业人员安全培训合格后, 应当在有经验的工人师傅带领下, 实习满_____个月, 并取得工人师傅签名的实习合格证明后, 方可独立工作。工人师傅一般应当具备_____级工以上技能等级。

A. 2, 初　　　　　B. 3, 中　　　　　C. 4, 中　　　　　D. 6, 高

【考点】"五、其他从业人员的安全培训和考核"。

10. 考核部门对煤矿企业主要负责人和安全生产管理人员现场抽考不合格的, 应当责令其重新参加安全生产知识和管理能力考核; 经考核仍不合格的, 考核部门应当书面告知其所在煤矿企业或其任免机关_____。

A. 让其再次参加安全生产知识和管理能力考核

B. 调整其工作岗位

C. 对其予以降级

D. 对其予以免职

【考点】"六、监督管理"。

★11. 省级煤矿安全培训主管部门发现特种作业人员_____的, 应当撤销特种作业操作证。

A. 对发生生产安全事故负有责任　　　　　B. 对发生生产安全事故负有直接责任

C. 特种作业操作证记载信息不全　　　　　D. 特种作业操作证记载信息虚假

【考点】"六、监督管理"。

# 第十五节　非煤矿山外包工程安全管理暂行办法

## 一、总则

在依法批准的矿区范围内, 以外包工程的方式从事金属非金属矿山的勘探、建设、生产、

闭坑等工程施工作业活动，以及石油天然气的勘探、开发、储运等工程与技术服务活动的安全管理和监督，适用本办法。

非煤矿山外包工程的安全生产，由发包单位负主体责任，承包单位对其施工现场的安全生产负责。

外包工程有多个承包单位的，发包单位应当对多个承包单位的安全生产工作实施统一协调、管理。

## 二、发包单位的安全生产职责

依法设置安全生产管理机构或者配备专职安全生产管理人员，对外包工程的安全生产实施管理和监督。

不得擅自压缩外包工程合同约定的工期，不得违章指挥或者强令承包单位及其从业人员冒险作业。

依法取得非煤矿山安全生产许可证。

审查承包单位的非煤矿山安全生产许可证和相应资质。

承包单位的项目部承担施工作业的，发包单位除审查承包单位的安全生产许可证和相应资质外，还应当审查项目部的安全生产管理机构、规章制度和操作规程、工程技术人员、主要设备设施、安全教育培训和负责人、安全生产管理人员、特种作业人员持证上岗等情况。

承担施工作业的项目部不符合本办法规定的安全生产条件的，发包单位不得向该承包单位发包工程。

与承包单位签订安全生产管理协议，明确各自的安全生产管理职责。

是外包工程安全投入的责任主体，按照国家有关规定和合同约定及时、足额向承包单位提供保障施工作业安全所需的资金，明确安全投入项目和金额，并监督承包单位落实到位。

金属非金属矿山分项发包单位，应当将承包单位及其项目部纳入本单位的安全管理体系，实行统一管理，并对外包工程的作业现场实施全过程监督检查。

在地下矿山正常生产期间，不得将主通风、主提升、供排水、供配电、主供风系统及其设备设施的运行管理进行分项发包。

向承包单位进行外包工程的技术交底。

建立健全外包工程安全生产考核机制。

按照国家有关规定建立应急救援组织，编制本单位事故应急预案，并定期组织演练。

外包工程实行总发包的，发包单位应当督促总承包单位统一组织编制外包工程事故应急预案；实行分项发包的，发包单位应当将承包单位编制的外包工程现场应急处置方案纳入本单位应急预案体系，并定期组织演练。

外包工程发生事故的，其事故数据纳入发包单位的统计范围。

## 三、承包单位的安全生产职责

有权拒绝发包单位的违章指挥和强令冒险作业。

外包工程实行总承包的，总承包单位对施工现场的安全生产负总责；分项承包单位按照分包合同的约定对总承包单位负责。总承包单位和分项承包单位对分包工程的安全生产承担连带责任。

总承包单位依法将外包工程分包给其他单位的，其外包工程的主体部分应当由总承包单位自行完成。

禁止承包单位转包其承揽的外包工程。禁止分项承包单位将其承揽的外包工程再次分包。

承包单位应当依法取得非煤矿山安全生产许可证和相应等级的施工资质，并在其资质范围内承包工程。

禁止承包单位以转让、出租、出借资质证书等方式允许他人以本单位的名义承揽工程。

承包地下矿山工程的项目部应当配备与工程施工作业相适应的专职工程技术人员，其中至少有1名注册安全工程师或者具有5年以上井下工作经验的安全生产管理人员。项目部具备初中以上文化程度的从业人员比例应当不低于50%。

地下矿山工程承包单位及其项目部的主要负责人和领导班子其他成员执行带班下井制度。

# 模拟试题及考点

1. 非煤矿山外包工程的安全生产，由发包单位负_____责任，承包单位对其_____的安全生产负责。

A. 主要，施工现场　　　　　　　　B. 唯一，活动区域

C. 主体，施工现场　　　　　　　　D. 最终，活动区域

【考点】"一、总则"。

2. 发包单位不得擅自_____外包工程合同约定的工期。

A. 压缩　　　　B. 缩减　　　　C. 变更　　　　D. 延长

【考点】"二、发包单位的安全生产职责"。

3. 金属非金属矿山分项发包单位，应当将承包单位及其项目部纳入本单位的安全管理体系，实行_____管理，并对外包工程的作业现场实施全过程_____。

A. 一体，管理　　　　　　　　　　B. 综合，检查

C. 统一，监督检查　　　　　　　　D. 协调，监督

【考点】"二、发包单位的安全生产职责"。

4. 在地下矿山正常生产期间，发包单位可以将_____及其设备设施的运行管理进行分项发包。

A. 主通风　　　　B. 供配电　　　　C. 地面运输　　　　D. 供排水

【考点】"二、发包单位的安全生产职责"。

5. 外包工程实行分项发包的，发包单位应当将承包单位编制的外包工程_____纳入本单位应急预案体系，并定期组织演练。

A. 事故应急预案　　B. 综合应急预案　　C. 专项应急预案　　D. 现场处置方案

【考点】"二、发包单位的安全生产职责"。

6. 外包工程实行总承包的，总承包单位和分项承包单位对分包工程的安全生产承担_____责任。

A. 共同　　　　　　B. 连带　　　　　　C. 主次　　　　　　D. 各自

【考点】"三、承包单位的安全生产职责"。

7. 禁止承包单位_____其承揽的外包工程。禁止分项承包单位将其承揽的外包工程再次_____。

A. 转包，分包　　　　　　　　B. 转让，分包

C. 转包，发包　　　　　　　　D. 转让，发包

【考点】"三、承包单位的安全生产职责"。

★8. 地下矿山工程承包单位及其项目部的_____执行带班下井制度。

A. 主要负责人　　　　　　　　B. 安全生产管理人员

C. 领导班子其他成员　　　　　D. 工程技术人员

【考点】"三、承包单位的安全生产职责"。

# 第十六节　尾矿库安全监督管理规定

## 一、总则

尾矿库的建设、运行、回采、闭库及其安全管理与监督工作，适用本规定。

尾矿库建设、运行、回采、闭库的安全技术要求以及尾矿库等别划分标准，按照 AQ 2006—2005《尾矿库安全技术规程》执行。

生产经营单位应当保证尾矿库具备安全生产条件所必需的资金投入，建立相应的安全管理机构或者配备相应的安全管理人员、专业技术人员。

生产经营单位主要负责人和安全管理人员应当依照有关规定经培训考核合格并取得安全资格证书。

直接从事尾矿库放矿、筑坝、巡坝、排洪和排渗设施操作的作业人员必须取得特种作业操作证书，方可上岗作业。

## 二、尾矿库建设

尾矿库建设项目包括新建、改建、扩建以及回采、闭库的尾矿库建设工程。

尾矿库的勘察单位应当具有矿山工程或者岩土工程类勘察资质。设计单位应当具有金属非金属矿山工程设计资质。安全评价单位应当具有尾矿库评价资质。施工单位应当具有矿山工程施工资质。施工监理单位应当具有矿山工程监理资质。

尾矿库建设项目应当进行安全设施设计，对尾矿库库址及尾矿坝稳定性、尾矿库防洪能

力、排洪设施和安全观测设施的可靠性进行充分论证。

尾矿库库址应当由设计单位根据库容、坝高、库区地形条件、水文地质、气象、下游居民区和重要工业构筑物等情况，经科学论证后，合理确定。

尾矿库建设项目应当进行安全设施设计并经安全生产监督管理部门审查批准后方可施工。无安全设施设计或者安全设施设计未经审查批准的，不得施工。

严禁未经设计并审查批准擅自加高尾矿库坝体。

尾矿库建设项目安全设施试运行应当向安全生产监督管理部门书面报告，试运行时间不得超过 6 个月，且尾砂排放不得超过初期坝坝顶标高。

尾矿库建设项目安全设施经验收合格后，生产经营单位应当及时申请尾矿库安全生产许可证。

## 三、尾矿库运行

对生产运行的尾矿库，未经技术论证和安全生产监督管理部门的批准，任何单位和个人不得对下列事项进行变更：筑坝方式；排放方式；尾矿物化特性；坝型、坝外坡坡比、最终堆积标高和最终坝轴线的位置；坝体防渗、排渗及反滤层的设置；排洪系统的型式、布置及尺寸；设计以外的尾矿、废料或者废水进库等。

尾矿库应当每三年至少进行一次安全现状评价。

上游式尾矿坝堆积至二分之一至三分之二最终设计坝高时，应当对坝体进行一次全面勘察，并进行稳定性专项评价。

尾矿库经安全现状评价或者专家论证被确定为危库、险库和病库的，生产经营单位应当分别采取下列措施：

（1）确定为危库的，应当立即停产，进行抢险，并向尾矿库所在地县级人民政府、安全生产监督管理部门和上级主管单位报告。

（2）确定为险库的，应当立即停产，在限定的时间内消除险情，并向尾矿库所在地县级人民政府、安全生产监督管理部门和上级主管单位报告。

（3）确定为病库的，应当在限定的时间内按照正常库标准进行整治，消除事故隐患。

生产经营单位应当建立健全防汛责任制，实施 24 小时监测监控和值班值守，并针对可能发生的重大险情制定并及时修订应急救援预案。

尾矿库出现下列重大险情之一的，生产经营单位应当按照安全监管权限和职责立即报告当地县级安全生产监督管理部门和人民政府，并启动应急预案，进行抢险：

（1）坝体出现严重的管涌、流土等现象的。

（2）坝体出现严重裂缝、坍塌和滑动迹象的。

（3）库内水位超过限制的最高洪水位的。

（4）在用排水井倒塌或者排水管（洞）坍塌堵塞的。

（5）其他危及尾矿库安全的重大险情。

未经生产经营单位进行技术论证并同意，以及尾矿库建设项目安全设施设计原审批部门批准，任何单位和个人不得在库区从事爆破、采砂、地下采矿等危害尾矿库安全的作业。

## 四、尾矿库回采和闭库

尾矿回采再利用工程应当进行回采勘察、安全预评价和回采设计，回采设计应当包括安全设施设计，并编制安全专篇。

回采安全设施设计应当报安全生产监督管理部门审查批准。

尾矿库运行到设计最终标高或者不再进行排尾作业的，应当在一年内完成闭库。

尾矿库运行到设计最终标高的前 12 个月内，生产经营单位应当进行闭库前的安全现状评价和闭库设计，闭库设计应当包括安全设施设计。

尾矿库闭库工程安全设施验收，应当具备下列条件：

（1）尾矿库已停止使用。

（2）尾矿库闭库工程安全设施设计已经有关安全生产监督管理部门审查批准。

（3）有完备的闭库工程安全设施施工记录、竣工报告、竣工图和施工监理报告等。

（4）法律、行政法规和国家标准、行业标准规定的其他条件。

# 模拟试题及考点

★1. 直接从事尾矿库_____、筑坝_____、排洪和排渗设施操作的作业人员必须取得特种作业操作证书，方可上岗作业。

A. 设计　　　　　　B. 放矿　　　　　　C. 勘察　　　　　　D. 巡坝

【考点】"一、总则"。

★2. 尾矿库的_____应有安全生产许可证。

A. 勘察单位　　　　B. 设计单位　　　　C. 施工单位　　　　D. 生产经营单位

【考点】"二、尾矿库建设"。

3. 严禁未经设计并审查批准擅自_____尾矿库坝体。

A. 加高　　　　　　B. 加大　　　　　　C. 加宽　　　　　　D. 加长

【考点】"二、尾矿库建设"。

4. 尾矿库应当每三年至少进行一次_____。上游式尾矿坝堆积至二分之一至三分之二最终设计坝高时，应当对坝体进行_____。

A. 安全预评价，专项安全评价　　　　　B. 专项安全评价，安全现状评价

C. 安全现状评价，稳定性专项评价　　　D. 安全验收评价，坚固性专项评价

【考点】"三、尾矿库运行"。

5. 尾矿库经安全现状评价或者专家论证被确定为险库的_____，生产经营单位应当_____。

A. 立即停产，进行抢险

B. 立即停产，在限定的时间内消除险情

C. 在限定的时间内按照正常库标准进行整治，消除事故隐患

D. 立即封存，实施闭库

【考点】"三、尾矿库运行"。

★6. 尾矿库_____，生产经营单位应当立即报告当地县级安全生产监督管理部门和人民政府，并启动应急预案，进行抢险。

A. 坝体出现严重的管涌等现象　　　B. 坝体出现严重裂缝和滑动迹象

C. 库内水位接近限制的最高洪水位　D. 在用排水管（洞）坍塌堵塞

【考点】"三、尾矿库运行"。

7. 尾矿回采设计和闭库设计都应当包括_____。

A. 安全材料设计　　　　　　　　B. 安全勘察设计

C. 安全验收设计　　　　　　　　D. 安全设施设计

【考点】"四、尾矿库回采和闭库"。

# 第十七节　冶金企业和有色金属企业安全生产规定

冶金企业指从事黑色金属冶炼及压延加工业等生产活动的企业。有色金属企业指从事有色金属冶炼及压延加工业等生产活动的企业。

金属冶炼指冶金企业和有色金属企业从事达到国家规定规模（体量）的高温熔融金属及熔渣的生产活动。

## 一、责任制、标准化、培训、资格

企业应当落实从主要负责人到每一名从业人员的安全风险管控和事故隐患排查治理责任制。

企业应当建立健全全员安全生产责任制。

企业应当按照规定开展安全生产标准化建设工作。

企业存在金属冶炼工艺，从业人员在一百人以上的，应当设置安全生产管理机构或者配备不低于从业人员千分之三的专职安全生产管理人员，但最低不少于三人；从业人员在一百人以下的，应当设置安全生产管理机构或者配备专职安全生产管理人员。

存在金属冶炼工艺的企业的主要负责人、安全生产管理人员自任职之日起六个月内，必须接受负有冶金有色安全生产监管职责的部门对其进行安全生产知识和管理能力考核，并考核合格。

未经安全生产教育培训合格的从业人员，不得上岗作业。

企业从事煤气生产、储存、输送、使用、维护检修作业的特种作业人员必须取得《中华人民共和国特种作业操作证》。

## 二、辨识、警示、检测

企业应当对本企业存在的各类危险因素进行辨识，在有较大危险因素的场所和设施、设备上，设置安全警示标志。

企业应当采取有效措施预防、控制和消除职业病危害。

企业应当定期对工作场所存在的职业病危害因素进行检测、评价，检测结果应当在本企业醒目位置进行公布。

### 三、对承包方监督管理

企业不得将有关工程、项目、场所发包给不具备安全生产条件或者相应资质的单位。企业和承包单位的承包协议应当明确约定双方的安全生产责任和义务。

企业应当对从事检修工程的承包单位检修方案中的安全措施和应急处置措施进行审核，监督承包单位落实。

企业应当对承包检修作业现场进行安全交底，并安排专人负责安全检查和协调。

企业应当从合法的劳务公司录用劳务人员，并与劳务公司签订合同，对劳务人员进行统一的安全生产教育和培训。

### 四、设备设施要求及管理

企业应当对重要岗位的电气、机械等设备，实行操作牌制度。

企业的建（构）筑物应当按照国家标准或者行业标准规定，采取防火、防爆、防雷、防震、防腐蚀、隔热等防护措施，对承受重荷载、荷载发生变化或者受高温熔融金属喷溅、酸碱腐蚀等危害的建（构）筑物，应当定期对建（构）筑物结构进行安全检查。

企业对起重设备进行改造并增加荷重的，应当同时对承重厂房结构进行荷载核定，并对承重结构采取必要的加固措施。

企业的操作室、会议室、活动室、休息室、更衣室等场所不得设置在高温熔融金属吊运的影响范围内。进行高温熔融金属吊运时，吊罐（包）与大型槽体、高压设备、高压管路、压力容器的安全距离应当符合有关国家标准或者行业标准的规定，并采取有效的防护措施。

企业对电炉、电解车间应当采取防雨措施和有效的排水设施，防止雨水进入槽下地坪，确保电炉、电解槽下没有积水。

企业对电炉、铸造熔炼炉、保温炉、倾翻炉、铸机、流液槽、熔盐电解槽等设备，应当设置熔融金属紧急排放和储存的设施，并在设备周围设置拦挡围堰，防止熔融金属外流。

吊运高温熔融金属的起重机，应当满足 TSGQ 002《起重机械安全技术监察规程——桥式起重机》和 TSGQ 7015《起重机械定期检验规则》的要求。

企业应当定期对吊运、盛装熔融金属的吊具、罐体（本体、耳轴）进行安全检查和探伤检测。

企业对具有爆炸危险环境的场所，应当按照 GB 3836《爆炸性气体环境用电气设备》及 GB 50058《爆炸危险环境电力装置设计规范》设置自动检测报警和防灭火装置。

企业对反应槽、罐、池、釜和储液罐、酸洗槽应当采取防腐蚀措施，设置事故池。

采用剧毒物品的电镀、钝化等作业，企业应当在电镀槽的下方设置事故池。

## 五、运行安全控制

企业在进行高温熔融金属冶炼、保温、运输、吊运过程中，应当采取防止泄漏、喷溅、爆炸伤人的安全措施，其影响区域不得有非生产性积水。

高温熔融金属运输专用路线应当避开煤气、氧气、氢气、天然气、水管等管道及电缆；确需通过的，运输车辆与管道、电缆之间应当保持足够的安全距离，并采取有效的隔热措施。

严禁运输高温熔融金属的车辆在管道或者电缆下方，以及有易燃易爆物质的区域停留。

企业实施浸出、萃取作业时，应当采取防火防爆、防冒槽喷溅和防中毒等安全措施。

企业应当建立有限空间、动火、高处作业、能源介质停送等较大危险作业和检修、维修作业审批制度，实施工作票（作业票）和操作票管理，严格履行内部审批手续，并安排专门人员进行现场安全管理，确保作业安全。

## 六、煤气防护

生产、储存、使用煤气的企业应当建立煤气防护站（组），配备必要的煤气防护人员、煤气检测报警装置及防护设施，并且每年至少组织一次煤气事故应急演练。

生产、储存、使用煤气的企业应当严格执行 GB 6222《工业企业煤气安全规程》，在可能发生煤气泄漏、聚集的场所，设置固定式煤气检测报警仪和安全警示标志。

进入煤气区域作业的人员，应当携带便携式一氧化碳检测报警仪，配备空气呼吸器，并由企业安排专门人员进行安全管理。

煤气柜区域应当设有隔离围栏，安装在线监控设备，并由企业安排专门人员值守。煤气柜区域严禁烟火。

## 七、危险化学品管理

企业对涉及煤气、氧气、氢气等易燃易爆危险化学品生产、输送、使用、储存的设施以及油库、电缆隧道（沟）等重点防火部位，应当采取有效、可靠的防火、防爆和防泄漏措施。

企业从事产生酸雾危害的电解作业时，应当采取防止酸雾扩散及槽体、厂房防腐措施。电解车间应当保持厂房通风良好，防止电解产生的氢气聚集。

企业在使用酸、碱的作业场所，应当采取防止人员灼伤的措施，并设置安全喷淋或者洗涤设施。

企业对生产过程中存在二氧化硫、氯气、砷化氢、氟化氢等有毒有害气体的工作场所，应当采取防止人员中毒的措施。

企业对存在铅、镉、铬、砷、汞等重金属蒸气、粉尘的作业场所，应当采取预防重金属中毒的措施。

# 模拟试题及考点

1. 企业存在金属冶炼工艺，从业人员700人，应当设置安全生产管理机构或者配备不少于_____人的专职安全生产管理人员。

A. 2

B. 3

C. 4

D. 5

【考点】"一、责任制、标准化、培训、资格"。

★2. 冶金企业从事_____作业的人员必须取得特种作业操作证。

A. 起重

B. 煤气生产

C. 煤气输送

D. 机械维修

【考点】"一、责任制、标准化、培训、资格"。

★3. 下述关于冶金企业和有色金属企业设备设施的要求中，不正确或不准确的是_____。

A. 进行高温熔融金属吊运时，吊罐（包）与大型槽体、高压设备等之间应有足够距离

B. 对电炉、铸造熔炼炉等设备，应当设置熔融金属紧急排放和储存的设施

C. 对具有爆炸危险环境的场所，应当设置自动检测报警和防灭火装置

D. 对反应槽、罐、池、釜和储液罐、酸洗槽应当采取防腐蚀措施

E. 采用剧毒物品的电镀、钝化等作业，应当在电镀槽的旁边设置事故池

【考点】"四、设备设施要求及管理"。

4. 下述对冶金企业和有色金属企业的要求中，不正确的是_____。

A. 高温熔融金属吊运作业涉及的区域内不得有生产性积水

B. 高温熔融金属运输专用路线应当避开煤气、氢气等管道及电缆

C. 严禁运输高温熔融金属的车辆在管道或者电缆下方停留

D. 对有限空间作业实施工作票（作业票）和操作票管理

【考点】"五、运行安全控制"。

5. 生产或使用煤气的企业，下列作法中_____不正确。

A. 建立煤气防护站（组），配备必要的煤气检测报警装置

B. 在可能发生煤气泄漏、聚集的场所，设置固定式煤气检测报警仪

C. 进入煤气区域作业的人员，携带便携式一氧化碳检测报警仪

D. 在煤气柜区域动火，需经批准后进行

【考点】"六、煤气防护"。

# 第十八节 烟花爆竹经营许可实施办法

## 一、总则

从事烟花爆竹批发的企业和从事烟花爆竹零售的经营者应当按照本办法的规定，分别取得批发许可证和零售许可证。

烟花爆竹经营单位的布点，应当按照保障安全、统一规划、合理布局、总量控制、适度竞争的原则审批；对从事黑火药、引火线批发和烟花爆竹进出口的企业，应当按照严格许可条件、严格控制数量的原则审批。

批发企业不得在城市建成区内设立烟花爆竹储存仓库，不得在批发（展示）场所摆放有药样品；严格控制城市建成区内烟花爆竹零售点数量，且烟花爆竹零售点不得与居民居住场所设置在同一建筑物内。

烟花爆竹经营许可证的颁发和管理，实行企业申请、分级发证、属地监管的原则。

各级政府安全生产监督管理部门负责烟花爆竹经营许可证的颁发和管理工作。

## 二、批发许可证的申请和颁发

### 1. 批发企业应当符合的条件

（1）具备企业法人条件。

（2）符合所在地省级安全监管部门制定的批发企业布点规划。

（3）具有与其经营规模和产品相适应的仓储设施。仓库的内外部安全距离、库房布局、建筑结构、疏散通道、消防、防爆、防雷、防静电等安全设施以及电气设施等，符合 GB 50161《烟花爆竹工程设计安全规范》等国家标准和行业标准的规定。仓储区域及仓库安装有符合 AQ 4101《烟花爆竹企业安全监控系统通用技术条件》规定的监控设施，并设立符合 AQ 4114《烟花爆竹安全生产标志》规定的安全警示标志和标识牌。

（4）具备与其经营规模、产品和销售区域范围相适应的配送服务能力。

（5）建立安全生产责任制和各项安全管理制度、操作规程。安全管理制度和操作规程至少包括：仓库安全管理制度、仓库保管守卫制度、防火防爆安全管理制度、安全检查和隐患排查治理制度、事故应急救援与事故报告制度、买卖合同管理制度、产品流向登记制度、产品检验验收制度、从业人员安全教育培训制度、违规违章行为处罚制度、企业负责人值（带）班制度、安全生产费用提取和使用制度、装卸（搬运）作业安全规程。

（6）有安全管理机构或者专职安全生产管理人员。

（7）主要负责人、分管安全生产负责人、安全生产管理人员具备烟花爆竹经营方面的安全知识和管理能力，并经培训考核合格，取得相应资格证书。仓库保管员、守护员接受烟花爆竹专业知识培训，并经考核合格，取得相应资格证书。其他从业人员经本单位安全知识培训合格。

（8）按照 AQ 4102《烟花爆竹流向登记通用规范》和烟花爆竹流向信息化管理的有关规定，建立并应用烟花爆竹流向信息化管理系统。

（9）有事故应急救援预案、应急救援组织和人员，并配备必要的应急救援器材、设备。

（10）依法进行安全评价。

（11）法律、法规规定的其他条件。

从事黑火药、引火线批发的企业，除具备上述条件外，还应当具备必要的黑火药、引火线安全保管措施，自有的专用运输车辆能够满足其配送服务需要，且符合国家相关标准。

批发企业申请领取批发许可证时，应当向发证机关提交《烟花爆竹经营许可实施办法》第八条规定的申请文件、资料，并对其真实性负责。

**2. 发证机关的工作**

发证机关对申请人提交的申请书及文件、资料，应当按照《烟花爆竹经营许可实施办法》第九条的规定分别处理。

发证机关受理申请后，应当对申请材料进行审查。需要对经营储存场所的安全条件进行现场核查的，应当指派 2 名以上工作人员组织技术人员进行现场核查。对烟花爆竹进出口企业和设有 1.1 级仓库的企业，应当指派 2 名以上工作人员组织技术人员进行现场核查。负责现场核查的人员应当提出书面核查意见。

发证机关应当自受理申请之日起 30 个工作日内作出颁发或者不予颁发批发许可证的决定。

对决定不予颁发的，应当自作出决定之日起 10 个工作日内书面通知申请人并说明理由；对决定颁发的，应当自作出决定之日起 10 个工作日内送达或者通知申请人领取批发许可证。

**3. 有效期及延期申请**

批发许可证的有效期限为 3 年。

批发许可证有效期满后，批发企业拟继续从事烟花爆竹批发经营活动的，应当在有效期届满前 3 个月向原发证机关提出延期申请，并提交《烟花爆竹经营许可实施办法》第十二条规定的文件、资料。

批发企业符合下列条件的，经发证机关同意，可以不在现场核查，直接办理批发许可证延期手续：

（1）严格遵守有关法律、法规和本办法规定，无违法违规经营行为的。

（2）取得批发许可证后，持续加强安全生产管理，不断提升安全生产条件，达到安全生产标准化二级以上的。

（3）接受发证机关及所在地人民政府安全生产监督管理部门的监督检查的。

（4）未发生生产安全伤亡事故的。

**4. 变更**

批发企业在批发许可证有效期内变更企业名称、主要负责人和注册地址的，应当自变更之日起 10 个工作日内向原发证机关提出变更，并提交《烟花爆竹经营许可实施办法》第十五条规定的文件、资料。

批发企业变更经营许可范围、储存仓库地址和仓储设施新建、改建、扩建的，应当重新申请办理许可手续。

### 三、零售许可证的申请和颁发

**1. 零售经营者应当符合的条件**

（1）符合所在地县级安全监管局制定的零售经营布点规划。

（2）主要负责人经过安全培训合格，销售人员经过安全知识教育。

（3）春节期间零售点、城市长期零售点实行专店销售。乡村长期零售点在淡季实行专柜销售时，安排专人销售，专柜相对独立，并与其他柜台保持一定的距离，保证安全通道畅通。

（4）零售场所的面积不小于 $10m^2$，其周边 50m 范围内没有其他烟花爆竹零售点，并与学校、幼儿园、医院、集贸市场等人员密集场所和加油站等易燃易爆物品生产、储存设施等重点建筑物保持 100m 以上的安全距离。

（5）零售场所配备必要的消防器材，张贴明显的安全警示标志。

（6）法律、法规规定的其他条件。

零售经营者申请领取零售许可证时，应当向所在地发证机关提交申请书、零售点及其周围安全条件说明和发证机关要求提供的其他材料。

**2. 发证机关的工作**

发证机关受理申请后，应当对申请材料和零售场所的安全条件进行现场核查。负责现场核查的人员应当提出书面核查意见。

发证机关应当自受理申请之日起 20 个工作日内作出颁发或者不予颁发零售许可证的决定，并书面告知申请人。对决定不予颁发的，应当书面说明理由。

零售许可证上载明的储存限量由发证机关根据国家标准或者行业标准的规定，结合零售点及其周围安全条件确定。

**3. 有效期**

零售许可证的有效期限由发证机关确定，最长不超过 2 年。零售许可证有效期满后拟继续从事烟花爆竹零售经营活动，或者在有效期内变更零售点名称、主要负责人、零售场所和许可范围的，应当重新申请取得零售许可证。

### 四、监督管理

**1. 经营企业**

批发企业、零售经营者不得采购和销售非法生产、经营的烟花爆竹和产品质量不符合国家标准或者行业标准规定的烟花爆竹。

批发企业不得向未取得零售许可证的单位或者个人销售烟花爆竹，不得向零售经营者销售礼花弹等应当由专业燃放人员燃放的烟花爆竹；从事黑火药、引火线批发的企业不得向无《烟花爆竹安全生产许可证》的单位或者个人销售烟火药、黑火药、引火线。

零售经营者应当向批发企业采购烟花爆竹，不得采购、储存和销售礼花弹等应当由专业燃放人员燃放的烟花爆竹，不得采购、储存和销售烟火药、黑火药、引火线。

关于储存的要求：

禁止在烟花爆竹经营许可证载明的储存（零售）场所以外储存烟花爆竹；

烟花爆竹仓库储存的烟花爆竹品种、规格和数量，不得超过国家标准或者行业标准规定的危险等级和核定限量；

零售点存放的烟花爆竹品种和数量，不得超过烟花爆竹经营许可证载明的范围和限量。

批发企业对非法生产、假冒伪劣、过期、含有违禁药物以及其他存在严重质量问题的烟花爆竹，应当及时、妥善销毁。

对执法检查收缴的前款规定的烟花爆竹，不得与正常的烟花爆竹产品同库存放。

批发企业应当建立并严格执行合同管理、流向登记制度，健全合同管理和流向登记档案，并留存 3 年备查。

黑火药、引火线批发企业的采购、销售记录，应当自购买或者销售之日起 3 日内报所在地县级安全生产监督管理部门备案。

烟花爆竹经营单位不得出租、出借、转让、买卖、冒用或者使用伪造的烟花爆竹经营许可证。

烟花爆竹经营单位应当在经营（办公）场所显著位置悬挂烟花爆竹经营许可证正本。批发企业应当在储存仓库留存批发许可证副本。

**2. 发证机关**

对违反本办法规定的程序、超越职权或者不具备本办法规定的安全条件颁发的烟花爆竹经营许可证，发证机关应当依法撤销其经营许可证。

取得烟花爆竹经营许可证的单位依法终止烟花爆竹经营活动的，发证机关应当依法注销其经营许可证。

发证机关应当坚持公开、公平、公正的原则，严格依照本办法的规定审查、核发烟花爆竹经营许可证，建立健全烟花爆竹经营许可证的档案管理制度和信息化管理系统，并定期向社会公告取证企业的名单。

省级安全生产监督管理部门应当加强烟花爆竹经营许可工作的监督检查，并于每年 3 月 15 日前，将本行政区域内上年度烟花爆竹经营许可证的颁发和管理情况报告应急管理部。

# 模 拟 试 题 及 考 点

1. 下述中，_____无误。

A. 烟花爆竹批发企业不得在城市市区内设立烟花爆竹储存仓库

B. 烟花爆竹批发企业不得在批发（展示）场所摆放样品

C. 严格控制城市建成区内烟花爆竹零售点数量

D. 烟花爆竹零售点与居民居住场所设置在同一建筑物内，要有隔离措施和警示标识

E. 烟花爆竹经营单位转让其烟花爆竹经营许可证，须经发证机关书面同意

【考点】"一、总则"和"四、监督管理"。

2. 关于烟花爆竹批发企业应当具备的条件，下述中_____有误。

A. 具有与其经营规模和产品相适应的仓储设施

B. 具备与其经营规模、产品和销售区域范围相适应的配送服务能力

C. 建立安全生产责任制和各项安全管理制度、操作规程

D. 有专职或者兼职安全生产管理人员

【考点】"二、批发许可证的申请和颁发"。

★3. 烟花爆竹批发企业应当具备的条件之一是：_____需接受烟花爆竹专业知识培训，并经考核合格，取得相应资格证书。

A. 分管安全生产负责人　　　　　　B. 保管员

C. 安全生产管理人员　　　　　　　D. 守护员

【考点】"二、批发许可证的申请和颁发"。

4. 批发企业应当具备的条件之一是：建立并应用烟花爆竹_____信息化管理系统。

A. 流向　　　　B. 进货　　　　C. 销售　　　　D. 产品

【考点】"二、批发许可证的申请和颁发"。

★5. 《烟花爆竹经营许可实施办法》规定了若干条件，如批发企业符合这些条件，经发证机关同意，可以不在现场核查，直接办理批发许可证延期手续。下述中_____不是规定的条件。

A. 无违法违规经营行为　　　　　　B. 达到安全生产标准化三级以上

C. 接受政府主管部门的监督检查　　D. 未发生生产安全死亡事故

【考点】"二、批发许可证的申请和颁发"。

★6. _____是烟花爆竹零售经营者应当符合的条件。

A. 主要负责人经过安全知识教育

B. 春节期间零售点、城市长期零售点实行专店销售

C. 零售场所的面积不小于$10m^2$，其周边50m范围内没有其他烟花爆竹零售点

D. 零售场所配备必要的消防器材，张贴明显的安全警示标志

【考点】"三、零售许可证的申请和颁发"。

7. 烟花爆竹零售场所与人员密集场所和加油站等建筑物应保持_____m 以上的安全距离。

A. 50　　　　B. 80　　　　C. 100　　　　D. 150

【考点】"三、零售许可证的申请和颁发"。

8. 关于烟花爆竹零售的下列说法中，_____准确无误。

A. 发证机关负责进行零售现场核查的人员应当提出核查意见

B. 零售许可证的有效期限由发证机关确定，最长不超过2年

C. 零售许可证有效期满后，零售经营者拟继续从事零售经营活动，应当办理延期手续

D. 在有效期内变更零售点名称、主要负责人、零售场所和许可范围的，应当办理变更手续

【考点】"三、零售许可证的申请和颁发"。

# 第十九节 烟花爆竹生产经营安全规定

## 一、总则

烟花爆竹生产经营单位（生产企业、批发企业和零售经营者）应当落实安全生产主体责任，其主要负责人（包括法定代表人、实际控制人）是本单位安全生产工作的第一责任人，对本单位的安全生产工作全面负责。其他负责人在各自职责范围内对本单位安全生产工作负责。

县级以上地方人民政府安全生产监督管理部门对本行政区域内烟花爆竹生产经营单位安全生产工作实施监督管理。

安全生产监督管理部门可以根据需要，委托专业技术服务机构对烟花爆竹生产经营单位的安全设施等进行检验检测，并承担检验检测费用，不得向企业收取。

## 二、对生产企业、批发企业的共同要求

### 1. 管理要求

（1）安全生产责任制和规章制度。

建立健全全员安全生产责任制，建立健全安全生产工作责任体系，制定并落实符合法律、行政法规和国家标准或者行业标准的安全生产规章制度和操作规程。

（2）安全生产投入。

保证下列事项所需安全生产资金投入：安全设备设施维修维护；工（库）房按国家标准、行业标准规定的条件改造；重点部位和库房监控；安全风险管控与隐患排查治理；风险评估与安全评价；安全生产教育培训；劳动防护用品配备；应急救援器材和物资配备；应急救援训练及演练；投保安全生产责任保险等其他需要投入资金的安全生产事项。

（3）安全评价。

在工艺技术条件发生变化和扩大生产储存规模投入生产前，应当对企业的总体布局、工艺流程、危险性工（库）房、安全防护屏障、防火防雷防静电等基础设施进行安全评价。

（4）教育培训和资格。

对本单位从业人员进行烟花爆竹安全知识、岗位操作技能等培训，未经安全生产教育和培训的从业人员，不得上岗作业。危险工序作业等特种作业人员应当依法取得相应资格，方可上岗作业。

生产经营单位的主要负责人和安全生产管理人员应当由安全生产监督管理部门对其进行安全生产知识和管理能力考核合格。

（5）遵守行政许可。

严格按照安全生产许可或者经营许可批准的范围，组织开展生产经营活动。禁止在许可证载明的场所外从事烟花爆竹生产、经营、储存活动，禁止许可证过期继续从事生产经营活动。

（6）禁止包租和非法销售。

禁止分包、转包工（库）房、生产线、生产设备设施或者出租、出借、转让许可证。

禁止销售超标、违禁烟花爆竹产品或者非法烟花爆竹产品。

（7）风险分级管控和隐患排查治理。

建立安全风险分级管控和事故隐患排查治理档案，如实记录安全风险分级管控和事故隐患排查治理情况，并向本企业从业人员通报。

（8）检查、值班。

加强日常安全检查，采取安全监控、巡查检查等措施，及时发现、纠正违反安全操作规程和规章制度的行为。禁止工（库）房超员、超量作业，禁止擅自改变工（库）房设计用途，禁止作业人员随意串岗、换岗、离岗。

危险品生产区、总仓库区，应当确保二十四小时有人值班，并保持监控设施有效、通信畅通。

（9）准入制度。

建立从业人员、外来人员、车辆进出厂（库）区登记制度，对进出厂（库）区的从业人员、外来人员、车辆如实登记记录，随时掌握厂（库）区人员和车辆的情况。禁止无关人员和车辆进入厂（库）区。禁止未安装阻火装置等不符合国家标准或者行业标准规定安全条件的机动车辆进入生产区和仓库区。

（10）黑火药、引火线管理。

生产企业和经营黑火药、引火线的批发企业应当要求供货单位提供并查验购进的黑火药、引火线及化工原材料的质检报告或者产品合格证，确保其安全性能符合国家标准或者行业标准的规定；对总仓库和中转库的黑火药、引火线、烟火药及裸药效果件，应当建立并实施由专人管理、登记、分发的安全管理制度。

（11）购销。

在烟花爆竹购销活动中，应当依法签订规范的烟花爆竹买卖合同，建立烟花爆竹买卖合同和流向管理制度，使用全国统一的烟花爆竹流向管理信息系统，如实登记烟花爆竹流向。

生产企业应当在专业燃放类产品包装（包括运输包装和销售包装）及个人燃放类产品运输包装上张贴流向登记标签，并在产品入库和销售出库时登记录入。批发企业购进烟花爆竹时，应当查验流向登记标签，并在产品入库和销售出库时登记录入。

生产或销售烟花爆竹的质量、包装、标志应当符合国家标准或者行业标准的规定。

**2. 设施**

（1）防雷和防静电设施。

防雷设施应当经具有相应资质的机构设计、施工，确保符合相关国家标准或者行业标准的规定。防范静电危害的措施应当符合相关国家标准或者行业标准的规定。

（2）标志标识。

生产区、总仓库区、工（库）房及其他有较大危险因素的生产经营场所和有关设施设备上，应当设置明显的安全警示标志；所有工（库）房应当按照国家标准或者行业标准的规定设置准确、清晰、醒目的定员、定量、定级标识。

### 3. 储存

按照设计用途、危险等级、核定药量使用药物总库和成品总库，并按规定堆码，分类分级存放，保持仓库内通道畅通，准确记录药物和产品数量。

禁止将性质不相容的物质混存。禁止将高危险等级物品储存在危险等级低的仓库。禁止在烟花爆竹仓库储存不属于烟花爆竹的其他危险物品。

禁止在仓库内进行拆箱、包装作业。

### 4. 维护保养和检修

定期检查工（库）房、安全设施、电气线路、机械设备等的运行状况和作业环境，及时维护保养；对有药物粉尘的工房，应当按照操作规程及时清理冲洗。

对工（库）房、安全设施、电气线路、机械设备等进行检测、检修、维修、改造作业前，生产企业、批发企业应当制定安全作业方案，停止相关生产经营活动，转移烟花爆竹成品、半成品和原材料，清除残存药物和粉尘，切断被检测、检修、维修、改造的电气线路和机械设备电源，严格控制检修、维修作业人员数量，撤离无关的人员。

### 5. 企业内部运输

在企业内部及生产区、库区之间运输烟花爆竹成品、半成品及原材料时，应当使用符合国家标准或者行业标准规定安全条件的车辆、工具。企业内部运输应当严格按照规定路线、速度行驶。

### 6. 装卸

装卸烟花爆竹成品、半成品及原材料时，应当严格遵守作业规程。禁止碰撞、拖拉、抛摔、翻滚、摩擦、挤压等不安全行为。

### 7. 危险性废弃物处置

及时妥善处置生产经营过程中产生的各类危险性废弃物。不得留存过期的烟花爆竹成品、半成品、原材料及各类危险性废弃物。

## 三、对生产企业的要求

### 1. 工艺、机械设备及原材料

应当积极推进烟花爆竹生产工艺技术进步，采用本质安全、性能可靠、自动化程度高的机械设备和生产工艺，使用安全、环保的生产原材料。禁止使用国家明令禁止或者淘汰的生产工艺、机械设备及原材料。

### 2. 禁止从业人员自行携带工具、设备进入企业从事生产作业

### 3. 中转库储存

中转库数量、核定存药量、药物储存时间，应当符合国家标准或者行业标准规定，确保药物、半成品、成品合理中转，保障生产流程顺畅。禁止在中转库内超量或者超时储存药物、半成品、成品。

### 4. 安全论证

涉药生产环节采用新工艺、使用新设备前，应当组织具有相应能力的机构、专家进行安全性能、安全技术要求论证。

### 5. 销售

生产企业可以依法申请设立批发企业和零售经营场所。

生产企业不得向其他企业销售烟花爆竹含药半成品，不得从其他企业购买烟花爆竹含药半成品加工后销售，不得购买其他企业烟花爆竹成品加贴本企业标签后销售。

## 四、对批发企业的要求

向零售经营者及零售经营场所提供烟花爆竹配送服务。配送烟花爆竹抵达零售经营场所装卸作业时，应当轻拿轻放、妥善码放，禁止碰撞、拖拉、抛摔、翻滚、摩擦、挤压等不安全行为。

可以依法申请设立零售经营场所。批发企业不得向零售经营者或者个人销售专业燃放类烟花爆竹产品。

## 五、对零售经营者的要求

零售经营场所应当设置清晰、醒目的易燃易爆以及周边严禁烟火、严禁燃放烟花爆竹的安全标志。

零售经营者应当向批发企业采购烟花爆竹并接受批发企业配送服务，不得到企业仓库自行提取烟花爆竹。

零售经营者不得在居民居住场所同一建筑物内经营、储存烟花爆竹。

# 模 拟 试 题 及 考 点

1. 烟花爆竹生产企业运行二年后，在工艺变化前应当进行的安全评价的内容中，不包括_____。

A. 选址                    B. 总体布局、工艺流程
C. 危险性工（库）房        D. 防火防雷防静电等设施
E. 安全防护屏障

【考点】"二、对生产企业、批发企业的共同要求"。

★2. 烟花爆竹生产企业、批发企业_____须取得相应资格。

A. 主要负责人              B. 安全生产管理人员
C. 危险工序作业人员        D. 电工

【考点】"二、对生产企业、批发企业的共同要求"。

★3. 烟花爆竹生产企业、批发企业应严格按照安全生产许可或者经营许可批准的_____从事生产经营活动。

A. 范围        B. 设施        C. 场所        D. 有效期

【考点】"二、对生产企业、批发企业的共同要求"。

4. 对烟花爆竹生产企业、批发企业，《烟花爆竹生产经营安全规定》未规定对于_____

予以禁止。

A. 转包工（库）房

B. 销售超标烟花爆竹产品

C. 作业人员换岗

D. 未安装阻火装置的机动车辆进入生产区或仓库区

E. 工（库）房超量作业

【考点】"二、对生产企业、批发企业的共同要求"。

5. 烟花爆竹生产企业、批发企业的_____，应当确保二十四小时有人值班，并保持监控设施有效、通信畅通。

A. 厂（库）区　　　　B. 总仓库区　　　　C. 中转库区　　　　D. 防雷设施

【考点】"二、对生产企业、批发企业的共同要求"。

6. 烟花爆竹生产企业和经营黑火药、引火线的批发企业应当要求供货单位提供并查验购进的黑火药、引火线及化工原材料的_____。

A. 生产厂家的营业执照　　　　　　B. 生产厂家的安全生产许可证

C. 质检报告或产品合格证　　　　　D. 成分或来源

【考点】"二、对生产企业、批发企业的共同要求"。

7. 烟花爆竹生产企业、批发企业的_____设施，应当经具有相应资质的机构设计、施工。

A. 防火　　　　　　B. 防静电　　　　　C. 防腐蚀　　　　　D. 防雷

【考点】"二、对生产企业、批发企业的共同要求"。

★8. 烟花爆竹生产企业、批发企业所有工（库）房应当按照国家标准或者行业标准的规定设置准确、清晰、醒目的_____标识。

A. 定员　　　　　　B. 定位　　　　　　C. 定量　　　　　　D. 定级

【考点】"二、对生产企业、批发企业的共同要求"。

9. 对于烟花爆竹生产企业、批发企业，_____不在禁止之列。

A. 将性质不相容的物质混存

B. 将低危险等级物品储存在高危险等级的仓库

C. 在烟花爆竹仓库储存不属于烟花爆竹的其他危险物品

D. 在仓库内进行拆箱作业

【考点】"二、对生产企业、批发企业的共同要求"。

★10. 烟花爆竹生产企业、批发企业对工（库）房、安全设施、电气线路、机械设备等进行_____作业前，制定安全作业方案，停止相关生产经营活动，转移烟花爆竹成品、半成品和原材料，撤离无关人员。

A. 检查　　　　　　B. 检测　　　　　　C. 维修　　　　　　D. 改造

【考点】"二、对生产企业、批发企业的共同要求"。

11. 烟花爆竹生产企业、批发企业在烟花爆竹购销活动中，应当如实登记烟花爆竹_____。

A. 来源　　　　　B. 去向　　　　　C. 流向　　　　　D. 用途

【考点】"二、对生产企业、批发企业的共同要求"。

★12.《烟花爆竹生产经营安全规定》要求烟花爆竹生产企业中转库的_____，应当符合国家标准或者行业标准规定。

A. 数量　　　　　B. 位置　　　　　C. 核定存药量　　　D. 药物储存时间

【考点】"三、对生产企业的要求"。

13. 下述对烟花爆竹生产企业的要求中，叙述不严格的是_____。

A. 不得向其他企业销售烟花爆竹含药半成品

B. 不得从其他企业购买烟花爆竹半成品加工后销售

C. 不得购买其他企业烟花爆竹成品加贴本企业标签后销售

D. 从业人员不得自行携带工具、设备进入企业从事生产作业

【考点】"三、对生产企业的要求"。

14. 下述中错误的是_____。

A. 批发企业应当向零售经营者提供烟花爆竹配送服务，零售经营者应当接受批发企业配送服务

B. 批发企业可以向零售经营者销售各类烟花爆竹产品

C. 零售经营场所应当设置易燃易爆及周边严禁燃放烟花爆竹的安全标志

D. 零售经营者不得在居民居住场所同一建筑物内经营、储存烟花爆竹

【考点】"四、对批发企业的要求"和"五、对零售经营者的要求"。

# 第二十节　危险化学品经营许可证管理办法

## 一、两级发证

经营许可证的颁发管理工作实行企业申请、两级发证、属地监管的原则。

市级发证机关负责下列企业的经营许可证审批、颁发：

（1）经营剧毒化学品的企业。

（2）经营易制爆危险化学品的企业。

（3）经营汽油加油站的企业。

（4）专门从事危险化学品仓储经营的企业。

（5）从事危险化学品经营活动的中央企业所属省级、设区的市级公司（分公司）。

（6）带有储存设施经营除剧毒化学品、易制爆危险化学品以外的其他危险化学品的企业。

县级发证机关负责本行政区域内上述规定以外企业的经营许可证审批、颁发；没有设立县级发证机关的，其经营许可证由市级发证机关审批、颁发。

## 二、申请经营许可证的条件

申请人应当依法登记注册为企业，并具备下列基本条件：

（1）经营和储存场所、设施、建筑物符合相关国家标准、行业标准的规定。

（2）企业主要负责人和安全生产管理人员经专门的安全生产培训和安全生产监督管理部门考核合格，取得相应安全资格证书；特种作业人员经专门的安全作业培训，取得特种作业操作证书；其他从业人员依照有关规定经安全生产教育和专业技术培训合格。

（3）有健全的安全生产规章制度和岗位操作规程。

（4）有符合国家规定的危险化学品事故应急预案，并配备必要的应急救援器材、设备。

（5）法律、法规和国家标准或者行业标准规定的其他安全生产条件。

申请人经营剧毒化学品的，除符合上述条件外，还应当建立剧毒化学品双人验收、双人保管、双人发货、双把锁、双本账等管理制度。

申请人带有储存设施经营危险化学品的，除符合上述的条件外，还应当具备下列条件：

（1）新设立的专门从事危险化学品仓储经营的，其储存设施建立在地方人民政府规划的用于危险化学品储存的专门区域内。

（2）储存设施与相关场所、设施、区域的距离符合有关法律、法规、规章和标准的规定。

（3）依照有关规定进行安全评价。

（4）专职安全生产管理人员具备国民教育化工化学类或者安全工程类中等职业教育以上学历，或者相当的专业技术职称，或者危险物品安全类注册安全工程师资格。

（5）符合《危险化学品安全管理条例》、《危险化学品重大危险源监督管理暂行规定》、GB 15603《常用危险化学品贮存通则》的相关规定。

申请人储存易燃、易爆、有毒、易扩散危险化学品的，还应当符合 GB 50493《石油化工可燃气体和有毒气体检测报警设计规范》的规定。

## 三、经营许可的审查、核查、变更、免审延期

发证机关受理经营许可证申请后，应当组织对申请人提交的文件、资料进行审查，指派 2 名以上工作人员对申请人的经营场所、储存设施进行现场核查。

已经取得经营许可证的企业变更企业名称、主要负责人、注册地址或者危险化学品储存设施及其监控措施的，应当向发证机关提出书面变更申请。

已经取得经营许可证的企业有新建、改建、扩建危险化学品储存设施建设项目的，应当向发证机关提出变更申请，并提交危险化学品建设项目安全设施竣工验收报告等相关文件、资料。

已经取得经营许可证的企业，发生重要变化，应重新申请办理经营许可证。

经营许可证的有效期为 3 年。

符合下列条件的企业，可以免审延期：

（1）严格遵守有关法律、法规和本办法。

（2）取得经营许可证后，加强日常安全生产管理，未降低安全生产条件。

（3）未发生死亡事故或者对社会造成较大影响的生产安全事故。

带有储存设施经营危险化学品的企业，还需要取得并提交危险化学品企业安全生产标准化二级达标证书（复制件）。

## 四、发证机关的监督管理

发证机关发现企业以欺骗、贿赂等不正当手段取得经营许可证的，应当撤销已经颁发的经营许可证。

已经取得经营许可证的企业有下列情形之一的，发证机关应当注销其经营许可证：

（1）经营许可证有效期届满未被批准延期的。

（2）终止危险化学品经营活动的。

（3）经营许可证被依法撤销的。

（4）经营许可证被依法吊销的。

注：本办法所称储存设施，是指按照 GB 18218《危险化学品重大危险源辨识》确定，储存的危险化学品数量构成重大危险源的设施。

## 模拟试题及考点

1. 县级发证机关负责_____经营许可证的审批、颁发。

A. 经营易制爆危险化学品的企业

B. 经营汽油加油站的企业

C. 不带有储存设施经营除剧毒化学品、易制爆危险化学品以外的其他危险化学品的企业

D. 带有储存设施经营除剧毒化学品、易制爆危险化学品以外的其他危险化学品的企业

【考点】"一、两级发证"。

2. 对经营剧毒化学品的申请人，_____不是取得经营许可证的条件。

A. 经营和储存场所、设施、建筑物符合相关国家标准、行业标准的规定

B. 企业主要负责人取得相应安全资格证书

C. 进行安全评价

D. 建立剧毒化学品双人验收、双人保管、双人发货、双把锁、双本账等管理制度

【考点】"二、申请经营许可证的条件"。

★3. 一个已经取得危险化学品经营许可证的企业，有扩建储存设施项目。该企业_____。

A. 应向发证机关提出变更申请，并提交建设项目安全设施竣工验收报告

B. 应重新申请办理经营许可证

C. 经营许可证有效期满前，为免审延期，不能发生死亡事故

D. 经营许可证有效期满前，为免审延期，至少达到安全生产标准化三级

【考点】"三、经营许可的审查、核查、变更、免审延期"。

# 第二十一节　危险化学品安全使用许可证实施办法

## 一、总则

本办法适用于列入危险化学品安全使用许可适用行业目录、使用危险化学品从事生产并且达到危险化学品使用量的数量标准的化工企业（危险化学品生产企业除外）。

本办法所称使用量，是指企业使用危险化学品的年设计使用量和实际使用量的较大值。

安全使用许可证的颁发管理工作实行企业申请、市级发证、属地监管的原则。

## 二、申请安全使用许可证的条件涉及的方面

（1）企业与重要场所、设施、区域的距离和总体布局。

（2）企业的厂房、作业场所、储存设施和安全设施、设备、工艺。

1）建设项目设计单位和施工单位的资质。

2）采用的工艺、设备。

3）工艺、装置装设自动化控制系统、紧急停车系统及作业场所装设易燃易爆、有毒有害介质泄漏报警等安全设施的要求。

4）新建企业的生产区与非生产区分开设置。

5）新建企业的生产装置和储存设施之间及其建（构）筑物之间的距离。

6）同一厂区内（生产或者储存区域）的设备、设施及建（构）筑物的布置应当适用同一标准。

（3）设置安全生产管理机构，定配备专职安全生产管理人员。

（4）企业主要负责人、分管安全负责人和安全生产管理人员取得安全合格证，特种作业人员取得特种作业操作证、其他人员经安全教育培训合格。

（5）全员安全生产责任制。

（6）制定、完善安全生产规章制度和岗位安全操作规程。

（7）安全评价。

（8）职业病危害防护设施及劳动防护用品配备。

（9）重大危险源辨识及安全管理。

（10）应急管理要求。

## 三、安全使用许可证的申请

企业向发证机关申请安全使用许可证时，应当提交符合"二"所列条件的证明文件、资料，由供货单位提供的所使用危险化学品的安全技术说明书和安全标签，以及新建企业的建设项目安全设施竣工验收报告。

## 四、安全使用许可证的颁发、变更和延期

安全使用许可证申请受理后，发证机关应当组织人员对企业提交的申请文件、资料进行

审查，需要到现场核查的，应当指派工作人员对有关内容进行现场核查。

企业在安全使用许可证有效期内，有下列情形之一的，发证机关按照本办法的规定办理变更手续：

（1）增加使用的危险化学品品种，且达到危险化学品使用量的数量标准规定。

（2）涉及危险化学品安全使用许可范围的新建、改建、扩建建设项目。

（3）改变工艺技术对企业的安全生产条件产生重大影响的。

安全使用许可证有效期为 3 年。应当在安全使用许可证有效期届满前 3 个月提出延期申请，并提交本办法第十八条规定的文件、资料。

严格遵守有关法律、法规，达到安全生产标准化等级二级以上，未发生造成人员死亡的生产安全责任事故的，直接办理延期手续。

# 模拟试题及考点

1. _____需要取得危险化学品安全使用许可证。

A. 生产危险化学品的企业

B. 经营危险化学品的企业

C. 使用危险化学品从事生产并且达到危险化学品使用量的数量标准的企业

D. 存在危险化学品重大危险源的企业

【考点】"一、总则"。

2. 危险化学品安全使用许可证由_____颁发。

A. 国务院安全生产监督管理机构　　　　B. 省级安全生产监督管理机构

C. 市级安全生产监督管理机构　　　　　D. 县级安全生产监督管理机构

【考点】"一、总则"。

★3. 下面几项中，哪些是企业为取得危险化学品安全使用许可证应当具备的条件中涉及的内容？

A. 企业与重要场所、设施、区域的距离

B. 企业的安全设施、设备、工艺

C. 安全生产管理机构和安全生产管理人员

D. 管理体系认证

E. 安全评价

【考点】"二、申请安全使用许可证的条件涉及的方面"。

4. 危险化学品安全使用许可证有效期为_____年。严格遵守有关法律、法规，达到安全生产标准化等级二级以上，未发生造成人员_____的生产安全责任事故的，直接办理延期手续。

A. 2，重伤　　　　B. 3，死亡　　　　C. 4，死亡　　　　D. 5，伤亡

【考点】"四、安全使用许可证的颁发、变更和延期"。

# 第二十二节 危险化学品输送管道安全管理规定

## 一、总则

生产、储存危险化学品的单位在厂区外公共区域埋地、地面和架空的危险化学品输送管道及其附属设施的安全管理，适用本规定。

原油、成品油、天然气、煤层气、煤制气长输管道安全保护和城镇燃气管道的安全管理，不适用本规定。

本规定所称管道单位指对危险化学品管道享有所有权或者运行管理权的单位。

## 二、危险化学品管道的规划

禁止光气、氯气等剧毒气体化学品管道穿（跨）越公共区域。

严格控制氨、硫化氢等其他有毒气体的危险化学品管道穿（跨）越公共区域。

危险化学品管道建设的选线应当避开地震活动断层和容易发生洪灾、地质灾害的区域；确实无法避开的，应当采取可靠的工程处理措施，确保不受地质灾害影响。

危险化学品管道与居民区、学校等公共场所以及建筑物、构筑物、铁路、公路、航道、港口、市政设施、通信设施、军事设施、电力设施的距离，应当符合有关法律、行政法规和国家标准、行业标准的规定。

## 三、危险化学品管道的建设

参加危险化学品管道焊接、防腐、无损检测作业的人员应当具备相应的操作资格证书。

管道施工单位应当严格按照有关国家标准、行业标准的规定对管道的焊缝和防腐质量进行检查，并按照设计要求对管道进行压力试验和气密性试验。

对敷设在江、河、湖泊或者其他环境敏感区域的危险化学品管道，应当采取增加管道压力设计等级、增加防护套管等措施。

危险化学品管道试压半年后一直未投入生产（使用）的，管道单位应当在其投入生产（使用）前重新进行气密性试验；对敷设在江、河或者其他环境敏感区域的危险化学品管道，应当相应缩短重新进行气密性试验的时间间隔。

## 四、危险化学品管道的运行

**1. 禁止在危险化学品管道附属设施的上方架设电力线路、通信线路**

**2. 标志、巡护、检测**

危险化学品管道应当设置明显标志。

管道单位应当建立、健全危险化学品管道巡护制度，配备专人进行日常巡护。

管道单位应当对危险化学品管道进行定期检测、维护；对安全风险较大的区段和场所，应当进行重点监测、监控。

**3. 发现"距离问题"报告**

在危险化学品管道中心线两侧及危险化学品管道附属设施外缘两侧5m外的周边范围内，管道单位发现下列建（构）筑物与管道线路、管道附属设施的距离不符合国家标准、行业标准要求的，应当及时向当地安全生产监督管理部门报告：

（1）居民小区、学校、医院、餐饮娱乐场所、车站、商场等人口密集的建筑物。

（2）加油站、加气站、储油罐、储气罐等易燃易爆物品的生产、经营、存储场所。

（3）变电站、配电站、供水站等公用设施。

**4. 发现如下问题要制止和报告**

管道单位发现下列问题，应当及时予以制止，无法处置时应当向当地安全生产监督管理部门报告：

（1）危害危险化学品管道安全运行的行为。

1）擅自开启、关闭危险化学品管道阀门。

2）采用移动、切割、打孔、砸撬、拆卸等手段损坏管道及其附属设施。

3）移动、毁损、涂改管道标志。

4）在埋地管道上方和巡查便道上行驶重型车辆。

5）对埋地、地面管道进行占压，在架空管道线路和管桥上行走或者放置重物。

6）利用地面管道、架空管道、管架桥等固定其他设施缆绳悬挂广告牌、搭建构筑物。

7）其他危害危险化学品管道安全运行的行为。

（2）在危险化学品管道及其附属设施外缘两侧各5m地域范围内：

1）种植乔木、灌木、藤类、芦苇、竹子或者其他根系深达管道埋设部位可能损坏管道防腐层的深根植物。

2）取土、采石、用火、堆放重物、排放腐蚀性物质、使用机械工具进行挖掘施工、工程钻探。

3）挖塘、修渠、修晒场、修建水产养殖场、建温室、建家畜棚圈、建房以及修建其他建（构）筑物。

（3）在穿越河流的危险化学品管道线路中心线两侧500m地域范围内，有实施抛锚、拖锚、挖沙、采石、水下爆破等作业。

（4）在危险化学品管道专用隧道中心线两侧1000m地域范围内，有实施采石、采矿、爆破等作业。

**5. 实施可能危及危险化学品管道安全运行的施工作业**

实施下列可能危及危险化学品管道安全运行的施工作业的，施工单位应当在开工的7日前书面通知管道单位，将施工作业方案报管道单位，并与管道单位共同制定应急预案，采取相应的安全防护措施，管道单位应当指派专人到现场进行管道安全保护指导：

（1）穿（跨）越管道的施工作业。

（2）在管道线路中心线两侧5~50m和管道附属设施周边100m地域范围内，新建、改建、扩建铁路、公路、河渠，架设电力线路，埋设地下电缆、光缆，设置安全接地体、避雷接地体。

（3）在管道线路中心线两侧 200m 和管道附属设施周边 500m 地域范围内，实施爆破、地震法勘探或者工程挖掘、工程钻探、采矿等作业。

## 模 拟 试 题 及 考 点

★1. 要严格控制_____管道穿（跨）越公共区域。

A. 光气　　　　　　B. 氨　　　　　　C. 氯气　　　　　　D. 硫化氢

【考点】"二、危险化学品管道的规划"。

★2. 管道施工单位应当按照设计要求对管道进行_____试验。

A. 压力　　　　　　B. 材料　　　　　　C. 气密性　　　　　　D. 表面平整度

【考点】"三、危险化学品管道的建设"。

3. 禁止在危险化学品管道附属设施的上方架设_____。

A. 广告牌　　　　　　B. 绳索　　　　　　C. 通信线路　　　　　　D. 警示标识

【考点】"四、危险化学品管道的运行"。

4. 危险化学品管道单位应当采取的运行维护措施不包括_____。

A. 对管道设置明显标志

B. 设置管道防雷装置

C. 建立、健全管道巡护制度

D. 对管道进行定期检测、维护

【考点】"四、危险化学品管道的运行"。

★5. 危险化学品管道单位发现_____，应当及时予以制止，无法处置时应当向当地安全生产监督管理部门报告。

A. 在埋地管道上方行驶重型车辆

B. 在管道及其附属设施外缘两侧各 10m 处种植垂杨树

C. 在管道专用隧道中心线一侧 800m 处实施采矿作业

D. 在穿越河流的管道线路中心线一侧 400m 处实施抛锚作业

【考点】"四、危险化学品管道的运行"。

6. 实施下列可能危及危险化学品管道安全运行的施工作业，管道单位要求施工单位报_____，并指派专人到现场进行管道安全保护指导。

A. 施工作业方案　　　　　　B. 施工作业计划

C. 施工人员名单　　　　　　D. 应急预案

【考点】"四、危险化学品管道的运行"。

# 第二十三节 危险化学品建设项目安全监督管理办法

## 一、总则

中华人民共和国境内新建、改建、扩建危险化学品生产、储存的建设项目以及伴有危险化学品产生的化工建设项目（包括危险化学品长输管道建设项目），其安全管理及其监督管理，适用本办法。

本办法所称建设项目安全审查，是指建设项目安全条件审查、安全设施的设计审查。建设项目的安全审查由建设单位申请，安全生产监督管理部门根据本办法分级负责实施。

建设项目安全设施竣工验收由建设单位负责依法组织实施。

建设项目未经安全审查和安全设施竣工验收的，不得开工建设或者投入生产（使用）。

国家安全生产监督管理部门负责实施下列建设项目的安全审查：

（1）国务院审批（核准、备案）的。

（2）跨省、自治区、直辖市的。

负责实施建设项目安全审查的安全生产监督管理部门根据工作需要，可以将其负责实施的建设项目安全审查工作，委托下一级安全生产监督管理部门实施。跨省、自治区、直辖市的建设项目和生产剧毒化学品的建设项目，不得委托实施安全审查。

建设项目有下列情形之一的，应当由省级安全生产监督管理部门负责安全审查：

（1）国务院投资主管部门审批（核准、备案）的。

（2）生产剧毒化学品的。

（3）省级安全生产监督管理部门确定的除国家安全生产监督部门负责实施安全审查的建设项目以外的其他建设项目。

建设项目有下列情形之一的，不得委托县级人民政府安全生产监督管理部门实施安全审查：

涉及国家安全生产监督管理部门公布的重点监管危险化工工艺的；

涉及国家安全生产监督管理部门公布的重点监管危险化学品中的有毒气体、液化气体、易燃液体、爆炸品，且构成重大危险源的。

涉及重点监管危险化工工艺、重点监管危险化学品或者危险化学品重大危险源的建设项目，应当由具有石油化工医药行业相应资质的设计单位设计。

## 二、建设项目安全条件审查

建设单位应当在建设项目的可行性研究阶段，委托具备相应资质的安全评价机构对建设项目进行安全评价，安全评价机构出具的建设项目安全评价报告应当符合《危险化学品建设项目安全评价细则》的要求。

建设项目有下列情形之一的，应当由甲级安全评价机构进行安全评价：

（1）国务院及其投资主管部门审批（核准、备案）的。

（2）生产剧毒化学品的。

（3）跨省、自治区、直辖市的。

（4）法律、法规、规章另有规定的。

建设单位应当在建设项目开始初步设计前，向安全生产监督管理部门申请建设项目安全条件审查，提交建设项目安全评价报告、相关文件及申请书。

建设项目有下列情形之一的，安全条件审查不予通过：

（1）安全评价报告存在重大缺陷、漏项的，包括建设项目主要危险、有害因素辨识和评价不全或者不准确的。

（2）建设项目与周边场所、设施的距离或者拟建场址自然条件不符合有关安全生产法律、法规、规章和国家标准、行业标准的规定的。

（3）主要技术、工艺未确定，或者不符合有关安全生产法律、法规、规章和国家标准、行业标准的规定的。

（4）国内首次使用的化工工艺，未经省级人民政府有关部门组织的安全可靠性论证的。

（5）对安全设施设计提出的对策与建议不符合法律、法规、规章和国家标准、行业标准的规定的。

（6）未委托具备相应资质的安全评价机构进行安全评价的。

（7）隐瞒有关情况或者提供虚假文件、资料的。

已经通过安全条件审查的建设项目发生重大变化的，建设单位应当重新进行安全评价，并申请审查。

## 三、建设项目安全设施设计审查

设计单位应当根据有关安全生产的法律、法规、规章和国家标准、行业标准以及建设项目安全条件审查意见书，按照《化工建设项目安全设计管理导则》（AQ/T 3033），对建设项目安全设施进行设计，并编制建设项目安全设施设计专篇。建设项目安全设施设计专篇应当符合《危险化学品建设项目安全设施设计专篇编制导则》的要求。

建设单位应当在建设项目初步设计完成后、详细设计开始前，向出具建设项目安全条件审查意见书的安全生产监督管理部门申请建设项目安全设施设计审查，提交建设项目安全设施设计专篇、设计单位的设计资质证明文件及申请书。

建设项目安全设施设计有下列情形之一的，审查不予通过：

（1）设计单位资质不符合相关规定的。

（2）未按照有关安全生产的法律、法规、规章和国家标准、行业标准的规定进行设计的。

（3）对未采纳的建设项目安全评价报告中的安全对策和建议，未做充分论证说明的。

（4）隐瞒有关情况或者提供虚假文件、资料的。

已经审查通过的建设项目安全设施设计有改变且可能降低安全性能或在施工期间重新设计的，建设单位应当向原审查部门申请建设项目安全设施变更设计的审查。

## 四、建设项目试生产（使用）

建设项目安全设施施工完成后，建设单位对建设项目安全设施进行检验、检测，组织建设项目的设计、施工、监理等有关单位和专家，制定周密的试生产（使用）方案。试生产（使用）前，建设单位应当组织专家对试生产（使用）方案进行审查。建设单位在采取有效安全生产措施后，方可将建设项目安全设施与生产、储存、使用的主体装置、设施同时进行试生产（使用）。试生产（使用）时，建设单位应当组织专家对试生产（使用）条件进行确认，对试生产（使用）过程进行技术指导。

建设项目试生产期间，建设单位应当按照本办法的规定委托有相应资质的安全评价机构对建设项目及其安全设施试生产（使用）情况进行安全验收评价，且不得委托在可行性研究阶段进行安全评价的同一安全评价机构。安全验收评价报告应当符合《危险化学品建设项目安全评价细则》的要求。

### 五、建设项目安全设施竣工验收

建设项目投入生产和使用前，建设单位应当组织人员进行安全设施竣工验收，做出建设项目安全设施竣工验收是否通过的结论。参加验收人员的专业能力应当涵盖建设项目涉及的所有专业内容。建设单位应当向参加验收人员提供相关文件、资料，并组织进行现场检查。

建设项目安全设施有下列情形之一的，建设项目安全设施竣工验收不予通过：

（1）未委托具备相应资质的施工单位施工的。

（2）未按照已经通过审查的建设项目安全设施设计施工或者施工质量未达到建设项目安全设施设计文件要求的。

（3）建设项目安全设施的施工不符合国家标准、行业标准的规定的。

（4）建设项目安全设施竣工后未按照本办法的规定进行检验、检测，或者经检验、检测不合格的。

（5）未委托具备相应资质的安全评价机构进行安全验收评价的。

（6）安全设施和安全生产条件不符合或者未达到有关安全生产法律、法规、规章和国家标准、行业标准的规定的。

（7）安全验收评价报告存在重大缺陷、漏项，包括建设项目主要危险、有害因素辨识和评价不正确的。

（8）隐瞒有关情况或者提供虚假文件、资料的。

### 六、安全审查的撤销

有下列情形之一的，负责审查的安全生产监督管理部门或者其上级安全生产监督管理部门可以撤销建设项目的安全审查：

（1）滥用职权、玩忽职守的。

（2）超越法定职权的。

（3）违反法定程序的。

（4）申请人不具备申请资格或者不符合法定条件的。

（5）依法可以撤销的其他情形。

建设单位以欺骗、贿赂等不正当手段通过安全审查的，应当予以撤销。

# 模拟试题及考点

1. 某省某市某县内，有一非国务院审批（核准、备案）的剧毒化学品生产建设项目，其安全审查应由_____负责。

A. 省级安全生产监督管理部门

B. 市级安全生产监督管理部门

C. 县级安全生产监督管理部门

D. 省级安全生产监督管理部门委托县级安全生产监督管理部门

【考点】"一、总则"。

2. 建设单位应当在危险化学品建设项目的可行性研究阶段，委托具备相应资质的安全评价机构对建设项目进行_____；在开始初步设计前，向安全生产监督管理部门申请建设项目_____；在初步设计完成后、详细设计开始前，向安全生产监督管理部门申请_____。

A. 安全条件审查，安全评价，安全设施设计审查

B. 安全评价，安全条件审查，安全设施设计审查

C. 安全评价，安全设施设计审查，安全条件审查

D. 安全设施设计审查，安全条件审查，安全评价

【考点】"二、建设项目安全条件审查"和"三、建设项目安全设施设计审查"。

3. 危险化学品建设项目安全设施设计未采纳安全评价报告中部分安全对策和建议，但作了充分论证说明，_____审查不予通过的理由。

A. 应作为　　　　　　　　　　B. 仍作为

C. 不作为　　　　　　　　　　D. 可作为

【考点】"三、建设项目安全设施设计审查"。

4. 将危险化学品建设项目安全设施与生产、储存、使用的主体装置、设施同时进行试生产（使用）前，建设单位组织有关单位和专家，制定周密的试生产（使用）_____。

A. 步骤　　　　　　　　　　B. 程序

C. 计划　　　　　　　　　　D. 方案

【考点】"四、建设项目试生产（使用）"。

5. 危险化学品建设项目试生产期间，建设单位委托有相应资质的安全评价机构对建设项目及其安全设施试生产（使用）情况进行安全验收评价，且_____在可行性研究阶段进行安全评价的同一安全评价机构。

A. 可以委托　　　　　　　　B. 应当委托

C. 不得委托　　　　　　　　D. 必须委托

【考点】"四、建设项目试生产（使用）"。

# 第二十四节　危险化学品重大危险源监督管理暂行规定

本规定所称危险化学品重大危险源（以下简称重大危险源），是指按照 GB 18218—2018《危险化学品重大危险源辨识》辨识确定，生产、储存、使用和经营危险化学品的数量等于或者超过临界量的单元。

## 一、辨识与评估

危险化学品单位应当按照 GB 18218—2018《危险化学品重大危险源辨识》标准，对本单位的危险化学品生产、储存、使用和经营的单元进行重大危险源辨识，并记录辨识过程与结果。

危险化学品单位应当对重大危险源进行安全评估并确定重大危险源等级。

重大危险源根据其危险程度，分为一级、二级、三级和四级，一级为最高级别。

重大危险源有下列情形之一的，应当委托具有相应资质的安全评价机构，按照有关标准的规定采用定量风险评价方法进行安全评估，确定个人和社会风险值：

（1）构成一级或者二级重大危险源，且毒性气体实际存在（在线）量与其在《危险化学品重大危险源辨识》中规定的临界量比值之和大于或等于 1 的。

（2）构成一级重大危险源，且爆炸品或液化易燃气体实际存在（在线）量与其在《危险化学品重大危险源辨识》中规定的临界量比值之和大于或等于 1 的。

通过定量风险评价确定的重大危险源的个人和社会风险值，超过本规定附件 2 列示的个人和社会可容许风险限值标准的，危险化学品单位应当采取相应的降低风险措施。

有下列情形之一的，危险化学品单位应当对重大危险源重新进行辨识、安全评估及分级：重大危险源安全评估已满三年；构成重大危险源的装置、设施或者场所进行新建、改建、扩建；危险化学品种类、数量、生产工艺或储存方式及重要设备、设施等发生变化，或者外界生产安全环境因素发生变化，影响重大危险源级别或者风险程度；发生死亡或 10 人以上受伤危险化学品事故或者影响到公共安全；有关重大危险源辨识和安全评估的国家标准、行业标准发生变化。

重大危险源经过安全评价或者安全评估不再构成重大危险源的，危险化学品单位应当向所在地县级人民政府安全生产监督管理部门申请核销。

## 二、硬件要求

### 1. 安全监测监控体系

危险化学品单位应当根据构成重大危险源的危险化学品种类、数量、生产、使用工艺（方式）或者相关设备、设施等实际情况，按照下列要求建立健全安全监测监控体系，完善控制措施：

（1）重大危险源配备温度、压力、液位、流量、组分等信息的不间断采集和监测系统以及可燃气体和有毒有害气体泄漏检测报警装置，并具备信息远传、连续记录、事故预警、信息存储等功能；一级或者二级重大危险源，具备紧急停车功能。记录的电子数据的保存时间不少于30天。

（2）重大危险源的化工生产装置装备满足安全生产要求的自动化控制系统；一级或者二级重大危险源，装备紧急停车系统。

（3）对重大危险源中的毒性气体、剧毒液体和易燃气体等重点设施，设置紧急切断装置；毒性气体的设施，设置泄漏物紧急处置装置。涉及毒性气体、液化气体、剧毒液体的一级或者二级重大危险源，配备独立的安全仪表系统（SIS）。

（4）重大危险源中储存剧毒物质的场所或者设施，设置视频监控系统。

（5）安全监测监控系统符合国家标准或者行业标准的规定。

**2. 应急器材和设备**

对存在吸入性有毒、有害气体的重大危险源，危险化学品单位应当配备便携式浓度检测设备、空气呼吸器、化学防护服、堵漏器材等应急器材和设备；涉及剧毒气体的重大危险源，还应当配备两套以上（含本数）气密型化学防护服；涉及易燃易爆气体或者易燃液体蒸气的重大危险源，还应当配备一定数量的便携式可燃气体检测设备。

### 三、危险化学品单位重大危险源安全管理

危险化学品单位应当：

（1）对辨识确认的重大危险源及时、逐项进行登记建档。

（2）定期对重大危险源的安全设施和安全监测监控系统进行检测、检验，并进行经常性维护、保养。

（3）明确重大危险源中关键装置、重点部位的责任人或者责任机构，并对重大危险源的安全状况进行定期检查，及时消除事故隐患。

（4）对重大危险源的管理和操作岗位人员进行安全操作技能培训。

（5）在重大危险源所在场所设置明显的安全警示标志，写明紧急情况下的应急处置办法。

（6）将重大危险源可能发生的事故后果和应急措施等信息，以适当方式告知可能受影响的单位、区域及人员。

（7）制定重大危险源事故应急预案及演练计划，对重大危险源专项应急预案，每年至少演练一次，对重大危险源现场处置方案，每半年至少演练一次。

（8）在完成重大危险源安全评估报告或者安全评价报告后，报送所在地县级人民政府安全生产监督管理部门备案。

### 四、安全生产监督管理部门监督检查和材料报送

安全生产监督管理部门在监督检查中发现重大危险源存在事故隐患的，应当责令立即排除；重大事故隐患排除前或者排除过程中无法保证安全的，应当责令从危险区域内撤出作业人员，责令暂时停产停业或者停止使用；重大事故隐患排除后，经安全生产监督管理部门审查同意，方可恢复生产经营和使用。

县级人民政府安全生产监督管理部门应当每季度将辖区内的一级、二级重大危险源备案材料报送至设区的市级人民政府安全生产监督管理部门。设区的市级人民政府安全生产监督管理部门应当每半年将辖区内的一级重大危险源备案材料报送至省级人民政府安全生产监督管理部门。

每年，县级、设区的市级、省级人民政府安全生产监督管理部门向上级人民政府安全生产监督管理部门报送其辖区内上一年度重大危险源的汇总信息，直至国家安全生产监督管理部门。

## 模 拟 试 题 及 考 点

1. 危险化学品单位不必按照 GB 18218《危险化学品重大危险源辨识》标准，对本单位的危险化学品_____装置、设施或者场所进行重大危险源辨识。

A. 生产 　　　　　B. 经营 　　　　　C. 运输 　　　　　D. 储存

E. 使用

【考点】"一、辨识与评估"。

2. 以下哪种情形，危险化学品单位应当委托具有相应资质的安全评价机构，按照有关标准的规定采用定量风险评价方法进行安全评估，确定个人和社会风险值？

A. 构成一级重大危险源，且毒性气体实际存在（在线）量与其在《危险化学品重大危险源辨识》中规定的临界量比值之和小于 1

B. 构成二级重大危险源，且毒性气体实际存在（在线）量与其在《危险化学品重大危险源辨识》中规定的临界量比值之和等于 1

C. 构成三级重大危险源，且毒性气体实际存在（在线）量与其在《危险化学品重大危险源辨识》中规定的临界量比值之和大于 1

D. 构成四级重大危险源

【考点】"一、辨识与评估"。

3. 通过定量风险评价确定的重大危险源的个人和社会风险值，超过《危险化学品重大危险源监督管理暂行规定》附件 2 列示的个人和社会_____风险限值标准的，危险化学品单位应当采取相应的降低风险措施。

A. 可容许 　　　　B. 可接受 　　　　C. 不可容许 　　　　D. 不可接受

【考点】"一、辨识与评估"。

★4. 下列哪些情形，危险化学品单位应当对重大危险源重新进行辨识、安全评估及分级？

A. 重大危险源安全评估已满二年

B. 危险化学品种类、数量发生变化

C. 危险化学品储存方式发生变化

D. 发生 8 人受伤危险化学品事故

【考点】"一、辨识与评估"。

5. 重大危险源的化工生产装置装备满足安全生产要求的自动化控制系统；一级或者二级重大危险源，装备＿＿＿＿＿系统。

A. 紧急停车      B. 紧急制动      C. 紧急处置      D. 紧急应对

【考点】"二、硬件要求"。

6. 对重大危险源中的毒性气体、剧毒液体和易燃气体等重点设施，应设置紧急＿＿＿＿＿＿装置。

A. 处置      B. 报警      C. 停车      D. 切断

【考点】"二、硬件要求"。

7. 重大危险源中储存剧毒物质的场所或者设施，设置＿＿＿＿＿＿。

A. 紧急停车装置             B. 紧急切断装置

C. 视频监控系统             D. 自动控制系统

【考点】"二、硬件要求"。

★8. 对存在吸入性有毒、有害气体的重大危险源，危险化学品单位应当配备＿＿＿＿＿＿等应急器材和设备。

A. 便携式浓度检测设备           B. 空气呼吸器

C. 安全带                    D. 化学防护服

E. 堵漏器材

【考点】"二、硬件要求"。

★9. 危险化学品单位应当＿＿＿＿＿＿。

A. 对辨识确认的重大危险源及时、逐项进行登记建档

B. 对重大危险源的安全状况进行定期检查，及时消除事故隐患

C. 定期对重大危险源的安全设施和安全监测监控系统进行检测、检验

D. 培训操作岗位人员以掌握安全评估方法并确定重大危险源等级

E. 在重大危险源所在场所设置明显的安全警示标志

【考点】"三、危险化学品单位重大危险源安全管理"。

10. 对重大危险源专项应急预案，每＿＿＿＿＿＿至少进行一次；对重大危险源现场处置方案，每＿＿＿＿＿＿至少进行一次。

A. 两年，年      B. 一年，半年      C. 半年，季度      D. 季度，月

【考点】"三、危险化学品单位重大危险源安全管理"。

★11. 安全生产监督管理部门在监督检查中发现重大危险源存在的重大事故隐患排除前或者排除过程中无法保证安全的，应当责令＿＿＿＿＿＿。

A. 从危险区域内撤出作业人员           B. 限期改正

C. 封存                       D. 暂时停产停业或者停止使用

【考点】"四、安全生产监督管理部门监督检查和材料报送"。

# 第二十五节　建筑起重机械安全监督管理规定

## 一、总则

建设主管部门对本行政区域内的建筑起重机械的租赁、安装、拆卸、使用实施监督管理。

建筑起重机械安装拆卸工、起重信号工、起重司机、司索工等特种作业人员应当经建设主管部门考核合格，并取得特种作业操作资格证书后，方可上岗作业。

## 二、出租

出租单位出租的建筑起重机械和使用单位购置、租赁、使用的建筑起重机械应当具有特种设备制造许可证、产品合格证、制造监督检验证明。

出租单位应当在签订的建筑起重机械租赁合同中，明确租赁双方的安全责任，并出具上述两证一证明及备案证明和自检合格证明，提交安装使用说明书。

有下列情形之一的建筑起重机械，不得出租、使用：

（1）属国家明令淘汰或者禁止使用的。

（2）超过安全技术标准或者制造厂家规定的使用年限的。

（3）经检验达不到安全技术标准规定的。

（4）没有完整安全技术档案的。

（5）没有齐全有效的安全保护装置的。

## 三、安装及验收

### 1. 安装

安装单位应当依法取得建设主管部门颁发的相应资质和建筑施工企业安全生产许可证，并在其资质许可范围内承揽建筑起重机械安装、拆卸工程。

安装单位应当履行下列安全职责：

（1）按照安全技术标准及建筑起重机械性能要求，编制建筑起重机械安装、拆卸工程专项施工方案，并由本单位技术负责人签字。

（2）按照安全技术标准及安装使用说明书等检查建筑起重机械及现场施工条件。

（3）组织安全施工技术交底并签字确认。

（4）制定建筑起重机械安装、拆卸工程生产安全事故应急救援预案。

（5）将建筑起重机械安装、拆卸工程专项施工方案，安装、拆卸人员名单，安装、拆卸时间等材料报施工总承包单位和监理单位审核后，告知工程所在地县级以上地方人民政府建设主管部门。

安装单位应当按照建筑起重机械安装、拆卸工程专项施工方案及安全操作规程组织安装、拆卸作业。

安装完毕后，安装单位应当按照安全技术标准及安装使用说明书的有关要求对建筑起重机械进行自检、调试和试运转。自检合格的，应当出具自检合格证明，并向使用单位进行安全使用说明。

**2. 验收**

安装完毕后，使用单位应当组织出租、安装、监理等有关单位进行验收，或者委托具有相应资质的检验检测机构进行验收。建筑起重机械在验收前应当经有相应资质的检验检测机构监督检验合格。

使用单位应当自验收合格之日起 30 日内，向工程所在地县级以上地方人民政府建设主管部门办理建筑起重机械使用登记。登记标志置于或者附着于该设备的显著位置。

### 四、使用单位的安全职责

（1）根据不同施工阶段、周围环境以及季节、气候的变化，对建筑起重机械采取相应的安全防护措施。

（2）制定建筑起重机械生产安全事故应急救援预案。

（3）在建筑起重机械活动范围内设置明显的安全警示标志，对集中作业区做好安全防护。

（4）设置相应的设备管理机构或者配备专职的设备管理人员。

（5）指定专职设备管理人员、专职安全生产管理人员进行现场监督检查。

（6）建筑起重机械出现故障或者发生异常情况的，立即停止使用，消除故障和事故隐患后，方可重新投入使用。

使用单位应当对在用的建筑起重机械及其安全保护装置、吊具、索具等进行经常性和定期的检查、维护和保养，并做好记录。

### 五、施工总承包单位的安全职责

（1）向安装单位提供拟安装设备位置的基础施工资料，确保建筑起重机械进场安装、拆卸所需的施工条件。

（2）审核建筑起重机械的特种设备制造许可证、产品合格证、制造监督检验证明、备案证明等文件。

（3）审核安装单位、使用单位的资质证书、安全生产许可证和特种作业人员的特种作业操作资格证书。

（4）审核安装单位制定的建筑起重机械安装、拆卸工程专项施工方案和生产安全事故应急救援预案。

（5）审核使用单位制定的建筑起重机械生产安全事故应急救援预案。

（6）指定专职安全生产管理人员监督检查建筑起重机械安装、拆卸、使用情况。

（7）施工现场有多台塔式起重机作业时，应当组织制定并实施防止塔式起重机相互碰撞的安全措施。

依法发包给两个及两个以上施工单位的工程，不同施工单位在同一施工现场使用多台塔式起重机作业时，建设单位应当协调组织制定防止塔式起重机相互碰撞的安全措施。

# 模拟试题及考点

1. 建筑起重机械安装拆卸工、起重信号工、起重司机、司索工等特种作业人员须经_____考核合格，并取得特种作业操作资格证书。

A. 建设主管部门

B. 安全生产监督管理部门

C. 人力资源社会保障部门

D. 公安机关

【考点】"一、总则"。

★2. 出租单位出租的建筑起重机械和使用单位购置、租赁、使用的建筑起重机械应当具有特种设备_____。

A. 制造许可证　　　B. 产品合格证　　　C. 安全技术说明书　　D. 制造监督检验证明

【考点】"二、出租"。

★3. 关于建筑起重机械的安装和验收，下述中正确的是_____。

A. 安装单位应当取得相应资质和建筑施工企业安全生产许可证

B. 安装单位编制建筑起重机械安装综合施工方案

C. 使用单位组织安全施工技术交底并签字确认

D. 安装完毕后，安装单位对建筑起重机械进行自检、调试和试运转

E. 使用单位组织验收后，经有相应资质的检验检测机构监督检验合格

【考点】"三、安装及验收"。

★4. 建筑起重机械使用单位，应当_____。

A. 根据施工阶段、周围环境、气候的变化，对建筑起重机械采取相应的安全防护措施

B. 在建筑起重机械活动范围外设置明显的安全警示标志

C. 对建筑起重机械，配备兼职的设备管理人员

D. 对在用的建筑起重机械及其安全保护装置、吊具、索具等进行经常性和定期的检查

【考点】"四、使用单位的安全职责"。

5. 下述建筑起重机械施工总承包单位的安全职责中，叙述不够明确的是_____。

A. 向安装单位提供拟安装设备位置的基础施工资料

B. 审核安装单位制定的建筑起重机械安装、拆卸工程专项施工方案和生产安全事故应急救援预案

C. 指定专职安全生产管理人员监督检查建筑起重机械安装、拆卸、使用情况

D. 施工现场有多台塔式起重机作业时，应当组织制定并实施防止塔式起重机相互干扰的安全措施

【考点】"五、施工总承包单位的安全职责"。

# 第二十六节　建筑施工企业"安管人员"安全生产管理规定

## 一、建筑施工"安管人员"

建筑施工"安管人员"包括企业主要负责人、项目负责人、专职安全生产管理人员。

企业主要负责人是指对本企业生产经营活动和安全生产工作具有决策权的领导人员。

项目负责人，是指取得相应注册执业资格，由企业法定代表人授权，负责具体工程项目管理的人员。

专职安全生产管理人员包括企业安全生产管理机构的人员和工程项目专职从事安全生产管理工作的人员。

## 二、考核发证

"安管人员"向住房城乡建设主管部门（考核机关）申请安全生产考核，并取得安全生产考核合格证书。

安全生产考核包括安全生产知识考核和管理能力考核。

安全生产知识考核内容包括：建筑施工安全的法律法规、规章制度、标准规范，建筑施工安全管理基本理论等。

管理能力考核内容包括：建立和落实安全生产管理制度、辨识和监控危险性较大的分部分项工程，发现和消除安全事故隐患，报告和处置生产安全事故等方面的能力。

安全生产考核合格证书有效期为3年，证书在全国范围内有效。

有效期届满需要延续的，"安管人员"通过受聘企业向原考核机关申请证书延续。

## 三、主要负责人的安全责任

对本企业安全生产工作全面负责，应当建立健全企业安全生产管理体系，设置安全生产管理机构，配备专职安全生产管理人员，保证安全生产投入，督促检查本企业安全生产工作，及时消除安全事故隐患，落实安全生产责任。

与项目负责人签订安全生产责任书，确定项目安全生产考核目标、奖惩措施，以及企业为项目提供的安全管理和技术保障措施。

按规定检查企业所承担的工程项目，考核项目负责人安全生产管理能力。

## 四、项目负责人的安全责任

对本项目安全生产管理全面负责，建立项目安全生产管理体系，明确项目管理人员安全职责，落实安全生产管理制度，确保项目安全生产费用有效使用。

按规定实施项目安全生产管理，监控危险性较大分部分项工程，及时排查处理施工现场安全事故隐患，隐患排查处理情况应当记入项目安全管理档案；发生事故时，应当按规定及时报告并开展现场救援。

### 五、专职安全生产管理人员的安全责任

每天在施工现场开展安全检查，现场监督危险性较大的分部分项工程安全专项施工方案实施。

### 六、监督管理

考核机关（住房城乡建设主管部门）应当建立本行政区域内"安管人员"的信用档案。违法违规行为、被投诉举报处理、行政处罚等情况应当作为不良行为记入信用档案，并按规定向社会公开。

## 模拟试题及考点

1. 建筑施工"安管人员"向_____申请安全生产考核，并取得安全生产考核_____证书。

A. 安全生产监督管理部门，合格　　　　B. 住房城乡建设主管部门，合格

C. 人力资源社会保障部门，资格　　　　D. 公安机关，资格

【考点】"二、考核发证"。

2. 建筑施工"安管人员"管理能力考核内容不包括_____的能力。

A. 建立和落实安全生产管理制度

B. 辨识和监控危险性较大的分部分项工程

C. 发现和消除安全事故隐患

D. 实施安全评价

E. 报告和处置生产安全事故

【考点】"二、考核发证"。

★3. 建筑施工企业主要负责人_____。

A. 对本企业安全生产工作全面负责

B. 与项目负责人签订伤亡指标责任书

C. 确定企业为项目提供的安全管理和技术保障措施

D. 考核项目负责人安全生产管理能力

【考点】"三、主要负责人的安全责任"。

4. 建筑施工企业专职安全生产管理人员_____在施工现场开展安全检查，现场监督危险性较大的分部分项工程_____实施。

A. 每天，安全专项施工方案　　　　　　B. 经常，安全专项施工方案

C. 每天，安全施工组织设计　　　　　　D. 经常，安全施工组织设计

【考点】"五、专职安全生产管理人员的安全责任"。

5. 住房城乡建设主管部门建立本行政区域内建筑施工"安管人员"的_____档案。

A. 违规行为　　　　B. 不良行为　　　　C. 信用　　　　D. 绩效

【考点】"六、监督管理"。

# 第二十七节　危险性较大的分部分项
# 工程安全管理规定

## 一、总则

危险性较大的分部分项工程（以下简称"危大工程"），是指房屋建筑和市政基础设施工程在施工过程中，容易导致人员群死群伤或者造成重大经济损失的分部分项工程。

国务院住房城乡建设主管部门负责全国危大工程安全管理的指导监督。

县级以上地方人民政府住房城乡建设主管部门负责本行政区域内危大工程的安全监督管理。

## 二、前期保障

### 1. 建设单位
依法提供真实、准确、完整的工程地质、水文地质和工程周边环境等资料。

组织勘察、设计等单位在施工招标文件中列出危大工程清单，要求施工单位在投标时补充完善危大工程清单并明确相应的安全管理措施。

按照施工合同约定及时支付危大工程施工技术措施费以及相应的安全防护文明施工措施费，保障危大工程施工安全。

### 2. 勘察单位
根据工程实际及工程周边环境资料，在勘察文件中说明地质条件可能造成的工程风险。

### 3. 设计单位
在设计文件中注明涉及危大工程的重点部位和环节，提出保障工程周边环境安全和工程施工安全的意见，必要时进行专项设计。

## 三、专项施工方案

### 1. 编制
施工单位应当在危大工程施工前组织工程技术人员编制专项施工方案。

实行施工总承包的，专项施工方案应当由施工总承包单位组织编制。危大工程实行分包的，专项施工方案可以由相关专业分包单位组织编制。

专项施工方案应当由施工单位技术负责人审核签字、加盖单位公章，并由总监理工程师审查签字、加盖执业印章后方可实施。

危大工程实行分包并由分包单位编制专项施工方案的，专项施工方案应当由总承包单位技术负责人及分包单位技术负责人共同审核签字并加盖单位公章。

**2. 论证**

对于超过一定规模的危大工程，施工单位应当组织召开专家论证会对专项施工方案进行论证。

实行施工总承包的，由施工总承包单位组织召开专家论证会。专家论证前专项施工方案应当通过施工单位审核和总监理工程师审查。

专家应当从地方人民政府住房城乡建设主管部门建立的专家库中选取，符合专业要求且人数不得少于 5 名。与本工程有利害关系的人员不得以专家身份参加专家论证会。

专家论证会后，应当形成论证报告，对专项施工方案提出通过、修改后通过或者不通过的一致意见。专家对论证报告负责并签字确认。

专项施工方案经论证需修改后通过的，施工单位应当根据论证报告修改完善后，重新履行上述程序。

专项施工方案经论证不通过的，施工单位修改后应当重新组织专家论证。

## 四、现场安全管理

### 1. 施工单位

在施工现场显著位置公告危大工程名称、施工时间和具体责任人员，并在危险区域设置安全警示标志。

专项施工方案实施前，编制人员或者项目技术负责人应当向施工现场管理人员进行方案交底。

施工现场管理人员应当向作业人员进行安全技术交底，并由双方和项目专职安全生产管理人员共同签字确认。

严格按照专项施工方案组织施工，不得擅自修改专项施工方案。

因规划调整、设计变更等原因确需调整的，修改后的专项施工方案应当按照本规定重新审核和论证。涉及资金或者工期调整的，建设单位应当按照约定予以调整。

对危大工程施工作业人员进行登记，项目负责人应当在施工现场履职。

项目专职安全生产管理人员应当对专项施工方案实施情况进行现场监督，对未按照专项施工方案施工的，应当要求立即整改，并及时报告项目负责人，项目负责人应当及时组织限期整改。

按照规定对危大工程进行施工监测和安全巡视，发现危及人身安全的紧急情况，应当立即组织作业人员撤离危险区域。

### 2. 监理单位

结合危大工程专项施工方案编制监理实施细则，并对危大工程施工实施专项巡视检查。

发现施工单位未按照专项施工方案施工的，应当要求其进行整改；情节严重的，应当要求其暂停施工，并及时报告建设单位。施工单位拒不整改或者不停止施工的，监理单位应当及时报告建设单位和工程所在地住房城乡建设主管部门。

**3. 监测**

对于按照规定需要进行第三方监测的危大工程，建设单位应当委托具有相应勘察资质的单位进行监测。

监测单位应当编制监测方案。监测方案由监测单位技术负责人审核签字并加盖单位公章，报送监理单位后方可实施。

监测单位应当按照监测方案开展监测，及时向建设单位报送监测成果，并对监测成果负责；发现异常时，及时向建设、设计、施工、监理单位报告，建设单位应当立即组织相关单位采取处置措施。

**4. 验收**

对于按照规定需要验收的危大工程，施工单位、监理单位应当组织相关人员进行验收。验收合格的，经施工单位项目技术负责人及总监理工程师签字确认后，方可进入下一道工序。

危大工程验收合格后，施工单位应当在施工现场明显位置设置验收标识牌，公示验收时间及责任人员。

**5. 险情或事故应急处置**

危大工程发生险情或者事故时，施工单位应当立即采取应急处置措施，并报告工程所在地住房城乡建设主管部门。建设、勘察、设计、监理等单位应当配合施工单位开展应急抢险工作。

危大工程应急抢险结束后，建设单位应当组织勘察、设计、施工、监理等单位制定工程恢复方案，并对应急抢险工作进行后评估。

**6. 安全管理档案**

施工、监理单位应当建立危大工程安全管理档案。

施工单位应当将专项施工方案及审核、专家论证、交底、现场检查、验收及整改等相关资料纳入档案管理。

监理单位应当将监理实施细则、专项施工方案审查、专项巡视检查、验收及整改等相关资料纳入档案管理。

## 五、监督管理

县级以上地方人民政府住房城乡建设主管部门或者所属施工安全监督机构，可以通过政府购买技术服务方式，聘请具有专业技术能力的单位和人员对危大工程进行检查，所需费用向本级财政申请予以保障。

县级以上地方人民政府住房城乡建设主管部门或者所属施工安全监督机构，在监督抽查中发现危大工程存在安全隐患的，应当责令施工单位整改；重大安全事故隐患排除前或者排除过程中无法保证安全的，责令从危险区域内撤出作业人员或者暂时停止施工；对依法应当给予行政处罚的行为，应当依法作出行政处罚决定。

县级以上地方人民政府住房城乡建设主管部门应当将单位和个人的处罚信息纳入建筑施工安全生产不良信用记录。

# 模拟试题及考点

★1. 在危大工程前期保障中，属于建设单位的职责有_____。

A. 依法提供真实、准确、完整的工程地质、水文地质和工程周边环境等资料

B. 组织勘察、设计等单位在施工招标文件中列出危大工程清单，要求施工单位在投标时补充完善危大工程清单并明确相应的安全管理措施

C. 根据工程实际及工程周边环境资料，在勘察文件中说明地质条件可能造成的工程风险

D. 在设计文件中注明涉及危大工程的重点部位和环节，提出保障工程周边环境安全和工程施工安全的意见

E. 按照施工合同约定及时支付危大工程施工技术措施费以及相应的安全防护文明施工措施费

【考点】"二、前期保障"。

2. 关于实行分包的危大工程施工前的专项施工方案，下述中正确的是_____。

A. 分包单位技术负责人审核签字并加盖单位公章，总承包单位技术负责人审查签字、加盖执业印章后方可实施

B. 分包单位技术负责人审核签字并加盖单位公章，总监理工程师审查签字、加盖执业印章后方可实施

C. 总承包单位技术负责人审核签字并加盖单位公章，总监理工程师审查签字、加盖执业印章后方可实施

D. 总承包单位技术负责人及分包单位技术负责人共同审核签字并加盖单位公章，总监理工程师审查签字、加盖执业印章后方可实施

【考点】"三、专项施工方案"。

★3. 施工单位在危大工程施工现场显著位置公告_____，并在危险区域设置安全警示标志。

A. 工程名称　　　　B. 专项施工方案　　　C. 施工时间　　　　D. 具体责任人员

【考点】"四、现场安全管理"。

4. 专项施工方案实施前，编制人员或者项目技术负责人应当向_____进行方案交底。

A. 施工现场管理人员　　　　　　　　B. 施工现场作业人员

C. 项目专职安全生产管理人员　　　　D. 施工现场监理人员

【考点】"四、现场安全管理"。

★5. 施工现场管理人员应当向作业人员进行安全技术交底，并由_____共同签字确认。

A. 施工现场管理人员　　　　　　　　B. 施工现场作业人员

C. 项目专职安全生产管理人员　　　　D. 施工现场监理人员

【考点】"四、现场安全管理"。

6. 监理单位应当结合危大工程专项施工方案编制_____，并对危大工程施工实施_____。

A. 监理方案，旁站监理　　　　　　B. 监理实施计划，停工待检
C. 监理实施细则，专项巡视检查　　D. 监理细则，巡视检查
【考点】"四、现场安全管理"。

7. 对于按照规定需要进行第三方监测的危大工程，建设单位应当委托具有相应_____资质的单位进行监测。
A. 勘察　　　　　B. 设计　　　　　C. 监理　　　　　D. 检测
【考点】"四、现场安全管理"。

8. 县级以上地方人民政府住房城乡建设主管部门或者所属施工安全监督机构，可以通过政府_____技术服务方式，聘请具有专业技术能力的单位和人员对危大工程进行检查。
A. 提供　　　　　B. 联系　　　　　C. 购买　　　　　D. 咨询
【考点】"五、监督管理"。

# 第二十八节　工贸企业有限空间作业安全管理与监督暂行规定

## 一、定义

有限空间，是指封闭或者部分封闭，与外界相对隔离，出入口较为狭窄，作业人员不能长时间在内工作，自然通风不良，易造成有毒有害、易燃易爆物质积聚或者氧含量不足的空间。

## 二、制度、培训、辨识

存在有限空间作业的工贸企业应当建立有限空间作业安全责任制度，审批制度，现场安全管理制度，现场负责人、监护人员、作业人员、应急救援人员安全培训教育制度，应急管理制度，安全操作规程。

工贸企业应当对从事有限空间作业的现场负责人、监护人员、作业人员、应急救援人员进行专项安全培训。

工贸企业应当对本企业的有限空间进行辨识，确定有限空间的数量、位置以及危险有害因素等基本情况，建立有限空间管理台账，并及时更新。

## 三、作业前

工贸企业实施有限空间作业前，制定有限空间作业方案，并经本企业安全生产管理人员审核，负责人批准。

工贸企业应当按照有限空间作业方案，明确作业现场负责人、监护人员、作业人员及其安全职责。

工贸企业实施有限空间作业前，应当将有限空间作业方案和作业现场可能存在的危险有害因素、防控措施告知作业人员。现场负责人应当监督作业人员按照方案进行作业准备。

工贸企业应当采取可靠的隔断（隔离）措施，将可能危及作业安全的设施设备、存在有毒有害物质的空间与作业地点隔开。

有限空间内盛装或者残留的物料对作业存在危害时，作业人员应当在作业前对物料进行清洗、清空或者置换。

有限空间作业应当严格遵守"先通风、再检测、后作业"的原则。检测指标包括氧浓度、易燃易爆物质（可燃性气体、爆炸性粉尘）浓度、有毒有害气体浓度。

未经通风和检测合格，任何人员不得进入有限空间作业。检测的时间不得早于作业开始前 30 分钟。

检测人员应当采取相应的安全防护措施，防止中毒窒息等事故发生。

经检测，有限空间的危险有害因素符合 GBZ 2.1《工作场所有害因素职业接触限值第一部分化学有害因素》的要求后，方可进入有限空间作业。

作业前确保：保持有限空间出入口畅通，设置明显的安全警示标志和警示说明，清点作业人员和工器具。

### 四、作业过程中

在有限空间作业过程中，应当采取通风措施，保持空气流通，禁止采用纯氧通风换气。发现通风设备停止运转、有限空间内氧含量浓度低于或者有毒有害气体浓度高于国家标准或者行业标准规定的限值时，企业必须立即停止有限空间作业，清点作业人员，撤离作业现场。

在有限空间作业过程中，企业应当对作业场所中的危险有害因素进行定时检测或者连续监测。

作业中断超过 30 分钟，作业人员再次进入有限空间作业前，应当重新通风、检测合格后方可进入。

有限空间作业场所的照明灯具电压应当符合 GB/T 3805《特低电压限值》等国家标准或者行业标准的规定；作业场所存在可燃性气体、粉尘的，其电气设施设备及照明灯具的防爆安全要求应当符合 GB 3836.1《爆炸性环境 第一部分：设备通用要求》等国家标准或者行业标准的规定。

工贸企业应当根据有限空间存在危险有害因素的种类和危害程度，为作业人员提供符合国家标准或者行业标准规定的劳动防护用品，并教育监督作业人员正确佩戴与使用。

作业中确保：作业人员与外部有可靠的通讯联络；监护人员不得离开作业现场，并与作业人员保持联系；存在交叉作业时，采取避免互相伤害的措施。

### 五、作业结束后

作业结束后，作业现场负责人、监护人员应当对作业现场进行清理，撤离作业人员。

### 六、应急与事故

工贸企业应当根据本企业有限空间作业的特点，制定应急预案，并配备相关的呼吸器、防毒面罩、通信设备、安全绳索等应急装备和器材。

工贸企业将有限空间作业发包给其他单位实施的，工贸企业对其发包的有限空间作业安全承担主体责任，承包方对其承包的有限空间作业安全承担直接责任。

有限空间作业中发生事故后，现场有关人员应当立即报警，禁止盲目施救。应急救援人员实施救援时，应当做好自身防护，佩戴必要的呼吸器具、救援器材。

## 七、安全监督管理

县级以上地方各级安全生产监督管理部门按照属地监管、分级负责的原则，对本行政区域内工贸企业有限空间作业安全实施监督管理。

安全生产监督管理部门及其行政执法人员发现有限空间作业存在重大事故隐患的，应当责令立即或者限期整改；重大事故隐患排除前或者排除过程中无法保证安全的，应当责令暂时停止作业，撤出作业人员；重大事故隐患排除后，经审查同意，方可恢复作业。

# 模拟试题及考点

★1. 工贸企业实施有限空间作业前，_____。
A. 制定有限空间作业方案，并经本企业安全生产管理人员批准
B. 明确作业现场负责人、监护人员、作业人员及其安全职责
C. 先检测、再通风
D. 保持有限空间出入口畅通
E. 设置明显的安全警示标志和警示说明
【考点】"三、作业前"。

2. 有限空间作业前检测的指标不包括_____。
A. 氧浓度
B. 易燃易爆物质（可燃性气体、爆炸性粉尘）浓度
C. 有毒有害气体浓度
D. 作业场所湿度
【考点】"三、作业前"。

★3. 在有限空间作业过程中，_____。
A. 对作业场所中的危险有害因素进行定时检测或者连续监测
B. 照明灯具电压应当符合相关国家标准或者行业标准的规定
C. 作业场所存在可燃性气体、粉尘时，电气设施设备应符合防火安全要求
D. 确保作业人员与外部有可靠的通信联络
E. 监护人员因故离开作业现场，要告知现场负责人
【考点】"四、作业过程中"。

4. 有限空间作业中断超过_____分钟，作业人员再次进入有限空间作业前，应当重新

通风、检测合格后方可进入。

A. 20　　　　　　B. 30　　　　　　C. 40　　　　　　D. 60

【考点】"四、作业过程中"。

5. 多数情况下，为有限空间作业配备的应急装备和器材不包括_____。

A. 呼吸器　　　　B. 防毒面罩　　　　C. 防尘口罩　　　　D. 通信设备

E. 安全绳索

【考点】"六、应急与事故"。

6. 有限空间作业中发生事故后，现场有关人员应当立即报警，禁止_____施救。

A. 单人　　　　　B. 自发　　　　　C. 无序　　　　　D. 盲目

【考点】"六、应急与事故"。

# 第二十九节　食品生产企业安全生产监督管理暂行规定

## 一、总则

食品生产企业的安全生产及其监督管理，适用本规定。农副产品从种植养殖环节进入批发、零售市场或者生产加工企业前的安全生产及其监督管理，不适用本规定。

本规定所称食品生产企业，是指以农业、渔业、畜牧业、林业或者化学工业的产品、半成品为原料，通过工业化加工、制作，为人们提供食用或者饮用的物品的企业。

县级以上地方人民政府安全生产监督管理部门和有关部门（负责食品生产企业安全生产监管的部门），按照属地监管、分级负责的原则，对本行政区域内食品生产企业的安全生产工作实施监督管理。

## 二、安全生产责任

食品生产企业是安全生产的责任主体，其主要负责人对本企业的安全生产工作全面负责，分管安全生产工作的负责人和其他负责人对其职责范围内的安全生产工作负责。

集团公司对其所属或者控股的食品生产企业的安全生产工作负主管责任。

## 三、安全生产的基本要求

从业人员超过 100 人的食品生产企业，应当设置安全生产管理机构或者配备 3 名以上专职安全生产管理人员，鼓励配备注册安全工程师从事安全生产管理工作。其他食品生产企业，应当配备专职或者兼职安全生产管理人员，或者委托安全生产中介机构提供安全生产服务。

食品生产企业应当推进安全生产标准化建设，强化安全生产基础，做到安全管理标准化、设施设备标准化、作业现场标准化和作业行为标准化。

食品生产企业的加工、制作等项目有多个承包单位、承租单位，或者存在空间交叉的，应当对承包单位、承租单位的安全生产工作进行统一协调、管理。承包单位、承租单位应当服从食品生产企业的统一管理，并对作业现场的安全生产负责。

食品生产企业的中间产品为危险化学品的，应当依照有关规定取得危险化学品安全生产许可证。

## 四、设备、设施、作业场所的安全要求

（1）生产设施设备，按照国家有关规定配备有温度、压力、流量、液位以及粉尘浓度、可燃和有毒气体浓度等工艺指标的超限报警装置。

（2）用电设备设施和场所，采取保护措施，并在配电设备设施上安装剩余电流动作保护装置或者其他防止触电的装置。

（3）涉及烘制、油炸等高温的设施设备和岗位，采用必要的防过热自动报警切断和隔热板、墙等保护设施。

（4）涉及淀粉等可燃性粉尘爆炸危险的场所、设施设备，采用惰化、抑爆、阻爆、泄爆等措施防止粉尘爆炸，现场安全管理措施和条件符合 GB 15577《粉尘防爆安全规程》等国家标准或者行业标准的要求。

（5）油库（罐）、燃气站、除尘器、压缩空气站、压力容器、压力管道、电缆隧道（沟）等重点防火防爆部位，采取有效、可靠的监控、监测、预警、防火、防爆、防毒等安全措施。安全附件和联锁装置不得随意拆弃和解除，声、光报警等信号不得随意切断。

（6）制冷车间符合 GB 50072《冷库设计规范》、GB 28009《冷库安全规程》等国家标准或者行业标准的规定，设置气体浓度报警装置，且与制冷电机联锁、与事故排风机联动。在包装间、分割间等人员密集场所，严禁采用氨直接蒸发的制冷系统。

## 五、危险作业管理

食品生产企业进行高处作业、吊装作业、临近高压输电线路作业、电焊气焊等动火作业，以及在污水池等有限空间内作业的，应当实行作业审批制度，安排专门人员负责现场安全管理，落实现场安全管理措施。

# 模 拟 试 题 及 考 点

1. 集团公司对其所属或者控股的食品生产企业的安全生产工作负_____责任。
A. 管理　　　　　B. 主要　　　　　C. 主管　　　　　D. 连带
【考点】"二、安全生产责任"。

2. 从业人员超过 100 人的食品生产企业，应当设置安全生产管理机构或者配备_____名以上专职安全生产管理人员。
A. 2　　　　　　B. 3　　　　　　C. 4　　　　　　D. 5
【考点】"三、安全生产的基本要求"。

★3. 食品生产企业的_____为危险化学品的，应当依照有关规定取得危险化学品安全生产许可证。

A. 原料　　　　　　　B. 中间产品　　　　　C. 副产品　　　　　D. 最终产品

【考点】"三、安全生产的基本要求"。

★4. 食品生产企业应采取的安全监控和防护措施有_____。

A. 生产设施设备配备温度、压力、流量、液位、可燃和有毒气体浓度等的超限报警装置

B. 在配电设备设施上安装剩余电流动作保护装置

C. 在涉及淀粉的场所，采用惰化、抑爆等措施

D. 制冷车间设置气体浓度报警装置

E. 涉及烘制的设备，采取防止冷冻的措施

【考点】"四、设备、设施、作业场所的安全要求"。

# 第三十节　海洋石油安全生产规定

## 一、总则

在中华人民共和国的内水、领海、毗连区、专属经济区、大陆架以及中华人民共和国管辖的其他海域内的海洋石油开采活动的安全生产，适用本规定。

海洋石油作业者和承包者是海洋石油安全生产的责任主体。

作业者是指负责实施海洋石油开采活动的企业，或者按照石油合同的约定负责实施海洋石油开采活动的实体。

承包者是指向作业者提供服务的企业或者实体。

国家安全生产监督管理部门对海洋石油安全生产实施综合监督管理。国家安全生产监督管理部门设立海洋石油作业安全办公室（海油安办）作为实施海洋石油安全生产综合监督管理的执行机构。海油安办根据需要设立分部，各分部依照有关规定实施具体的安全监督管理。

## 二、安全生产保障

### 1. 责任

作业者和承包者的主要负责人对本单位的安全生产工作全面负责。

### 2. 培训教育与资格

作业者和从事物探、钻井、测井、录井、试油、井下作业等活动的承包者及海洋石油生产设施的主要负责人、安全管理人员应当经过安全资格培训，经考核合格取得安全资格证书。

出海作业人员应当接受海洋石油作业安全救生培训，经考核合格后方可出海作业。临时出海人员应接受必要的安全教育。

**3. 建设项目**

在可行性研究阶段或者总体开发方案编制阶段应当进行安全预评价。

在设计阶段,海洋石油生产设施的重要设计文件及安全专篇,应当经发证检验机构审查同意。

生产设施试生产前,应当经发证检验机构检验合格,取得最终检验证书或者临时检验证书,并制订试生产的安全措施。

试生产正常后,应当由作业者或者承包者负责组织对其安全设施进行竣工验收,经验收合格,办理安全生产许可证。

**4. 专业设备**

由专业设备检验机构检验合格,方可投入使用。

**5. 作业设施首次投入使用前或者变更作业区块前,应当制订作业计划和安全措施**

**6. 守护船值班制度**

作业者和承包者应当建立守护船值班制度,在海洋石油生产设施和移动式钻井船(平台)周围应备有守护船值班。

**7. 井控程序和防硫化氢措施**

作业者或者承包者在编制钻井、采油和井下作业等作业计划时,应当根据地质条件与海域环境确定安全可靠的井控程序和防硫化氢措施。打开油(气)层前,作业者或者承包者应当确认井控和防硫化氢措施的落实情况。

**8. 发证检验制度**

在海洋石油生产设施的设计、建造、安装以及生产的全过程中,实施发证检验制度。发证检验包括建造检验、生产过程中的定期检验和临时检验。发证检验工作由作业者委托具有资质的发证检验机构进行。

## 三、安全生产监督管理

海油安办及其各分部对海洋石油安全生产履行以下监督管理职责:

(1)组织起草海洋石油安全生产法规、规章、标准。

(2)监督检查作业者和承包者安全生产条件、设备设施安全和劳动防护用品使用情况。

(3)监督检查作业者和承包者安全生产教育培训情况;负责作业者,从事物探、钻井、测井、录井、试油、井下作业等的承包者和海洋石油生产设施的主要负责人、安全管理人员和特种作业人员的安全培训考核工作。

(4)监督核查海洋石油建设项目生产设施安全竣工验收工作,负责安全生产许可证的发放工作。

(5)负责海洋石油生产设施发证检验、专业设备检测检验、安全评价和安全咨询等社会中介服务机构的资质审查。

(6)组织生产安全事故的调查处理;协调事故和险情的应急救援工作。

## 四、应急预案与事故统计

承包者在实施作业前应编制应急预案。

应急预案应充分考虑作业内容、作业海区的环境条件、作业设施的类型、自救能力和可以获得的外部支援等因素，应能够预防和处置各类突发性事故和可能引发事故的险情，并随实际情况的变化及时修改或者补充。

承包者在提供服务期间发生的事故由作业者负责统计。

# 模拟试题及考点

★1. 海洋石油安全生产的责任主体有_____。

A. 海洋石油作业者　　　　　　　　B. 海洋石油承包者

C. 海油安办　　　　　　　　　　　D. 海油安办分部

【考点】"一、总则"。

2. _____及海洋石油的主要负责人、安全管理人员不必取得安全资格证书。

A. 作业者

B. 从事物探、钻井、测井、录井、试油、井下作业等活动的承包者

C. 从事非物探、钻井、测井、录井、试油、井下作业等活动的承包者

D. 生产设施

【考点】"二、安全生产保障"。

3. 出海作业人员应当接受海洋石油作业安全_____培训，经考核合格后方可出海作业。

A. 逃生　　　　　B. 救生　　　　　C. 救护　　　　　D. 避难

【考点】"二、安全生产保障"。

4. 海洋石油建设项目的生产设施试生产前，应当经发证检验机构检验合格，取得_____。

A. 检验证书　　　B. 检验证明　　　C. 鉴定证书　　　D. 鉴定证明

【考点】"二、安全生产保障"。

5. 在海洋石油生产设施和移动式钻井船（平台）周围应备有_____值班。

A. 防护船　　　　B. 救护船　　　　C. 值守船　　　　D. 守护船

【考点】"二、安全生产保障"。

6. 海洋石油作业者或者承包者在编制钻井、采油和井下作业等作业计划时，应当根据地质条件与海域环境确定安全可靠的井控程序和_____措施。

A. 防二氧化硫　　B. 防氯气　　　　C. 防氨气　　　　D. 防硫化氢

【考点】"二、安全生产保障"。

7. 海油安办及其各分部对海洋石油安全生产履行的监督管理职责不包括_____。

A. 监督检查作业者和承包者安全生产条件和劳动防护用品使用情况

B. 组织海洋石油建设项目安全设施的竣工验收

C. 审查海洋石油生产设施发证检验、安全评价等中介服务机构的资质

D. 协调事故和险情的应急救援工作

【考点】"三、安全生产监督管理"。

# 第三十一节　海洋石油安全管理细则

## 一、若干安全管理规定

### 1. 海洋石油天然气安全生产责任主体、监督管理机构和设施的备案管理

海洋石油作业者和承包者是海洋石油天然气安全生产的责任主体，对其安全生产工作负责。

国家安全生产监督管理部门海洋石油作业安全办公室（海油安办）对全国海洋石油天然气安全生产工作实施监督管理；海油安办驻中国海洋石油总公司、中国石油化工集团公司、中国石油天然气集团公司分部（海油安办有关分部）分别负责各公司海洋石油天然气安全生产的监督管理。

就下述设施，作业者或者承包者向海油安办有关分部备案：

（1）生产设施（试生产前）。

（2）［物探、钻（修）井、铺管、起重和生活支持等］作业设施。

（3）延长测试设施（延长测试前）。

海油安办有关分部对作业者或者承包者提交的设施资料，进行严格审查，必要时进行现场检查。经审查和现场检查符合规定的，颁发备案通知书；备案资料、设施现场安全状况等不符合规定的，及时书面通知作业者或者承包者进行整改。

生产设施试生产正常后，作业者或者承包者应当向海油安办申请安全竣工验收。经竣工验收合格并办理安全生产许可证后，方可正式投入生产使用。

### 2. 安全作业许可

设施的作业者或者承包者应当建立动火、电工作业、受限空间作业、高空作业和舷（岛）外作业等审批制度。

作业前，作业单位应当提出书面申请，说明作业的性质、地点、期限及采取的安全措施等，经设施负责人批准签发作业通知单后，方可进行作业。作业通知单应当包含作业内容、有关检测报告、作业要求、安全程序、个体防护用品、安全设备和作业通知单有效期限等内容。

作业单位接到作业通知单后，应当按通知单的要求采取有关措施，并制定详细的检查和作业程序。

作业期间，如果施工条件发生重大变化的，应当暂停施工并立即报告设施负责人，得到准予施工的指令后方可继续施工。

作业完成后，作业负责人应当在作业通知单上填写完成时间、工作质量和安全情况，并交付设施负责人保存。作业通知单的保存期限至少1年。

### 3. 安全培训

（1）"海上石油作业安全救生"培训。

出海人员接受"海上石油作业安全救生"的专门培训，并取得具有资质的培训机构颁发的培训合格证书。

长期出海人员：全部内容的培训，培训时间不少于 40 课时，每 5 年进行一次再培训；

短期出海人员：综合内容的培训，培训时间不少于 24 课时，每 3 年进行一次再培训；

临时出海人员：电化教学的培训，培训时间不少于 4 课时。每 1 年进行一次再培训。不在设施上留宿的临时出海人员可以只接受作业者或者承包者现场安全教育。

没有直升机平台或者已明确不使用直升机倒班的海上设施人员，可以免除"直升机遇险水下逃生"内容的培训；没有配备救生艇筏的海上设施作业人员，可以免除"救生艇筏操纵"的培训。

（2）"防硫化氢技术"培训。

在作业过程中已经出现或者可能出现硫化氢的场所从事钻井、完井、修井、测试、采油及储运作业的人员，应当进行"防硫化氢技术"的专门培训，培训时间不少于 16 课时，并取得具有资质的培训机构颁发的培训合格证书。

（3）"井控技术"培训。

从事钻井、完井、修井、测试作业的监督、经理、高级队长、领班，以及司钻、副司钻和井架工、安全监督等人员应当接受"井控技术"培训，并取得具有资质的培训机构颁发的培训合格证书。

（4）"稳性与压载技术"培训。

稳性压载人员（含钻井平台、浮式生产储油装置的稳性压载、平台升降的技术人员）应当接受"稳性与压载技术"培训。

（5）无线电技术操作人员应当按政府有关主管部门的要求进行培训，取得相应的资格证书。

（6）海上油气生产设施兼职消防队员应当接受"油气消防"培训。

**4. 海洋石油天然气放射作业人员防护**

作业人员使用放射性物品的，配有个人辐照剂量检测用具，并建立辐照剂量档案；每年至少进行一次体检，体检结果存档。

发现作业人员受到放射性伤害的，立即调离其工作岗位，并按照有关规定进行治疗和康复；作业人员调动工作的，其辐照剂量档案和体检档案随工作岗位一起调动。

## 二、硫化氢防护

**1. 硫化氢监测**

（1）钻井装置上安装硫化氢报警系统。当空气中硫化氢的浓度超过 $15mg/m^3$（10ppm）时，系统即能以声光报警方式工作。

（2）配备探测范围 $0\sim30mg/m^3$（$0\sim20ppm$）和 $0\sim150mg/m^3$（$0\sim100ppm$）的便携式硫化氢探测器各 1 套，探测器件的灵敏度达到 $7.5mg/m^3$（5ppm）。

（3）储备足够数量的硫化氢检测样品，以便随时检测探头。

**2. 防护装备**

（1）在钻井过程，试油（气）、修井及井下作业过程，以及集输站、水处理站、天然气净化厂等含硫化氢作业环境应配备正压式空气呼吸器及与其匹配的空气压缩机。

（2）配备的硫化氢防护装置应落实人员管理，并处于备用状态。

（3）进行检修和抢险作业时，应携带硫化氢监测仪和正压式空气呼吸器。

### 3. 设施

设置风向标、逃生通道及安全区。

除风向标外，还要安装风速仪。

按空气中含硫化氢浓度，挂标有硫化氢字样的绿牌、黄牌或红牌。

### 4. 含硫化氢生产作业安全要求

（1）在可能含有硫化氢地层进行钻井作业时应当采取的防护措施。

1）当空气中硫化氢浓度达到 15mg/m³（10ppm）时，及时通知所有平台人员注意，加密观察和测量硫化氢浓度的次数，检查并准备好正压式空气呼吸器。

2）当空气中硫化氢浓度达到 30mg/m³（20ppm）时，在岗人员迅速取用正压式空气呼吸器，其他人员到达安全区。通知守护船在平台上风向海域起锚待命。

3）当空气中含硫化氢浓度达到 150mg/m³（100ppm）时，组织所有人员撤离平台。

4）使用适合于钻遇含硫化氢地层的井液，钻井液的 pH 值保持在 10 以上。

5）钻进作业时，其钻井设备具备抗硫应力开裂的性能；管材具有在硫化氢环境中使用的性能；对所使用作业设备、管材、生产流程及附件等，定期进行安全检查和检测检验。

（2）在可能含有硫化氢地层进行生产作业时应当采取的防护措施。

1）生产设施上配备正压式空气呼吸器，一定数量的备用气瓶及 1 台呼吸器空气压缩机。

2）配备 2 至 3 套便携式硫化氢探测仪、1 套便携式比色指示管探测仪和 1 套便携式二氧化硫探测仪。在已知存在硫化氢的生产装置上，安装硫化氢报警装置。

3）当空气中硫化氢达到 15mg/m³（10ppm）或者二氧化硫达到 5.4mg/m³（2ppm）时，作业人员佩戴正压式空气呼吸器。

4）用于油气生产的设备、设施和管道等具有抗硫化氢腐蚀的性能。

### 5. 应急预案

含硫化氢环境中生产作业时应制定防硫化氢应急预案，钻井、井下作业防硫化氢预案中，应确定油气井点火程序和决策人。

## 三、海洋石油天然气开采安全

### 1. 危险区

按照设施不同区域的危险性，划分三个等级的危险区：

（1）0 类危险区，是指在正常操作条件下，连续出现达到引燃或者爆炸浓度的可燃性气体或者蒸汽的区域；

（2）1 类危险区，是指在正常操作条件下，断续地或者周期性地出现达到引燃或者爆炸浓度的可燃性气体或者蒸汽的区域；

（3）2 类危险区，是指在正常操作条件下，不可能出现达到引燃或者爆炸浓度的可燃性气体或者蒸汽；但在不正常操作条件下，有可能出现达到引燃或者爆炸浓度的可燃性气体或者蒸气的区域。

设施的作业者或者承包者应当将危险区等级准确地标注在设施操作手册的附图上。对于通往危险区的通道口、门或者舱口，应当在其外部标注清晰可见的中英文"危险区域""禁止烟火"和"禁带火种"等标志。

在设施的危险区内进行测试、测井、修井等作业的设备应当采用防爆型，室内有非防爆电气的活动房应当采用正压防爆型。

**2. 设备设施要求**

（1）救生设备及配备要求。

设施配备的救生艇、救助艇、救生筏、救生圈、救生衣、保温救生服及属具等救生设备，应当符合《国际海上人命安全公约》的规定，并经海油安办认可的发证检验机构检验合格。

刚性全封闭机动耐火救生艇能够容纳自升式和固定式设施上的总人数，或者浮式设施上总人数的 200%；气胀式救生筏能够容纳设施上的总人数，其放置点应满足距水面高度的要求；至少配备并合理分布 8 个救生圈；救生衣按总人数的 210% 配备。

滩海陆岸石油天然气设施配备救生设备的数量：至少配备 4 个救生圈，每只救生圈上都拴有至少 30m 长的可浮救生索；每人至少配备 1 件救生衣，在工作场所配备一定数量的工作救生衣或者救生背心。在寒冷海区，每位人员配备 1 件保温救生服。

特殊施工作业情况下，配备的救生设备达不到要求时，应当制定相应的安全措施并报海油安办有关分部审查同意。

所有救生设备都应当标注该设施的名称，按规定合理存放，并在设施的总布置图上标明存放位置。

（2）消防设备。

针对设施可能发生的火灾性质和危险程度，分别装设水消防系统、泡沫灭火系统、气体灭火系统和干粉灭火系统等固定灭火设备和装置。

设置自动和手动火灾、可燃和有毒有害气体探测报警系统，总控制室内设总的报警和控制系统。

配备 4 套消防员装备。

滩海陆岸石油天然气设施现场管理单位至少配备 2 套消防员装备，3 套带气瓶的正压式空气呼吸器和可移动式消防泵 1 台。

（3）通道。

设施上所有通往救生艇（筏）、直升机平台的应急撤离通道和通往消防设备的通道应当设置明显标志，并保持畅通。

（4）租用直升机。

作业者或者承包者应当对提供直升机的公司进行安全条件审查和监督。

直升机公司应当符合规定的条件。

直升机应当配备应急救助设备。

（5）对滩海陆岸应急避难房的要求。

能够容纳全部生产作业人员；结构强度比滩海陆岸井台高一个安全等级；地面高出挡浪墙 1m；采用基础稳定、结构可靠的固定式钢筋混凝土结构，或者采用可移动式钢结构；配备可以供避难人员 5 日所需的救生食品和饮用水；配备急救箱，至少装有 2 套救生衣、防水手电及配套电池、简单的医疗包扎用品和常用药品；配备应急通信装置。

（6）对滩海陆岸值班车的要求。

1）接受滩海陆岸石油天然气设施作业负责人的指挥，不得擅自进入或者离开。

2）配备的通信工具保证随时与滩海陆岸石油天然气设施和陆岸基地通话。

3）能够容纳所服务的滩海陆岸石油天然气设施的全部人员，并配备100%的救生衣。

4）具有在应急救助和人员撤离等复杂情况下作业的能力。

5）参加滩海陆岸石油天然气设施上的营救演习。

（7）其他。

1）气井、自喷井、自溢井应当安装井下封隔器；在海床面30m以下，应当安装井下安全阀。

2）进行电缆射孔、生产测井、钢丝作业时，在工具下井前，应当对防喷管汇进行压力试验。

3）钻开油气层前100m时，应当通过钻井循环通道和节流管汇做一次低泵冲泵压试验。

4）放喷管线应当使用专用管线。

**3. 电气安全管理**

（1）按照国家规定配备和使用电工安全用具，并按规定定期检查和校验。

（2）遇停电、送电、倒闸、带电作业和临时用电等情况，按照有关作业许可制度进行审批。临时用电作业结束后，立即拆除增加的电气设备和线路。

（3）按照国家标准规定的颜色和图形，对电气设备和线路作出明显、准确的标识。

（4）电气设备作业期间，至少有1名电气作业经验丰富的监护人进行实时监护。

（5）电气设备按照铭牌上规定的额定参数（电压、电流、功率、频率等）运行，安装必要的过载、短路和漏电保护装置并定期校验。金属外壳（安全电压除外）有可靠的接地装置。

（6）在触电危险性较大的场所，手提灯、便携式电气设备、电动工具等设备工具按照国家标准的规定使用安全电压。确实无法使用安全电压的，经设施负责人批准，并采用有效的防触电措施。

（7）安装在不同等级危险区域的电气设备符合该等级的防爆类型。防爆电气设备上的部件不得任意拆除，必须保持电气设备的防爆性能。

（8）定期对电气设备和线路的绝缘电阻、耐压强度、泄漏电流等绝缘性能进行测定。长期停用的电气设备，在重新使用前应当进行检查，确认具备安全运行条件后方可使用。

（9）在带电体与人体、带电体与地面、带电体与带电体、带电体与其他设备之间，按照有关规范和标准的要求保持良好的绝缘性能和足够的安全距离。

（10）对生产和作业设施采取有效的防静电和防雷措施。

（11）此外，设施必须配备必要的应急电源。

**4. 危险物品管理**

（1）设施上任何危险物品必须存放在远离危险区和生活区的指定地点和容器内，并将存放地点标注在设施操作手册的附图上；个人不得私自存放危险物品。

（2）设有专人负责危险物品的管理，并建立和保存危险物品入库、消耗和使用的记录。

（3）在通往危险物品存放地点的通道口、舱口处，设有醒目的中英文"危险物品"标识。

放射性物品：不得将爆炸性物品中的炸药与雷管或者放射性物品存放在同一储存室内。对失效的或者外壳泄漏试验不合格（超过185Bq）的放射源，应当采取安全的方式妥善处置。

**5. 守护船管理**

守护船应当在距离所守护设施 5 海里之内的海区执行守护任务，不得擅自离开。

守护船应当服从被守护设施负责人的指挥，能够接纳所守护设施全部人员，并配备可以供守护设施全部人员 1 日所需的救生食品和饮用水。

守护船应当配备能够满足应急救助和撤离人员需要的下列设备和器具：担架；救助用长柄钩；抛绳器；带自亮浮灯、逆向反光带和绳子的救生圈；用于简易包扎和急救的医疗用品；营救区舷侧的落水人员攀登用网；1 艘救助艇；2 只探照灯；通讯工具，保证守护船与被守护设施和陆岸基地随时通话。

守护船船员应当符合下列条件：具有船员服务簿和适任证书等有效证件；至少有 3 名船员从事落水人员营救工作；至少有 2 名船员可以操纵救助艇；至少有 2 名船员经过医疗急救培训，能够承担急救处置、包扎和人工呼吸等工作。

**6. 直升机起降管理**

（1）指定直升机起降联络负责人，负责指挥和配合直升机起降工作。

（2）配备与直升机起降有关的应急设备和工具，并注明中英文"直升机应急工具"字样。

（3）设施与机场的往返距离所需油量超过直升机自身储存油量的，按有关规定配备安全有效的直升机加油用储油罐、燃油质量检验设备和加油设备。

（4）直升机与设施建立联络后，经设施主要负责人准许，方可起飞或者降落（紧急情况除外）。

（5）直升机机长或者机组人员提出降落要求的，起降联络负责人立即向直升机提供风速、风向、能见度、海况等数据和资料。

（6）无线电报务员一直保持监听来自直升机的无线电信号，直至其降落为止。

（7）机组人员开启舱门后，起降联络负责人方可指挥乘机人员上下直升机、装卸物品或者进行加油作业。

（8）直升机起飞或者降落前，起降联络负责人应当组织做好相关准备工作。

**7. 生产作业安全**

（1）钻井作业。

1）钻井装置在新井位就位前，作业者和承包者应收集和分析相应的地质资料。如有浅层气存在，安装分流系统等。

2）钻井作业期间，在钻台上备有与钻杆相匹配的内防喷装置。

3）下套管时，防喷器尺寸与所下套管尺寸相匹配，并备有与所下套管丝扣相匹配的循环接头。

4）防喷器所用的橡胶密封件应当按厂商的技术要求进行维护和储存，不得将失效和技术条件不符的密封件安装到防喷器中。

5）水龙头下部安装方钻杆上旋塞，方钻杆下部安装下旋塞，并配备开关旋塞的扳手。顶部驱动装置下部安装手动和自动内防喷器（考克）并配备开关防喷器的扳手。

6）防喷器组由环形防喷器和闸板防喷器组成，闸板防喷器的闸板关闭尺寸与所使用钻杆或者管柱的尺寸相符。防喷器的额定工作压力，不得低于钻井设计压力，用于探井的不得低于 70MPa。

7）防喷器及相应设备的安装、维护和试验，满足井控要求。

8）经常对防喷系统进行安全检查。检查时，优先使用防喷系统安全检查表。

（2）完井、试油和修井作业。

1）配备与作业相适应的防喷器及其控制系统。

2）按计划储备井液材料，其性能符合作业要求。

3）井控要求参照钻井作业有关规定执行。

4）滩海陆岸井控装置至少配备 1 套控制系统。

（3）载人吊篮作业。

除符合起重作业的通用要求外，还应符合下列要求：

1）限定乘员人数。

2）乘员按规定穿救生背心或者救生衣。

3）只允许用于起吊人员及随身物品。

4）指定专人维护和检查，定期组织检验机构对其进行检验。

5）当风速超过 15m/s 或者影响吊篮安全起放时，立即停止使用。

6）起吊人员时，尽量将载人吊篮移至水面上方再升降，并尽可能减少回转角度。

（4）高处及舷（岛）外作业。

1）高处及舷（岛）外作业人员佩戴安全帽和安全带，舷（岛）外作业人员穿救生衣，并采取其他必要的安全措施。

2）风速超过 15m/s 等恶劣天气时，立即停止作业。

（5）放射性作业的现场和设施。

除按国家相关规定的要求外，还应满足以下要求：

1）平台作业区进行放射性作业时，应设置明显、清晰的危险标志。

2）在放射性作业现场，应配备放射性强度测量仪。

3）放射性、火工品和危险化学品的存放场所应远离平台生活区及危险作业区，并应标有明显的警示标志。

4）对存放放射性物质的容器，应附有浮标或其他示位器具，浮标绳索的长度应大于作业海域的水深。

5）使用放射性物质和火工品作业的合同结束时，应将剩余的放射性物质和火工品运回陆岸存放。

# 模 拟 试 题 及 考 点

1._____是海洋石油天然气安全生产的责任主体，对其安全生产工作负责。

　A. 中国海洋石油总公司　　　　　　　　　B. 中国石油化工集团公司

　C. 中国石油天然气集团公司　　　　　　　D. 海洋石油天然气作业者和承包者

【考点】"一、若干安全管理规定"。

2. 按照《海洋石油安全管理细则》，海洋石油天然气生产设施正式投入生产使用前的程序中，_____的叙述无误。

A. 作业者或者承包者向海油安办提交生产设施资料

B. 海油安办严格审查生产设施资料，必要时进行现场检查

C. 经审查和现场检查符合规定的，海油安办有关分部向作业者或者承包者颁发备案通知书

D. 生产设施试生产正常后，作业者或者承包者向海油安办有关分部申请安全竣工验收

E. 竣工验收合格，办理生产许可证

【考点】"一、若干安全管理规定"。

3. 海洋石油天然气设施的作业者或者承包者应当建立动火、电工、受限空间、高空和舷（岛）外作业的审批制度，审批制度的主要内容中，_____的叙述有误。

A. 作业前，作业单位提出书面申请，说明作业的性质、地点、期限及采取的安全措施等

B. 经设施负责人批准，签发作业通知单

C. 作业单位按通知单的要求采取有关措施

D. 作业完成后，作业负责人在作业通知单上填写完成时间、工作质量和安全情况，作业单位保存

【考点】"一、若干安全管理规定"。

4. 长期出海人员接受"海上石油作业安全救生"_____的培训，培训时间不少于_____课时。

A. 全部内容，40    B. 综合内容，40    C. 全部内容，24    D. 综合内容，24

【考点】"一、若干安全管理规定"。

5. 《海洋石油安全管理细则》未规定_____必须取得有资质的培训机构颁发的培训合格证书。

A. 参加"海上石油作业安全救生"培训的出海人员

B. 参加"稳性与压载技术"培训的稳性压载人员

C. 参加"井控技术"培训的从事钻井、完井、修井、测试作业的相关管理人员和作业人员

D. 参加"防硫化氢技术"培训的在作业过程中出现硫化氢的场所的作业人员

【考点】"一、若干安全管理规定"。

6.在可能含有硫化氢地层进行海洋石油天然气钻井作业，当空气中硫化氢浓度达到30mg/m$^3$（20ppm）时，应_____。

A. 通知所有平台人员，检查并准备好正压式空气呼吸器

B. 组织所有人员撤离平台

C. 所有平台人员迅速取用正压式空气呼吸器，命令守护船向平台驶来

D. 在岗人员迅速取用正压式空气呼吸器，其他人员到达安全区，通知守护船在平台上风向海域起锚待命

【考点】"二、硫化氢防护"。

7. 在含有硫化氢地层进行海洋石油天然气生产作业，当空气中硫化氢达到_____ppm

或者二氧化硫达到_____ppm 时，作业人员佩戴正压式空气呼吸器。

  A. 5，1        B. 10，2        C. 15，3        D. 20，4

【考点】"二、硫化氢防护"。

8. 海洋石油天然气按照设施不同区域的危险性，划分三个等级的危险区。1 类危险区，是指在正常操作条件下，_____出现达到引燃或者爆炸浓度的可燃性气体或者蒸气的区域。

  A. 连续                B. 断续地或者周期性地

  C. 极少                D. 不可能

【考点】"三、海洋石油天然气开采安全"。

9. 对于海洋石油天然气设施的危险区，设施的作业者或者承包者应当采取的措施不包括_____。

  A. 将危险区等级准确地标注在设施操作手册的附图上

  B. 在通往危险区的通道口、门或者舱口外部标注"禁止进入"标志

  C. 在危险区内进行测试、测井、修井等作业的设备，采用防爆型

  D. 对危险区室内有非防爆电气的活动房，采用正压防爆型

【考点】"三、海洋石油天然气开采安全"。

10. 关于海上石油天然气设施救生设备的配备，下述中_____不符合《海洋石油安全管理细则》的规定。

  A. 刚性全封闭机动耐火救生艇能够容纳自升式和固定式设施上的总人数

  B. 气胀式救生筏能够容纳设施上的总人数

  C. 配备并合理分布 8 个救生圈

  D. 救生衣按总人数的 200%配备

【考点】"三、海洋石油天然气开采安全"。

11.《海洋石油安全管理细则》明确规定应当设置明显标志并保持畅通的通道，不包括通往_____的通道。

  A. 救生艇（筏）    B. 消防设备      C. 守护船         D. 直升机平台

【考点】"三、海洋石油天然气开采安全"。

12. 下列关于海洋石油天然气电气管理的叙述中，_____有误。

  A. 除停送电外，倒闸、带电作业和临时用电须按照作业许可制度进行审批

  B. 在触电危险性较大的场所，手提灯、便携式电气设备、电动工具应使用安全电压

  C. 安装在不同等级危险区域的电气设备应符合该等级的防爆类型

  D. 在带电体与人体、地面、其他带电体、其他设备之间，保持足够的安全距离

  E. 电气作业期间，有电气作业经验丰富的监护人进行实时监护

【考点】"三、海洋石油天然气开采安全"。

13. 下列关于守护船的叙述中，_____不充分。

  A. 在距离所守护设施 5 海里之内的海区执行守护任务，不擅自离开

B. 能接纳所守护设施的全部人员

C. 配备能够满足应急救助和撤离人员需要的设备和器具

D. 船员具备落水人员营救、操纵救助艇两种能力

【考点】"三、海洋石油天然气开采安全"。

14. 海洋石油天然气钻井作业期间，应在钻台上备有与_____相匹配的内防喷装置。

A. 钻头　　　　B. 钻铤　　　　C. 钻杆　　　　D. 方钻杆

【考点】"三、海洋石油天然气开采安全"。

15. 海洋石油天然气钻井作业，防喷器的额定工作压力，不得低于钻井_____压力。

A.设计　　　　B.最大　　　　C. 平均　　　　D. 预期

【考点】"三、海洋石油天然气开采安全"。

16. 当风速达到 16m/s 时，海洋石油天然气可进行的作业是_____作业。

A. 载人吊篮　　　B. 高处　　　C. 受限空间　　　D. 舷（岛）外

【考点】"三、海洋石油天然气开采安全"。

17. 一般情况下，舷（岛）外作业时，作业人员可不佩戴_____。

A. 安全帽　　　B. 防尘口罩　　　C. 救生衣　　　D. 安全带

【考点】"三、海洋石油天然气开采安全"。

# 第三十二节　有关行业重大生产安全事故隐患判定标准

**一、化工和危险化学品生产经营单位重大生产安全事故隐患判定标准（安监总管三〔2017〕121 号）**

（1）危险化学品生产、经营单位主要负责人和安全生产管理人员未依法经考核合格。

（2）特种作业人员未持证上岗。

（3）涉及"两重点一重大"（重点监管的危险化工工艺、重点监管的危险化学品和重大危险源）的生产装置、储存设施外部安全防护距离不符合国家标准要求。

（4）涉及重点监管危险化工工艺的装置未实现自动化控制，系统未实现紧急停车功能，装备的自动化控制系统、紧急停车系统未投入使用。

（5）构成一级、二级重大危险源的危险化学品罐区未实现紧急切断功能；涉及毒性气体、液化气体、剧毒液体的一级、二级重大危险源的危险化学品罐区未配备独立的安全仪表系统。

（6）全压力式液化烃储罐未按国家标准设置注水措施。

（7）液化烃、液氨、液氯等易燃易爆、有毒有害液化气体的充装未使用万向管道充装系统。

（8）光气、氯气等剧毒气体及硫化氢气体管道穿越除厂区（包括化工园区、工业园区）

外的公共区域。

（9）地区架空电力线路穿越生产区且不符合国家标准要求。

（10）在役化工装置未经正规设计且未进行安全设计诊断。

（11）使用淘汰落后安全技术工艺、设备目录列出的工艺、设备。

（12）涉及可燃和有毒有害气体泄漏的场所未按国家标准设置检测报警装置，爆炸危险场所未按国家标准安装使用防爆电气设备。

（13）控制室或机柜间面向具有火灾、爆炸危险性装置一侧不满足国家标准关于防火防爆的要求。

（14）化工生产装置未按国家标准要求设置双重电源供电，自动化控制系统未设置不间断电源。

（15）安全阀、爆破片等安全附件未正常投用。

（16）未建立与岗位相匹配的全员安全生产责任制或者未制定实施生产安全事故隐患排查治理制度。

（17）未制定操作规程和工艺控制指标。

（18）未按照国家标准制定动火、进入受限空间等特殊作业管理制度，或者制度未有效执行。

（19）新开发的危险化学品生产工艺未经小试、中试、工业化试验直接进行工业化生产；国内首次使用的化工工艺未经过省级人民政府有关部门组织的安全可靠性论证；新建装置未制定试生产方案投料开车；精细化工企业未按规范性文件要求开展反应安全风险评估。

（20）未按国家标准分区分类储存危险化学品，超量、超品种储存危险化学品，相互禁配物质混放混存。

## 二、烟花爆竹生产经营单位重大生产安全事故隐患判定标准（安监总管三〔2017〕121号）

（1）主要负责人、安全生产管理人员未依法经考核合格。

（2）特种作业人员未持证上岗，作业人员带药检修设备设施。

（3）职工自行携带工器具、机器设备进厂进行涉药作业。

（4）工（库）房实际作业人员数量超过核定人数。

（5）工（库）房实际滞留、存储药量超过核定药量。

（6）工（库）房内、外部安全距离不足，防护屏障缺失或者不符合要求。

（7）防静电、防火、防雷设备设施缺失或者失效。

（8）擅自改变工（库）房用途或者违规私搭乱建。

（9）工厂围墙缺失或者分区设置不符合国家标准。

（10）将氧化剂、还原剂同库储存、违规预混或者在同一工房内粉碎、称量。

（11）在用涉药机械设备未经安全性论证或者擅自更改、改变用途。

（12）中转库、药物总库和成品总库的存储能力与设计产能不匹配。

（13）未建立与岗位相匹配的全员安全生产责任制或者未制定实施生产安全事故隐患排查治理制度。

（14）出租、出借、转让、买卖、冒用或者伪造许可证。

（15）生产经营的产品种类、危险等级超许可范围或者生产使用违禁药物。

（16）分包转包生产线、工房、库房组织生产经营。

（17）一证多厂或者多股东各自独立组织生产经营。

（18）许可证过期、整顿改造、恶劣天气等停产停业期间组织生产经营。

（19）烟花爆竹仓库存放其他爆炸物等危险物品或者生产经营违禁超标产品。

（20）零售点与居民居住场所设置在同一建筑物内或者在零售场所使用明火。

### 三、煤矿重大生产安全事故隐患判定标准

见本书第六章第三节国务院关于预防煤矿生产安全事故的特别规定的"一、重大安全隐患的范围"。

### 四、金属非金属矿山重大生产安全事故隐患判定标准（安监总管一〔2017〕98号）

#### 1. 金属非金属地下矿山重大生产安全事故隐患

（1）安全出口不符合国家标准、行业标准或设计要求。

（2）使用国家明令禁止使用的设备、材料和工艺。

（3）相邻矿山的井巷相互贯通。

（4）没有及时填绘图，现状图与实际严重不符。

（5）露天转地下开采，地表与井下形成贯通，未按照设计要求采取相应措施。

（6）地表水系穿过矿区，未按照设计要求采取防治水措施。

（7）排水系统与设计要求不符，导致排水能力降低。

（8）井口标高在当地历史最高洪水位1m以下，未采取相应防护措施。

（9）水文地质类型为中等及复杂的矿井没有设立专门防治水机构、配备探放水作业队伍或配齐专用探放水设备。

（10）水文地质类型复杂的矿山关键巷道防水门设置与设计要求不符。

（11）有自燃发火危险的矿山，未按照国家标准、行业标准或设计采取防火措施。

（12）在突水威胁区域或可疑区域进行采掘作业，未进行探放水。

（13）受地表水倒灌威胁的矿井在强降雨天气或其来水上游发生洪水期间，不实施停产撤人。

（14）相邻矿山开采错动线重叠，未按照设计要求采取相应措施。

（15）开采错动线以内存在居民村庄，或存在重要设备设施时未按照设计要求采取相应措施。

（16）擅自开采各种保安矿柱或其形式及参数劣于设计值。

（17）未按照设计要求对生产形成的采空区进行处理。

（18）具有严重地压条件，未采取预防地压灾害措施。

（19）巷道或者采场顶板未按照设计要求采取支护措施。

（20）矿井未按照设计要求建立机械通风系统，或风速、风量、风质不符合国家标准或

行业标准的要求。

（21）　未配齐具有矿用产品安全标志的便携式气体检测报警仪和自救器。

（22）　提升系统的防坠器、阻车器等安全保护装置或信号闭锁措施失效；未定期试验或检测检验。

（23）　一级负荷没有采用双回路或双电源供电，或单一电源不能满足全部一级负荷需要。

（24）　地面向井下供电的变压器或井下使用的普通变压器采用中性接地。

**2. 金属非金属露天矿山重大生产安全事故隐患**

（1）　地下转露天开采，未探明采空区或未对采空区实施专项安全技术措施。

（2）　使用国家明令禁止使用的设备、材料和工艺。

（3）　未采用自上而下、分台阶或分层的方式进行开采。

（4）　工作帮坡角大于设计工作帮坡角，或台阶（分层）高度超过设计高度。

（5）　擅自开采或破坏设计规定保留的矿柱、岩柱和挂帮矿体。

（6）　未按国家标准或行业标准对采场边坡、排土场稳定性进行评估。

（7）　高度200m及以上的边坡或排土场未进行在线监测。

（8）　边坡存在滑移现象。

（9）　上山道路坡度大于设计坡度10%以上。

（10）　封闭圈深度30m及以上的凹陷露天矿山，未按照设计要求建设防洪、排洪设施。

（11）　雷雨天气实施爆破作业。

（12）　危险级排土场。

**3. 尾矿库重大生产安全事故隐患**

（1）　库区和尾矿坝上存在未按批准的设计方案进行开采、挖掘、爆破等活动。

（2）　坝体出现贯穿性横向裂缝，且出现较大范围管涌、流土变形，坝体出现深层滑动迹象。

（3）　坝外坡坡比陡于设计坡比。

（4）　坝体超过设计坝高，或超设计库容储存尾矿。

（5）　尾矿堆积坝上升速率大于设计堆积上升速率。

（6）　未按法规、国家标准或行业标准对坝体稳定性进行评估。

（7）　浸润线埋深小于控制浸润线埋深。

（8）　安全超高和干滩长度小于设计规定。

（9）　排洪系统构筑物严重堵塞或坍塌，导致排水能力急剧下降。

（10）　设计以外的尾矿、废料或者废水进库。

（11）　多种矿石性质不同的尾砂混合排放时，未按设计要求进行排放。

（12）　冬季未按照设计要求采用冰下放矿作业。

## 五、工贸行业重大生产安全事故隐患判定标准（安监总管四〔2017〕129号）

**1. 专项类重大事故隐患**

（1）存在粉尘爆炸危险的行业领域共10项。

（2）使用液氨制冷的行业领域共2项。

（3）有限空间作业相关的行业领域共 2 项。

**2. 行业类重大事故隐患**

（1）冶金行业共 11 项。

（2）有色行业共 10 项。

（3）建材行业共 6 项。

（4）机械行业共 7 项。

（5）轻工行业共 6 项。

（6）纺织行业共 2 项。

（7）烟草行业共 2 项。

（8）商贸行业共 1 项。

# 模拟试题及考点

★1. 危险化学品生产经营单位＿＿＿＿＿＿未依法经考核合格属于重大生产安全事故隐患。

A. 生产操作人员　　　　　　　　　B. 主要负责人

C. 主管生产、经营的副总经理　　　D. 安全生产管理人员

【考点】"一、危险化学品生产经营单位重大生产安全事故隐患判定标准（安监总管三〔2017〕121 号）"。

2. 危险化学品生产经营单位涉及"两重点一重大"（重点监管的危险化工工艺、重点监管的危险化学品和危险化学品重大危险源）的生产装置、储存设施的＿＿＿＿＿＿不符合国家标准要求，属于重大生产安全事故隐患。

A. 内部安全防护距离　　　　　　　B. 外部安全防护距离

C. 安全防护设施　　　　　　　　　D. 自动控制系统

【考点】"一、危险化学品生产经营单位重大生产安全事故隐患判定标准（安监总管三〔2017〕121 号）"。

3. 危险化学品生产经营单位构成一级、二级重大危险源的危险化学品罐区未实现＿＿＿＿＿＿功能属于重大生产安全事故隐患。

A. 紧急切断　　B. 安全连锁　　C. 视频监控　　D. 自动监测

【考点】"一、危险化学品生产经营单位重大生产安全事故隐患判定标准（安监总管三〔2017〕121 号）"。

4. 危险化学品生产经营单位涉及可燃和有毒有害气体泄漏的场所未按国家标准设置＿＿＿＿＿＿属于重大生产安全事故隐患。

A. 紧急切断装置　　B. 自动灭火系统　　C. 视频监控装置　　D. 检测报警装置

【考点】"一、危险化学品生产经营单位重大生产安全事故隐患判定标准（安监总管三〔2017〕121 号）"。

5. 危险化学品生产经营单位涉及毒性气体、液化气体、剧毒液体的一级、二级重大危险源的危险化学品罐区未配备＿＿＿＿＿＿属于重大生产安全事故隐患。

A. 安全仪表系统　　　　　　　　　　B. 自动控制仪表系统

C. 独立的安全仪表系统　　　　　　　D. 灭火系统

【考点】"一、危险化学品生产经营单位重大生产安全事故隐患判定标准（安监总管三〔2017〕121 号）"。

★6. 危险化学品生产经营单位储存危险化学品_____，属于重大生产安全事故隐患。

A. 按国家标准分区分类且未超量未超品种　　B. 未按国家标准分区分类但未超量

C. 按国家标准分区、未超量但未分类　　　　D. 按国家标准分区分类、未超量但超品种

【考点】"一、危险化学品生产经营单位重大生产安全事故隐患判定标准（安监总管三〔2017〕121 号）"。

★7. 危险化学品生产经营单位_____，属于重大生产安全事故隐患。

A. 自动化控制系统设置了不间断电源

B. 爆炸危险场所按国家标准安装使用了防爆电气设备

C. 进行过生产安全事故隐患排查治理，但未制定制度

D. 安全阀、爆破片等安全附件已正常投用

E. 规划了工艺控制，但未制定工艺控制指标

【考点】"一、危险化学品生产经营单位重大生产安全事故隐患判定标准（安监总管三〔2017〕121 号）"。

8. 烟花爆竹生产经营单位_____属于重大生产安全事故隐患。

A. 工（库）房实际作业人员数量超过核定人数

B. 职工自行携带工器具进行设备维修作业

C. 工（库）房实际滞留、存储药量等于核定药量

D. 防雷设备设施超过检测有效期

【考点】"二、烟花爆竹生产经营单位重大生产安全事故隐患判定标准（安监总管三〔2017〕121 号）"。

9. 烟花爆竹生产经营单位_____属于重大生产安全事故隐患。

A. 出借许可证

B. 制定了本企业的生产安全事故隐患排查治理制度

C. 制定了各岗位安全操作规程但未按要求进行评审

D. 一证一厂组织生产经营

【考点】"二、烟花爆竹生产经营单位重大生产安全事故隐患判定标准（安监总管三〔2017〕121 号）"。

# 第三十三节　淘汰落后安全技术工艺、设备目录

　　《国家安全监管总局关于印发淘汰落后安全技术工艺、设备目录（2016 年）的通知》（安监总科技〔2016〕137 号）中的淘汰落后安全技术工艺、设备目录（2016 年）见表 7-1。

表 7-1　　　　　　　　　　淘汰落后安全技术工艺、设备目录（2016 年）

| 序号 | 工艺（设备）名称 | 淘汰原因 | 建议淘汰类型 | 建议淘汰范围 | 可代替的技术装备 |
|---|---|---|---|---|---|
| 一、煤矿安全 | | | | | |
| 1 | 皮带机皮带钉扣人力夯砸工艺 | 操作安全性差，连接可靠性低，安全隐患大，容易造成事故 | 禁止 | 1 年后禁止使用 | 专用皮带机皮带钉扣机 |
| 2 | 钢丝绳牵引耙装机 | 安全装载能力不足，效率不高，隐患较大，不符合《煤矿安全规程》 | 限制 | 高瓦斯、煤与瓦斯突出和有粉尘爆炸危险矿井的煤巷、半煤巷和石门揭煤工作面禁止使用 | 钻装锚一体机及履带挖掘装载机 |
| 3 | 煤矿井下用煤电钻 | 电缆及其连接插销容易产生电源短路、电缆绝缘破损等问题，电气失爆产生电火花，易造成瓦斯爆炸等事故 | 限制 | 煤与瓦斯突出矿井禁止使用（煤芯取样不受此限） | 气动风钻及液压钻 |
| 4 | 井下活塞式移动空压机 | 噪声大，发热量高，稳定性差，安全性能差 | 禁止 | 2 年后禁止使用 | 井下螺杆式移动空压机 |
| 5 | 井下照明白炽灯 | 耗电量大，开灯瞬间电流大，局部温度过高易造成灯丝烧断。属于落后设备，不能做到本质安全 | 禁止 | 2 年后禁止使用 | 井下照明 LED 灯 |
| 6 | 串电阻调速提升机电控装置 | 启动、换挡时产生较大冲击电流，自动化程度较低。电阻系统运行中易发热，减速与低速爬行中工作闸瓦的磨损比较严重，需经常更换。存在控制方式繁琐、可靠性低、调速性能差、安全隐患大等问题 | 禁止 | 大型新建矿井禁止使用 | 四象限变频调速提升电控装置 |
| 7 | 老虎口式主井箕斗装载设备 | 无法定重装载，测量结果准确性差，易造成箕斗过量装载，导致煤大量外溢事故，影响提升效率。不符合《煤矿安全规程》要求 | 禁止 | 1 年后禁止使用 | 给煤机式主井箕斗定重装载自动化系统 |
| 8 | 普通轨斜井人车 | 存在跑车、掉道及侧翻等安全隐患，事故率较高，车体重，制动可靠性较低 | 禁止 | 普通轨叉爪式人车 3 年后禁止使用，普通轨抱轨式人车 5 年后禁止使用 | 架空乘人装置或单轨吊 |
| 二、危险化学品 | | | | | |
| 9 | 间歇焦炭法二硫化碳工艺 | 20世纪80年代国外已淘汰该工艺及设备。存在高污染、高环境危害等问题，同时易发生泄漏、中毒、爆炸等生产安全事故，安全隐患突出 | 限制 | 新建二硫化碳生产项目禁止使用 | 天然气法二硫化碳工艺 |

续表

| 序号 | 工艺（设备）名称 | 淘汰原因 | 建议淘汰类型 | 建议淘汰范围 | 可代替的技术装备 |
|---|---|---|---|---|---|
| 三、工贸企业 | | | | | |
| 10 | 金属打磨工艺的砖槽式通风道 | 容易造成粉尘沉降，导致静电累积，安全隐患大，易发生粉尘爆炸事故 | 禁止 | 1年后禁止使用 | 金属通风管道 |
| 四、职业健康 | | | | | |
| 11 | 鞋和箱包制造领域有害物质超标的胶粘工艺 | 胶粘剂中苯、正己烷、1，2—二氯乙烷等有害物质超标，职业病危害严重，不符合《鞋和箱包用胶粘剂》（GB 19340）标准规定 | 限制 | 1年后禁止使用 | 鞋和箱包制造领域低毒或毒物质未超标的胶粘工艺 |

## 模 拟 试 题 及 考 点

1.《淘汰落后安全技术工艺、设备目录（2016年）》中"建议淘汰类型"有"禁止"和"限制"两种，在"煤矿安全"部分，"限制"的含义是_____。

A. 对某些使用者禁止使用

B. 在某些矿井或矿井的某些场所禁止使用

C. 限制使用的频次

D. 在某些时间段禁止使用

【考点】淘汰落后安全技术工艺、设备目录。

# 模 拟 试 题 答 案

## 第 一 章

1. D  2. A  3. C  4. B  5. A  6. D

## 第 二 章

1. A  2. D  3. BD  4. BC  5. D  6. A  7. ABD

## 第 三 章

第一节

1. C  2. B  3. ABCE  4. BCD  5. A  6. C  7. C  8. A  9. B  10. A  11. C  12. E

第二节

1. D  2. D  3. BE  4. A  5. C  6. ABD  7. C  8. C  9. AC  10. A  11. A  12. ABD
13. D  14. ABD  15. C  16. C  17. D  18. AC  19. C  20. BC  21. D  22. A

第三节

1. C  2. D  3. C  4. A  5. B  6. B  7. BD  8. ABD

第四节

1. B  2. CD  3. C  4. A  5. D  6. B

第五节

1. ACD  2. A  3. C  4. A

第六节

1. D  2. B  3. AB  4. B  5. C  6. ABD  7. C  8. B  9. ABD  10. B  11. C
12. ACD  13. AB  14. B  15. B  16. D  17. ABD  18. B  19. C  20. D  21. A

## 第 四 章

第一节

1. A  2. D  3. CD  4. B  5. BCD  6. C  7. D  8. E

第二节

1. B  2. C  3. D  4. A  5. C  6. A  7. B  8. BCD  9. BD  10. ABC  11. B  12. B
13. AC  14. C  15. ABDE  16. A  17. C  18. A  19. B  20. C  21. D

**第三节**

1. ABDE  2. B  3. BCD  4. C  5. B  6. D  7. A  8. C  9. ABD  10. AC  11. B
12. BD  13. BCE  14. B  15. D  16. C  17. C  18. C  19. A

**第四节**

1. A  2. B  3. C  4. ABD  5. ACD  6. B  7. C  8. D  9. A  10. B  11. C  12. C
13. B  14. A  15. ABCE  16. C

**第五节**

1. ABD  2. D  3. A  4. B  5. C  6. C

# 第 五 章

**第一节**

1. C  2. BC  3. A  4. A  5. A  6. ABCE  7. ACD  8. C  9. C  10. B

**第二节**

1. B  2. C  3. AC  4. CD  5. A  6. B  7. ACE  8. B  9. B  10. A  11. A  12. BCD

**第三节**

1. ABCD  2. A  3. C  4. ACD  5. D  6. B  7. C

**第四节**

1. BCE  2. C  3. BD  4. ABCE  5. B

**第五节**

1. B  2. C  3. A  4. D  5. C  6. ABCE  7. A  8. ACDE  9. D  10. ACD  11. D
12. ABD

**第六节**

1. ABD  2. B  3. ACD  4. D  5. ABD  6. A  7. ABCD  8. B  9. ABD  10. C  11. D
12. D  13. C  14. D  15. ACD  16. C  17. A  18. D  19. BD

# 第 六 章

**第一节**

1. ADE  2. ACD  3. BD  4. B  5. D  6. C  7. C  8. AC  9. C  10. BCD  11. A
12. C  13. B

**第二节**

1. C  2. A  3. BC  4. B  5. B  6. ABD  7. ABD  8. C  9. D  10. C

**第三节**

1. B  2. ACDE  3. C  4. ABD  5. B  6. A  7. D  8. C  9. B  10. ACDE  11. C
12. B  13. C

**第四节**

1. A  2. D  3. ACD  4. B  5. C  6. B  7. D  8. AD  9. A  10. C  11. A  12. C

**第五节**

1. A  2. B  3. AE  4. ACD  5. C  6. ABC  7. AC  8. C  9. D  10. B  11. B  12. D

13. D　14. BCD　15. B　16. AD　17. C

第六节

1. ABDF　2. ABD　3. A　4. C　5. AB　6. B　7. A　8. ACD　9. B　10. C　11. A

12. ABCDE　13. D　14. D　15. B　16. A　17. D

第七节

1. C　2. ABD　3. C　4. C　5. B　6. B　7. ACD　8. B　9. ABC　10. D　11. D

第八节

1. A　2. B　3. C　4. A　5. ABD　6. B　7. D　8. AC　9. C　10. B　11. BC　12. D

13. A　14. C　15. B　16. D　17. D　18. C　19. AC

第九节

1. C　2. AD　3. B　4. D　5. CDE　6. A　7. ABDF　8. B　9. D　10. D

第十节

1. C　2. A　3. B　4. D　5. B　6. C　7. ABD　8. A　9. ABDE　10. B　11. ABD

12. C　13. A

第十一节

1. ABD　2. E　3. B　4. C　5. BE　6. C　7. B　8. D　9. C　10. D

第十二节

1. ABDE　2. A　3. B　4. C

第十三节

1. BD　2. D　3. B　4. AC　5. A

# 第七章

第一节

1. C　2. ABD

第二节

1. C　2. AC　3. CD　4. C　5. D　6. BCE　7. B　8. BC

第三节

1. C　2. A　3. D　4. B　5. ABD

第四节

1. C　2. A　3. B　4. ACDE　5. D　6. ABDE

第五节

1. AD　2. A　3. B　4. BCDE　5. C

第六节

1. ABD　2. C　3. A　4. A　5. D

第七节

1. D　2. C　3. B　4. A　5. C　6. C　7. D　8. ABD

第八节

1. BD　2. D　3. B　4. A　5. D

第九节
1. ACE 2. A 3. D 4. C 5. B 6. B
第十节
1. BCD 2. A 3. B 4. BD 5. B 6. C 7. C 8. D
第十一节
1. D 2. A 3. ABC 4. D 5. A 6. C 7. D 8. C
第十二节
1. B 2. D 3. D 4. A
第十四节
1. C 2. ABCD 3. D 4. C 5. B 6. B 7. D 8. A 9. C 10. B 11. BD
第十五节
1. C 2. A 3. C 4. C 5. D 6. B 7. A 8. AC
第十六节
1. BD 2. CD 3. A 4. C 5. B 6. ABD 7. D
第十七节
1. B 2. ABC 3. AE 4. A 5. D
第十八节
1. C 2. D 3. BD 4. A 5. BD 6. BCD 7. C 8. B
第十九节
1. A 2. ABCD 3. ACD 4. C 5. B 6. C 7. D 8. ACD 9. B 10. BCD 11. C
12. ACD 13. B 14. B
第二十节
1. C 2. C 3. AC
第二十一节
1. C 2. C 3. ABCE 4. B
第二十二节
1. BD 2. AC 3. C 4. B 5. ACD 6. A
第二十三节
1. A 2. B 3. C 4. D 5. C
第二十四节
1. C 2. B 3. A 4. BC 5. A 6. D 7. C 8. ABDE 9. ABCE 10. B 11. AD
第二十五节
1. A 2. ABD 3. AD 4. AD 5. D
第二十六节
1. B 2. D 3. ACD 4. A 5. C
第二十七节
1. ABE 2. D 3. ACD 4. A 5. ABC 6. C 7. A 8. C

**第二十八节**

1. BDE　2. D　3. ABD　4. B　5. C　6. D

**第二十九节**

1. C　2. B　3. BD　4. ABCD

**第三十节**

1. AB　2. C　3. B　4. A　5. D　6. D　7. B

**第三十一节**

1. D　2. C　3. D　4. A　5. B　6. D　7. B　8. B　9. B　10. D　11. C　12. A　13. D
14. C　15. A　16. C　17. B

**第三十二节**

1. BD　2. B　3. A　4. D　5. C　6. BCD　7. CE　8. A　9. A

**第三十三节**

1. B

# 参 考 文 献

在《中级注册安全工程师职业资格考试大纲（2019版）》（应急厅〔2019〕43号附件1）"安全生产法律法规"部分列出了要求掌握、熟悉或了解的安全生产法律、行政法规、部门规章及重要文件。本书依据这些法规性文件的最新版本编写。

此外，本书还参考了以下出版物。

[1] 宋大成. 安全生产法律法规—内容精讲与试题解析［M］. 北京：中国标准出版社，2017.

[2] 中国安全生产协会注册安全工程师工作委员会，中国安全生产科学研究院. 安全生产法及相关法律知识［M］. 北京：中国大百科全书出版社，2011.